AF627814

GERHARD CZERNER

UNTER DIE RÄDER GEKOMMEN

GERHARD CZERNER

UNTER DIE RÄDER GEKOMMEN

MIT DEM MOUNTAIN-BIKE ZUM K2

KNESEBECK Stories

INHALT

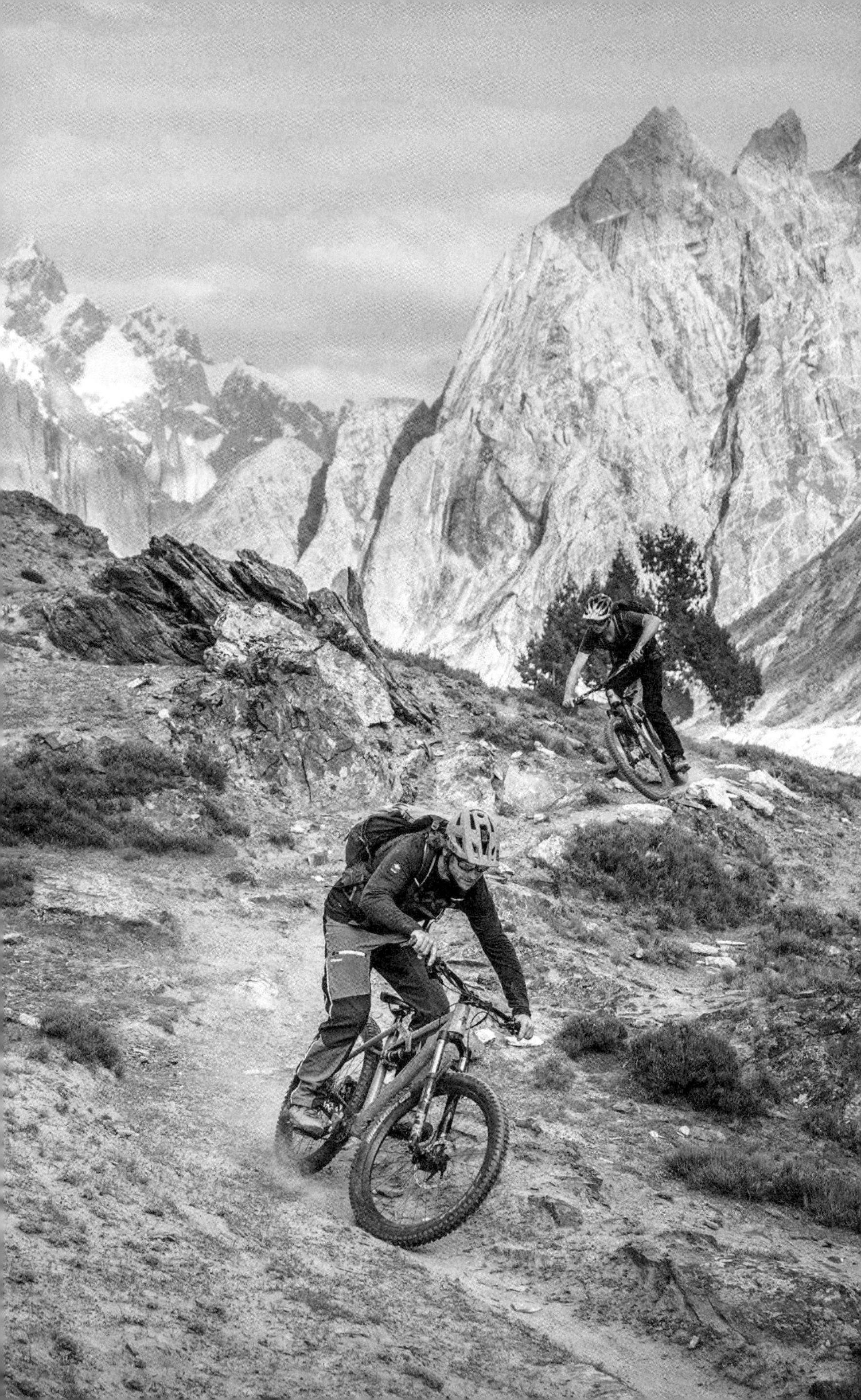

PROLOG

WO KONTINENTE AUFEINANDERPRALLEN

Seit mehreren Stunden schiebe ich nun schon mein Fahrrad durch ein Chaos aus Schutt und Geröll. Normalerweise werden beim Radfahren die Oberschenkel müde. Hier jedoch wird meine Schultermuskulatur immer mehr übersäuert und fängt an zu schmerzen. Der Blick ist starr nach unten gerichtet, um zwischen den Steinbrocken einigermaßen sichere Trittflächen zu finden. Solange ich laufe, darf ich nicht nach oben schauen. Wenn ich den Untergrund unbeobachtet lasse, rächt er sich augenblicklich mit verletzungsträchtigen Stolperfallen. Dazu verhängt sich mein Bike alle paar Meter zwischen irgendwelchen Steinen, die von den umliegenden Felswänden auf den Baltoro-Gletscher gespien wurden. Jetzt liegen sie auf einer zerfurchten Eiszunge und machen mir das Vorwärtskommen auf ebendieser zur Qual. Immer wenn es kurzzeitig etwas steiler bergauf geht oder die Gesteinsfragmente größer werden, bleibt mir nichts anderes übrig, als mein Fahrrad auf den Rucksack zu legen. Der Balanceakt wird dadurch nur noch anspruchsvoller und gefährlicher. Ein Fahrrad ist dafür gemacht, stundenlang seinen Fahrer oder seine Fahrerin zu tragen, nicht umgekehrt. Um ehrlich zu sein, drauf gesessen habe ich die letzten Kilometer keine einzige Minute. Mit dem altbekannten Spruch »Wer sein Fahrrad liebt, der schiebt« soll mir jetzt bloß keiner kommen. Ich dichte ihn kurzerhand um:

Wird vom Fahrradschieben schwer dein Arm, weißt du, du bist in Pakistan!

Diese genauso beeindruckende wie lebensfeindliche Umgebung wurde nicht für Radfahrer:innen geformt. Überhaupt haben Menschen in dieser Wüste aus Fels und Eis auf Dauer keine Überlebenschance. Das Lebendigste weit und breit ist der unter meinen Füßen krächzende, knackende, stöhnende, schmatzende und rülpsende Gletscher.

Ganz anders vor rund 150 Millionen Jahren, als hier ein riesiges Binnenmeer lag, das Tethysmeer. Zu dieser Zeit bevölkerten schmatzende Dinosaurier seine Küsten. Der riesige Ozean wurde umrahmt von Eurasien im Norden und Afrika und Indien im Süden. Vor etwa fünfzig Millionen Jahren begann die nördliche Masse Asiens südwärts zu gleiten, während Indien sich nordwärts bewegte. Der Meeresboden wurde regelrecht in den Erdmantel gepresst, das Binnenmeer floss allmählich ab und bildete einen neuen Fluss: den Indus. Zehn Millionen Jahre später gab es dann eine riesige Kollision der beiden Kontinentalplatten. Unter unvorstellbarer Kraft wölbten und falteten sich die Gesteinsmassen in den Himmel und formten die höchsten Gebirge der Erde. Noch heute bewegt sich Indien mit einer Geschwindigkeit von etwa vier Zentimetern im Jahr nach Norden. Beim Aufeinandertreffen wurden ungeheure Mengen Gestein in die Tiefe gedrückt und bildeten eine siebzig Kilometer dicke Erdkruste. Dieses gewaltige Fundament war nötig, um Berge mit Höhen von über 8000 Metern zu tragen. Vier dieser Bergriesen befinden sich im Karakorum, einem Hochgebirge in Südasien. Nebenbei zählt man dort noch 63 Siebentausender! Auf keinem Fleck der Erde ist die Dichte an so hohen Bergen größer als hier. Doch nicht nur dieser Gebirgsstock wurde in die Höhe geschoben. Im sogenannten Pamir-Knoten befinden sich noch weitere Hochgebirge, die aus dieser Kollision entstanden sind und einprägsame Namen tragen: »Heimat des Schnees« (Himalaja), »Mörder der Inder« (Hindukusch). Daneben gehören der Pamir, das Kunlun-Gebirge und der Pir Panjal zum »Dach der Welt«.

Die höchste Erhebung im Karakorum ist zugleich die zweithöchste auf der Welt: der K2. Der Berg ist einer der Hauptgründe, warum sich jährlich viele Bergbegeisterte auf den mühsamen Weg in die steilste Bergregion unseres Planeten machen. Die wenigsten wollen ihn besteigen. Der Weg zum Fuß des Berges ist für die meisten Herausforderung genug. Bei schönem Wetter einen Blick auf diesen Koloss zu erhaschen ist das Ziel dieser Mühen. Auch ich wollte einmal im Leben dieser gigantischen natürlichen Pyramide gegenüberstehen. Nebenbei hatte ich mir eingebildet, es sei eine gute Idee, mit dem Mountainbike hierherzukommen. Jetzt, wo ich tatsächlich hier bin, würde ich aber lieber auf einem prähistorischen Saurier reiten, als mein bereiftes Aluminiumgestell weiter zweckentfremdet durch diese endlose Geröllwüste zu schieben. Noch 2018, während einer Tour in der Atacama-Wüste, bin ich davon ausgegangen, dass es alles nicht so anstrengend werden könnte. Dort hatte ich den unverrückbaren Entschluss gefasst, ein Jahr später nach Pakistan zu reisen. Mit meinem Mountainbike im Gepäck. Jetzt schiebe ich mein Rad seit Tagen über eine nicht enden wollende Geröllhalde im Karakorum und muss mir langsam eingestehen: Ich habe mich wohl getäuscht.

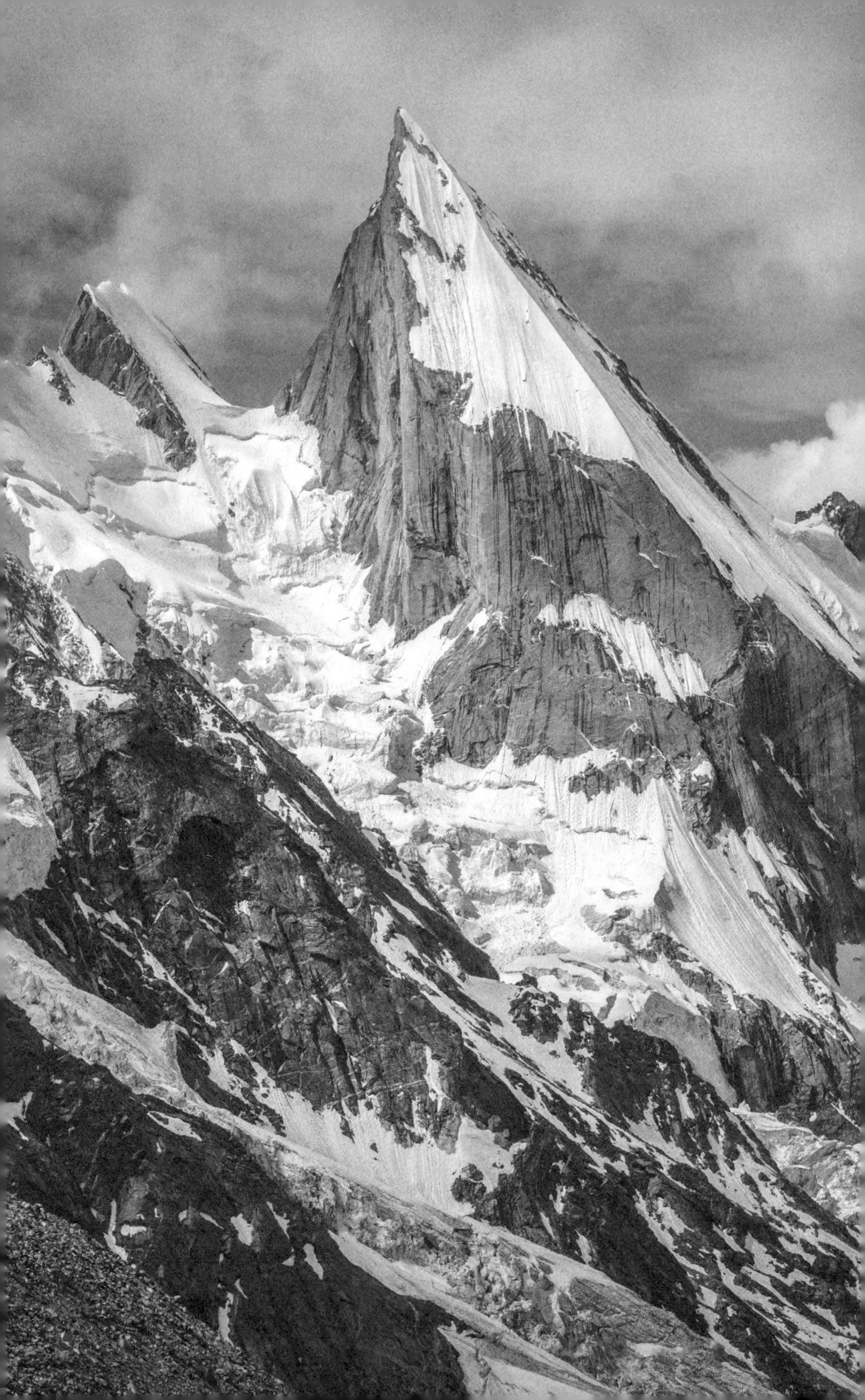

VORBEREITUNG UND AUFBRUCH

AM VIERTHÖCHSTEN VULKAN DER ERDE, CHILE 2018

Die zweite Schlafmatte passte nicht ganz ins Zelt. Sosehr wir uns auch bemühten, es war einfach zu wenig Platz. Gut, dann bleibt für jeden von uns eben nur eine halbe Liegefläche – *dachte ich mir. Das Zelt machte seiner Bezeichnung 1,5-Mann-Zelt also alle Ehre. Dafür war es leicht und klein zu verpacken. Darüber war ich beim Transport der Ausrüstung hinauf auf 5300 Meter sehr dankbar.*

Mit meinem Freund Martin Bissig, Fotograf und Filmer, saß ich im Hochlager auf dem vierthöchsten Vulkan der Erde, dem Llullaillaco. Er thront mit seinen 6739 Metern majestätisch in der Puna de Atacama, einer der trockensten Gegenden der Erde. Die restlichen Teilnehmer unserer internationalen Expedition, welche zum Ziel hatte, die erste Befahrung dieses mächtigen Vulkans mit Bikes zu realisieren, saßen 1100 Höhenmeter weiter unten im Basecamp und genossen einen Ruhetag. Ich fühlte mich noch nicht vollständig akklimatisiert und hoffte, dass mir die Nacht hier oben helfen würde, mich weiter an die dünne Höhenluft zu gewöhnen. Am nächsten Tag sollte es auf den Gipfel gehen. Dafür war eine gute Akklimatisation die wichtigste Voraussetzung. Martin hatte sich entschlossen, mich zu begleiten, um die nächste Etappe für sich zu verkürzen.

Mit dem Eispickel hackte ich aus den spitzen Eispyramiden des Büßerschneefeldes, hier Penitentes genannt, Schnee zum Kochen. Die Eisformationen sind typisch für die hohen Berge der Anden, sehen fantastisch aus, waren aber mühsam zu überwinden. Bis zu sechs Meter hoch können die Strukturen wachsen. Auf unserer Route waren sie erfreulicherweise nicht höher als ein bis zwei Meter, ideale Fotomotive für Martin im rot glühenden Sonnenuntergang. Während er mit der Kamera die Szenerie einfing, machte ich mich ans Kochen. Die Trockennahrung in den Tüten mussten wir nur mit heißem Wasser aufgießen. Beutel wieder verschließen, kurz warten, und fertig war die Mahlzeit. Einfacher ging es nicht. Manche Gerichte waren sogar sehr schmackhaft. Noch während wir unser Abendessen löffelten, verschwand die Sonne langsam am Horizont der Atacama-Wüste, und es wurde augenblicklich richtig kalt. Temperaturen von minus dreißig Grad sind dort oben keine Seltenheit. Der trockene Wind pfiff dazu den ganzen Tag, kühlte die Körper zusätzlich aus und machte uns auf Dauer mürbe. Am Abend hatten wir das Gefühl, er würde nochmals extrakalte Luft herbeibringen.

Fröstelnd zwängten wir uns in unsere Mikrobehausung und suchten eine Schlafposition. Die Rucksäcke hatten keinen Platz mehr im Zelt und blieben davor. Das Einschlafen dauerte eine ganze Weile. Irgendwann fielen mir aber endlich die Augen zu. Nachts wachte ich mit Magenkrämpfen auf. Ich bekam Schüttelfrost, und mir wurde übel. Schnellstmöglich versuchte ich, mich aus der beengten Situation zu befreien. Es gelang mir aber nur, den Oberkörper aus dem Zelt zu strecken, bevor ich mich übergeben musste. Die beißende Kälte erfasste mich sofort. Umgehend verkroch ich mich wieder in den Schlafsack und hoffte auf Besserung. Der nächste Morgen verhieß nichts Gutes. Ich fühlte mich extrem schwach. Ein kleines Frühstück brachte mich nur wenig auf Touren. Sicher war aber, dass ich mein Bike in der kommenden Nacht nicht auf fast 7000 Meter würde schleppen können. Abgesehen davon sah ich weit und breit kein fahrbares Gelände dort oben, und die ganze Befahrung würde wohl auch bergab zur »Betragung« werden. Somit war meine Motivation auf dem Nullpunkt angelangt. Ich rang mit mir, sprach mit Martin, dem es gut ging, und entschied mich für folgende Taktik: Mein Bike lag im Depot auf 5600 Metern. Dort hatte ich es zwei Tage zuvor für den Gipfelanstieg deponiert.

Ich würde zum Depot aufsteigen, und falls es mir dort oben einigermaßen gut ginge, würde ich vor Ort entscheiden, ob ich mit oder ohne das zusätzliche Gewicht meines Rades zum Gipfel starte. Gesagt, getan. Ich mühte mich langsam die rötlichen Vulkanhänge hinauf und überquerte ein paar Schneefelder, gespickt mit Penitentes. Oben angekommen, dröhnte mir der Kopf. Ich maß mit einem Pulsoximeter meine Sauerstoffsättigung im Blut: 55 %. Auf Meereshöhe liegt sie bei etwa 97 %. Damit war klar, dass ich nicht weitere 2000 Höhenmeter aufsteigen konnte, ohne zu riskieren, richtig höhenkrank zu werden. Ich war noch nicht genug akklimatisiert. Schweren Herzens musste ich mich damit abfinden, nicht zum Gipfel zu gehen. Zurück bei Martin, kam der Rest der Mannschaft gerade gut gelaunt nach oben. Sie hatten sich prächtig erholt und waren motiviert für den Gipfel. Betrübt teilte ich ihnen meine Entscheidung mit, wünschte ihnen Glück und verabschiedete mich. Sie stiegen bei bestem Wetter auf. Ich packte enttäuscht meine Sachen, schnallte den schweren Rucksack auf den Rücken und rollte zögerlich los.

Die einsame Abfahrt über die endlosen Hänge des Vulkans in dieser menschenfeindlichen Umgebung beeindruckte mich zutiefst. Oft blieb ich stehen. Nicht nur, um nach Atem zu ringen, sondern auch, um die Einmaligkeit dieses Augenblicks aufzusaugen. Was für ein großartiges Erlebnis, dort unterwegs sein zu dürfen. Den ganzen nächsten Tag verbrachte ich allein im Basislager. Mein Körper war müde, aber sonst ging es mit gut hier unten. Nur die Gedanken kreisten: Hätte ich nicht doch wenigstens einen Versuch starten sollen? Hätte, könnte, sollte, es half alles nichts. Die Entscheidung war getroffen, unwiderruflich. Und sie war richtig, auch das wusste ich. Trotzdem war ich auch enttäuscht und besorgt um meine Freunde. Der Tag zog unendlich langsam vorbei. Ich schlenderte durch die trockene Hügellandschaft, ich hatte nichts zu tun, als die letzten Wochen zu reflektieren.

Ich hatte mich akribisch vorbereitet, mich informiert und war begeistert von dieser Möglichkeit. Irgendwie hatte ich aber von Beginn an kein gutes Gefühl, was die Akklimatisationstaktik anging. Aber vielleicht hat mir auch das letzte Fünkchen Bereitschaft und Motivation gefehlt, welches notwendig ist, um über sich hinauszuwachsen. Da wurde mir noch etwas klar: Das hier war gar nicht mein eigener Traum. Das war der Traum von Patricio, dem Organisator dieser Expedition. Er hatte mich nach meiner Befahrung des Kilimandscharo auf Instagram kontaktiert mit den Worten: »Gratulation! Wir fahren auch auf hohen Bergen Rad – Big Mountainbike. Komm vorbei in Chile!« Nach vielen Mails war ich mit Martin der Einladung von Patricio gefolgt, und wir hatten uns seinem Team angeschlossen. So wie ich oft Jahre von meinen Reisen träume, bevor ich sie realisieren kann, so hatte auch Patricio schon lange von diesem Berg geträumt. Vielleicht braucht es genau diesen lange gereiften, das ganze Sein beherrschenden Wunsch, um das scheinbar Unmögliche möglich zu machen und darin einen Sinn zu sehen. Meine Gedanken drehten sich weiter.

Ich hatte für dieses Jahr eigentlich ein anderes Reiseziel im Auge gehabt: den Karakorum. Irgendwie war ich aber zu beschäftigt gewesen, mich um die Vorbereitung zu kümmern. Vielleicht hatte ich auch ein paar Bedenken gehabt, ob das wirklich Sinn macht. Da kam mir die Einladung von Pato gerade recht. Jetzt, nach der Erfahrung in Chile, glaubte ich jedoch fest daran: Schlimmer kann es im Karakorum auch nicht werden. So hatte der freie Tag im Basecamp auch seine guten Seiten. Ich konnte diese unvergessliche Reise für mich innerlich abschließen, konnte die Erlebnisse und das Gelernte für mich einsortieren. Wie heißt es doch so schön:

Ein Gipfel ist ein guter Grund aufzubrechen, aber niemals das alleinige Ziel einer Reise.

Die anderen waren fast 24 Stunden unterwegs, bis sie völlig ausgelaugt, aber vollgepumpt mit Adrenalin zurück im Basecamp waren. So etwas schafft man nur, wenn man zu 120 Prozent motiviert und überzeugt ist von dem, was man da tut.

Also ab nach Hause. Und nächstes Jahr geht es in den Karakorum!

DIE IDEE

Oft schlummert die Idee zu einer Reise jahrelang tief in mir, arbeitet sich langsam an die Oberfläche. Sie nimmt Gestalt an wie ein Embryo im Mutterleib. Irgendwann gibt es kein Zurück mehr, das Verlangen, diesen Traum gegen Erfahrungen zu tauschen, wird so groß, dass ich es nicht mehr zurückhalten kann. Oder besser gesagt, nicht mehr zurückhalten will. Manchmal gibt es Ereignisse, welche diesen Prozess beschleunigen, die wie ein Katalysator wirken. So geschehen im Herbst 2018 in Chile.

Schon lange träumte ich davon, die steilen Granitnadeln des Karakorums zu besuchen. Früher wollte ich dort zum Klettern hin. Heute reichen meine vernachlässigten Kletterkünste bei weitem nicht mehr dafür. *Dann versuche ich es halt mit dem Mountainbike,* dachte ich bei mir. Zugegeben ist die Region Baltistan im Norden Pakistans nicht gerade die typische Gegend, wo sich Radfahrer und Radfahrerinnen aufhalten, vom Karakorum Highway mal abgesehen. Dort will ich aber nicht hin. Ich möchte mitten hinein zwischen die Felswände. Ich will die berühmten Bergriesen sehen, von denen ich schon so viel in der Bergliteratur gelesen habe: K2, Broad Peak, Chogolisa, Mustang Tower und auch die Trango-Türme. Praktischerweise stehen sie alle eng beieinander. Nicht einmal über die Routenwahl muss ich mir große Gedanken machen. Da ich nicht über 7000 oder 8000 Meter hohe Berge klettern will, bleibt nur ein Weg: Dieser führt den Baltoro-Gletscher hinauf zum »Thronsaal der Berggötter«, wie der Concordiaplatz im Herzen des Karakorums auch genannt wird. Ähnlich wie am Konkordiaplatz in den Schweizer Alpen, wo sich drei große Firnströme zum Aletschgletscher vereinen, fließen auch hier große Eismassen aus verschiedenen Tälern zusammen. Der Godwin-Austen-Gletscher fließt südöstlich am K2 vorbei, um sich mit dem Oberen Baltoro-Gletscher dort zu vereinen.

Viele Trekker und Trekkerinnen wandern den Baltoro-Gletscher hinauf und wieder hinunter. Da ich ungern den gleichen Weg zweimal gehe, brüte ich über einer Karte und suche nach anderen Möglichkeiten. Der niedrigste Übergang oberhalb des Concordiaplatzes ist mit circa 5600 Metern der Gondogoro La, welcher erst 1986 eingerichtet wurde. Die Rundtour mit seiner Überschreitung ist als »großes Karakorum-Trekking« bekannt und wohl eine der spektakulärsten Trekkingtouren unseres Planeten. Wissbegierig stöbere ich in diversen Beschreibungen von Reiseveranstaltern und Berichten von Trekkingbegeisterten. Wenn man die Voraussetzungen liest, hört sich das zusammengefasst in etwa so an: Nur für ausdauernde Trekker:innen mit Hochtourenerfahrung. Tagesetappen von bis zu acht Stunden. Trittsicherheit sowie Schwindelfreiheit sind zwingende Voraussetzungen. Der Gletscheranstieg zum Gondogoro La (vierzig bis fünfzig Grad steil) und der mit Fixseilen gesicherte Abstieg erfordern den sicheren Umgang mit Steigeisen. Extreme Temperaturschwankungen von plus 35 bis minus 20 Grad erfordern einen guten Kreislauf. DAS klingt doch alles nach einer perfekten Radroute, oder etwa nicht?

Um eine persönliche Einschätzung zu bekommen, telefoniere ich mit befreundeten Bergsteigern, die schon vor Ort waren und in etwa wissen, was ich auf dem Fahrrad zu leisten imstande bin. Dabei stoße ich auf ein altbekanntes Problem: Ist jemand zu Fuß unterwegs, hat vielleicht noch eine 8000er Besteigung vor sich oder Gäste dabei, scannt er den Weg verständlicherweise nicht auf die Möglichkeiten einer Befahrung mit dem Rad. Und schon gar nicht mitten auf einem Gletscher in Pakistan. Wer kommt schon auf so eine Idee? Somit bekomme ich zum Teil Informationen, die mir Mut machen, aber, ehrlich gesagt, viel zu wenige, um realistisch einschätzen zu können, ob das Gelände über weite Strecken mit dem Rad befahrbar ist. Ein paar Bilder überzeugen mich dann doch, mich weiter mit den Möglichkeiten auseinanderzusetzen.

Tagelang studiere ich Karten und diverse Beschreibungen. Die Planung einer Tour ist oft genauso spannend wie das Unterwegssein selbst. Und ich stöbere so gerne in Karten. Das hat mich als Kind schon fasziniert. Am liebsten studierte ich uralte Landkarten in Büchern oder fuhr mit dem Finger über den Globus und reiste dabei in meinen Träumen in exotische Länder. Wenn wir heute auch auf unzählige Daten zugreifen können, in Berichten, Videos oder auf Fotos, so bleibt oft ein nicht gänzlich evaluierbarer Aspekt: die Fahrbarkeit der Strecke. Wenn es mir nur ums Mountainbiken ginge, dann würde ich sicher besser nach Südtirol oder Finale Ligure an der Riviera fahren. Dort gibt es jede Menge ausgeschriebene, leicht konsumierbare Strecken, die sich garantiert zum Biken eignen. Aber genau dieses Unbekannte, das Entdecken ist für mich ein Teil der Spannung auf solchen Touren. Klar sind es keine Entdeckungsreisen, wie sie zu früheren Zeiten von Christoph Kolumbus oder Marco Polo unternommen wurden. Trotzdem bleibt eine verlockende Spannung, wenn ich dort unterwegs sein möchte, wo es unzureichende oder womöglich gar keine Informationen in Sachen Mountainbiken gibt.

Üblicher Startpunkt für die Trekkingrunde ist das auf 3000 Metern gelegene Bergdorf Askole, welches durch eine abenteuerliche Jeepfahrt in der Baltoro-Schlucht erreichbar ist. Von dort gehen die Trekker und Trekkerinnen in etwa sieben Tagen zum Concordiaplatz. Weitere vier Tage dauert es über den Gondogoro La zum Endpunkt in Hushe, wo wieder in ein Transferfahrzeug gestiegen wird. Start und Ende mit den Fahrzeugen ist in Skardu, dem Hauptort in der Region Baltistan. So gesehen entspricht das genau meinen Vorstellungen einer Rundtour. Im ersten Augenblick klingt das perfekt. Nur ist Radfahren eine andere Belastung als Wandern. Dort, wo man gemütlich langsam wandernd bergauf gehen kann, muss man oft ziemlich in die Pedale treten, um nicht vom Rad zu fallen. Da man in der Akklimatisationsphase den Puls nicht zu hoch treiben und die Belastung niedrig halten sollte, ist an Bergauffahren in anspruchsvollem Gelände in der Höhe meist nicht zu denken. Das habe ich schon oft erlebt. Auf Abschnitten, wo man zu Hause noch mit ein bisschen Druck am Pedal hochfahren würde, ist in der dünnen Höhenluft schon lange Schluss. Daher befürchte ich beim Anblick des Höhenprofils der Runde im Uhrzeigersinn, dass wir bis zum Gondogoro La wahrscheinlich die Bikes schieben müssen. Dann würde ein Tag mit extrem steilem Abstieg folgen, sicher auch, ohne zu fahren, und zum Schluss würden vielleicht ein bis zwei Tage zum Biken bleiben. Schlechte Ausbeute. Ich komme ins Grübeln. Wie wäre es, die Runde in die andere Richtung zu machen? Kurz und steil hoch, und dann könnten wir den gesamten Baltoro-Gletscher rausrollen. Das klingt sehr verlockend.

Ein genauer Blick auf die Höhe der Lagerplätze stimmt mich zuversichtlich. Mit zwei extra Akklimatisationstagen sollte die Runde auch in umgekehrter Richtung gehen. Wieder stöbere ich nach Infos im Internet, finde aber außer einer Winterexpedition zu einem 8000er keinen einzigen Bericht über die Variante gegen den Uhrzeigersinn. Ich kontaktiere eine Reiseagentur in Islamabad, welche mir empfohlen wurde. Adventure Tours Pakistan ist ein renommierter Veranstalter von Trekkingtouren und Expeditionen in der Region. Was werden die wohl denken, wenn ich sage, wir wollen mit dem Bike über den Gondogoro La? Nach Worten ringend, versuche ich zu formulieren, was sich in meinem Kopf festgebissen hat. Jedes Lager mit Höhenangaben plus einen genauen Zeitplan packe ich mit in die Mail, um meiner verrückten Idee einen Hauch von Seriosität zu geben. Jetzt heißt es warten.

DAS TEAM

In der Zwischenzeit kontaktiere ich Martin. Aus unserer anfänglichen Zusammenarbeit ist eine großartige Freundschaft geworden. Die letzten Jahre haben wir gemeinsam so manches Abenteuer überstanden. Man kann durchaus sagen, dass wir auf Reisen ein eingespieltes Team sind. Er lässt sich selten von meinen Ideen abschrecken und ist bereit, sich voll einzubringen. Bei vielen Touren lässt er sein Bike zu Hause und ist zu Fuß unterwegs. Damit ist er flexibler, um die richtigen Kameraperspektiven zu suchen, denn oft muss es schnell gehen. Irgendwo auf 5000 Metern, wenn alle am Limit sind, kann man die Agierenden nicht wie bei einem Fotoshooting bitten: »Hey, lauft doch noch mal die 200 Höhenmeter hoch, ich brauch noch eine Einstellung.« Da muss Martin im richtigen Moment die richtige Position haben und auf den Auslöser drücken. Und das kann er. Noch viel wichtiger aber ist, es passt menschlich zwischen uns. Selten haben wir Auseinandersetzungen, was in Situationen, wo man weit aus der Komfortzone kommt, durchaus nicht selbstverständlich ist. Ich erzähle ihm von Pakistan, und wie erwartet ist er begeistert. Einzig die lange Zeit von drei Wochen ist für ihn schwierig mit seiner Familie und den sonstigen Aufträgen zu vereinen. Trotzdem sagt er zu. Ich studiere nochmals den Zeitplan, die Akklimatisationsschritte und die Transfermöglichkeiten. Viel weniger Tage werden es nicht, zwei kann ich streichen. Ich möchte auf keinen Fall, dass es uns allen dort geht wie mir in Chile und wir wegen zwei eingesparten Tagen die ganze Aktion in den Sand setzen. Aber warten wir mal ab, was die Agentur überhaupt zu der Geschichte meint.

Pling. Maileingang. Neue Nachricht. Aus Pakistan. Nervös öffne ich die Mail und überfliege sie auf der Suche nach der Absage: »Dear Gerhard, thanks for your request … Happy … no problem … dollars … see you soon.« Verwunderung, ich habe sicher was überlesen.

Noch mal. Wort für Wort. Aber nein, ich habe eine völlig unspektakuläre Mail vor mir, mit einem Angebot. Kein Wort zum Radfahren, kein Wort von »Geht nicht«. Unsicher, ob ich mich darüber freuen soll oder ob mein Anliegen nicht verstanden wurde, beginnt ein herrlich unaufgeregter Mailverkehr. In zwei Worten könnte man die vielen Mails so zusammenfassen: No problem. »Na, da bin ich ja gespannt«, sage ich überraschend laut zu mir selbst.

Ein kleines Problem bleibt noch bestehen. Wer kommt als zweiter Fahrer mit? In erster Linie möchte ich reisen und eine gute Zeit mit Freunden haben. Für eine selbstdarstellerische Vermarktung wäre es vielleicht von Vorteil, ich würde allein vor der Kamera unterwegs sein. Dann wäre ich auf jedem Bild und könnte mich als alleinigen Helden feiern lassen. Will ich aber nicht. Ist mir, um genau zu sein, völlig egal. Der Genuss, der Spaß, das Erleben, all das hat Vorrang vor irgendwelchen wirtschaftlichen Interessen. Klar muss auch ich meine Geschichten erzählen, sonst würden mich meine Sponsoren nicht unterstützen, aber das Reisen selbst steht im Vordergrund. Den passenden Reisepartner zu finden ist gar nicht leicht. Gerade für eine Tour dieser Größenordnung in völliger Ungewissheit, ob das als Radtour überhaupt funktioniert. Es braucht eine Menge Voraussetzungen: Ausdauer, Teamfähigkeit, gute Fahrtechnik, alpine Erfahrung, Höhentauglichkeit, Abenteuerlust, Zeit, Humor, die Liste könnte ewig gehen. Gerade Letzteres, der Humor, ist besonders wichtig, finde ich. Allzu ernst darf man sich selbst nicht nehmen, wenn man mit dem Mountainbike versucht, in einer der steilsten Bergregionen der Welt, tagelang auf einem Gletscher unterwegs, fahrbares Gelände zu finden.

Leider kommt es allzu oft vor, dass Freunde nach Reisen oder Expeditionen als Feinde wieder zurückkehren. Auch wenn ich bis dato immer Glück gehabt habe, bin ich mir dieses Dilemmas durchaus bewusst. Der weltberühmte Verhaltensforscher, Psychologe und Nobelpreisträger Konrad Lorenz schrieb dazu in seinem Buch »Das sogenannte Böse«: »Der sogenannte Expeditionskoller befällt bevorzugt kleine Gruppen von Männern, wenn diese in gewissen Situationen ganz aufeinander angewiesen und damit verhindert sind, sich mit fremden, nicht zum Freundeskreis gehörenden Personen auseinanderzusetzen. Der Stau der Aggression wird umso gefährlicher, je besser die Mitglieder der betreffenden Gruppe einander kennen, verstehen und lieben. In solcher Lage unterliegen alle Reize, die Aggression und innerartliches Kampfverhalten auslösen, einer extremen Erniedrigung ihrer Schwellenwerte. Subjektiv drückt sich dies darin aus, daß man auf kleine Ausdrucksbewegungen seiner besten Freunde, darauf, wie sich einer räuspert oder schneuzt, mit Reaktionen anspricht, die adäquat wären, wenn einem ein besoffener Rohling eine Ohrfeige hineingehauen hätte. Einsicht in die psychologische Gesetzmäßigkeit dieses begreiflicherweise äußerst quälenden Phänomens verhindert zwar den Freundesmord, verhilft aber keinesfalls zur Linderung.« In abgeschwächter Form habe ich Ähnliches in fast allen Gruppen beobachtet, mit welchen ich über mehrere Wochen unter oft schwierigen Bedingungen unterwegs war: Die erste Woche schaut man leicht über die Gewohnheiten und Andersartigkeiten der Mitreisenden hinweg. Irgendwann in der zweiten Woche kommt es meist zu Reibereien. In der letzten Woche ist die »Erlösung« von den Kameraden und Kameradinnen dann so nahe, dass wieder vieles »ertragen« wird. Somit ist die Auswahl der Mitreisenden ein nicht zu unterschätzender Aspekt für den Erfolg einer fordernden Tour. Noch dazu, wenn es sich, wie in diesem Fall bei mir mit Pakistan, um ein sehr persönliches Ziel handelt. Lange überlege ich hin und her.

Da kommt mir Jakob Breitwieser in den Sinn. Wir kennen uns von diversen Ausbildungen im Mountainbikebereich, die ich geleitet habe und bei denen Jakob Teilnehmer war. Er sitzt saugut am Bike, hat breite Erfahrung in vielen Bereichen und ist für jeden Blödsinn zu begeistern. Er ist Grundschullehrer, und damit müsste er in den Sommerferien vielleicht Zeit haben. Länger unterwegs waren wir gemeinsam zwar noch nicht, aber das war ich mit den meisten Reisegefährten der letzten Jahre im Vorfeld nicht, und es hat immer funktioniert. Ich rufe ihn kurzerhand an.

»Hey Jakob, was geht im Sommer, hast du a bisserl Zeit und Lust, was Abgefahrenes zu machen?«

»Eventuell wollen wir nach Kanada zum Biken. Ist noch nicht fix. Was schwebt dir vor?«, erkundigt sich Jakob.

Ich erzähle ihm von meinem Plan. Mache ihm aber auch sofort klar, dass er in Kanada sicher mehr Rad fahren wird als in Pakistan. Wir quatschen eine ganze Weile. Jakob stellt viele Fragen. Ich kann die wenigsten beantworten. Wie auch? Ich war noch nie dort, und es gibt keinerlei Berichte, Erzählungen oder Bilder von einer Biketour auf dem Baltoro-Gletscher. Ich komme mir ein bisschen blöd vor. Aber so ist das eben, wenn man etwas versucht, was so wahrscheinlich noch niemand gemacht oder zumindest nicht dokumentiert hat. Ungewissheit. Auch damit muss man umgehen können bei solchen Aktionen. Ist das nicht vielleicht gerade das Spannende? Für mich auf alle Fälle ein Teil davon. Ich kann aber auch jeden verstehen, der keine Lust verspürt, quer um die Welt zu fliegen, um dann auf der geplanten Biketour vielleicht gar nicht biken zu können. Ich bin allerdings der Meinung: Wenn man es nicht versucht, dann weiß man es nicht. So habe ich schon das ein oder andere Juwel entdeckt. Zugegeben bin ich aber auch schon wochenlang unterwegs gewesen, ohne viel am Rad zu sitzen. Auch das gestehe ich Jakob. Er bittet verständlicherweise um Bedenkzeit.

Dabei geht es ihm wie den meisten, denen ich von meinen Reiseplänen nach Pakistan erzähle. Obwohl wir noch nie dort waren, haben wir von vielen Ländern der Welt ein Bild im Kopf, entstanden durch Medien, Fotos, Berichte, Filme, Nachrichten, Erzählungen. Je nachdem, über welches Medium wir die Informationen aufgeschnappt haben, sind sie völlig unterschiedlicher Natur. So gesehen trägt jeder seine eigene Landkarte der Welt mit sich rum. In den täglichen Nachrichten hat Pakistan zugegeben nicht gerade das beste Image. Meist geht es um Terroristen, Krieg oder um nicht vorhandene Rechte für Frauen. Selten hört man da etwas Erfreuliches. Somit sind mir die teilweise heftigen Reaktionen durchaus verständlich. Oft schlägt mir völliges Unverständnis entgegen: Von »In dieses Wohnzimmer der Taliban würde ich sicher nicht fahren« bis zu »Muss man sein Leben so sinnlos aufs Spiel setzen?« ist da alles dabei. Aber ein Land hat immer viele Facetten. Schon oft bin ich mit Vorstellungen, Befürchtungen oder auch Erwartungen irgendwo unterwegs gewesen und mit einem völlig neuen Bild nach Hause gekommen. Und ja, ich kann behaupten, es war immer eine Bereicherung. Auch wenn mir bewusst ist, dass ich in meiner Reisezeit natürlich nur an der Oberfläche gekratzt habe. Es gibt überall auch Gutes und Schönes zu erleben. So berichten mir auch die Kollegen, welche in Pakistan beim Bergsteigen oder Kajakfahren waren, begeistert von der Region Baltistan und ihren Bewohnern und Bewohnerinnen.

Jakob geht es da nicht anders. Letztlich ist es seine Freundin, die ihn dazu ermutigt, diese einmalige Chance wahrzunehmen. Perfekt, ich freue mich riesig über seine Zusage. Das Team ist zusammen. Da Jakob und ich in manchen Bereichen von den gleichen Sponsoren unterstützt werden, ist es auch leichter, die Finanzierung auf die Beine zu stellen. Ich ziehe noch einen Auftrag an Land, für einen unserer Partner Produktfotos und -videos für eine Kampagne zu machen. Das bedeutet zwar zusätzlichen Aufwand, aber damit ist ein Teil der Kosten gedeckt. So weit ist alles geklärt, wir müssen uns nur noch mental und körperlich vorbereiten. Bei einem Thema wird es nochmals spannend: bei der Auswahl der Ausrüstung.

»Was ist denn eine Jümar?« Martin ist verdutzt.

»Keine Ahnung, wofür braucht man so was?«, entgegnet Jakob.

Im Chat versuche ich, den beiden die Informationen zur benötigten Ausrüstung weiterzugeben, welche ich gesammelt habe.

»Eine Jümar ist eine Steigklemme. Mit dem Teil können wir uns am Gondogoro La in die Fixseile einhängen, damit wir nicht abstürzen. Dazu braucht jeder noch einen Klettergurt, eine lange Bandschlinge und einen Schraubkarabiner. Karabiner kennt ihr, oder?«, versichere ich mich mit einem Lachen, wohl wissend, dass jeder schon einen Karabiner in der Hand gehabt hat. Ich habe die Ausrüstung schon öfters gebraucht bei meinen Bergtouren, zugegeben, aber auch noch nie bei einer Radtour. Daher ist es kein Wunder, dass Biker:innen manche der Ausrüstungsgegenstände nicht kennen oder besitzen. Die braucht man nur sehr selten auf dem Hometrail.

Meine Liste hat noch mehrere Überraschungen parat. »Steigeisen brauchen wir auch. So leichte Riemensteigeisen, die man auch an die Trekkingschuhe machen kann. Habt ihr welche?«

»Meinst' echt? Steigeisen? Gehen wir auf den K2?« Martin lacht.

Er hat natürlich berechtigte Bedenken. Je mehr Ausrüstung wir haben, umso schwerer wird alles. Wir sind von der Agentur streng limitiert worden. Mehr als 25 Kilogramm pro Person sind nicht drin. Gerade für Martin mit der gesamten Kameraausrüstung eine echte Herausforderung. Aber auch sonst wird es eng. Extreme Temperaturunterschiede erfordern gute, variable Bekleidung. Wir müssen auch bei tagelangem Schneefall, was auf 4000 bis 5000 Metern Höhe keine Seltenheit ist, gut ausgerüstet sein. Dazu dicke Schlafsäcke, nachts kann es unter minus fünfzehn Grad werden, Schlafmatten, Erste-Hilfe-Material, Werkzeuge und Ersatzteile für unsere Bikes. Alles wird auf den Prüfstand gestellt und minimiert. Die empfohlenen Eispickel streichen wir von der Liste. Trekkingstöcke gehören dafür ins Gepäck. Wir verteilen schon vorab Martins Fotoausrüstung auf uns drei. Akkus, Kameras, Laptop, Drohne, alles bringt Gewicht mit sich. Ich packe noch Solarpanels und zwei dicke Powerbanks ein, damit wir alles wieder laden können. Steckdosen wird es wohl über zwölf Tage keine geben. Der Anteil an Bekleidung ist erschreckend gering, als meine Tasche zum Bersten gefüllt ist.

DER TIGER DES HIMALAJAS

Frühmorgens stehen Martin und ich verschlafen in den ockerfarben gefliesten Wartehallen des Flughafens in Islamabad. Hektisches Treiben. Alle Passagiere sind auf der Suche nach ihren Gepäckstücken. Unsere zwei Taschen sind da. Nur mein Bike fehlt. Noch habe ich keine Panik, meistens kommt es an.

Nur ein einziges Mal, 2003 in Tibet, ich war als Reiseleiter einer elfköpfigen Gruppe unterwegs, um den Himalaja von Lhasa nach Kathmandu zu überqueren, da ließ mein gesamtes Gepäck auf sich warten. Vier Tage lang habe ich jeden Abend meine Bekleidung gewaschen und getrocknet, die ich am Leib trug. Mehr hatte ich nicht. Viel unangenehmer war aber die Abwesenheit meines Bikes. Das stabilste Leihrad, welches ich in Lhasa auftreiben konnte, war ein chinesisches Eingangrad. Damit habe ich eine Gruppe von bestens ausgestatteten Highendbiker:innen drei Tage um Lhasa und schließlich ins Camp auf den ersten, immerhin 4600 Meter hohen Pass begleitet. In Decken gehüllt, mein Schlafsack war ja auch nicht angekommen, hörte ich nachts ein Auto am Camp einfahren. Endlich, meine Taschen und mein Bike waren da. Den Aufklebern nach zu urteilen, hatte mein Gepäck eine Weltreise hinter sich. Am beeindruckendsten fand ich den Aufkleber mit der Zieldestination Nadi: dem Hauptflughafen der Fidschi-Inseln.

In einer Ecke springt eine gelbe Warnleuchte an, ein Tor wird geöffnet und ein Gepäckwagen wird in die Halle geschoben. Darauf liegen mein Bike und ein Skisack. Schnurstracks gehe ich darauf zu. Neben mir taucht ein junger Bursche auf. *Sicher der Besitzer des Ski-*

sacks, denke ich mir und spreche ihn an: »Du gehst Ski fahren in Pakistan?« Wie sich herausstellt, hat der junge Amerikaner das gleiche Ziel wie wir: Skardu. Er möchte einen Kollegen treffen, Anthony Marra, der seit Monaten mit dem Rad unterwegs ist und nebenbei Berge mit Ski befährt, welche weit über 6000 Meter hoch sind. Zu zweit wollen sie den Spantik, eine 7027 Meter hohe Bergpyramide, befahren. *Spannend*, denke ich bei mir und möchte mehr erfahren. Wir verabreden uns auf einen Kaffee in Skardu, in der Hoffnung, dass wir uns da schon irgendwo über den Weg laufen werden. Was wir hier noch nicht wussten, wir werden noch voneinander hören, uns aber leider nicht mehr treffen.

»Mr. Gerhard« steht handgeschrieben in schwarzen Buchstaben auf einem Pappkarton, der von einem dunkelhäutigen Mann fortgeschrittenen Alters in die Luft gehalten wird, als wir die Gepäckhalle verlassen. Er ist mit einem blitzsauberen, beigen Anzug bekleidet und blickt verschlafen in unsere Richtung. Die kleinen Augen werden größer, als er uns entdeckt. »Welcome to Pakistan, Mr. Gerhard.« Wir schütteln uns die Hände. Sicher ein fleißiger Mitarbeiter von Adventure Tours Pakistan, dem man die wenig angenehme Aufgabe übertragen hat, uns hier mitten in der Nacht zu empfangen. Wir folgen ihm durch einige Hallen zum nationalen Terminal, um den Weiterflug nach Skardu zu erreichen. Es sind noch ein paar Stunden bis zum Abflug, und so nehmen wir auf den harten Stühlen einer menschenleeren Wartehalle Platz. »Möchten Sie einen Tee?«, erkundigt sich respektvoll unser pakistanischer Kontaktmann. »Sehr gerne.« Ich gehe mit, um ihm beim Tragen zu helfen. Der Teeladen ist das einzig geöffnete Geschäft, sonst sind überall die Rollläden unten.

»Sie arbeiten schon lange für die Agentur?« Den heißen Plastikbecher in der Hand haltend, versuche ich, ein Gespräch in Gang zu bringen.

»Ja, schon über dreißig Jahre.«

»Das ist sehr lange! Was ist denn Ihr Aufgabenbereich?« Erstaunt blicke ich ihn an.

Mit sanfter, leiser Stimme berichtet er mir: »Ich leite die Agentur. Ich habe sie mitgegründet. Wir hatten schon Kontakt per Mail, Ashraf mein Name.«

Mein verschlafenes Hirn versucht die Antwort einzuordnen. Bruchstücke des Mailverkehrs kann ich in Gedanken hervorkramen. Ashraf, hm, ja, einer der beiden Herren … – mich trifft es wie ein Blitz. Auf einmal bin ich hellwach. Ashraf? Ashraf Aman? Der »Tiger des Himalajas«? Der erste Pakistaner, der 1977 den Gipfel des K2 erreicht hat? DER Ashraf? Ein pakistanischer Nationalheld steht hier neben mir und kauft mir einen Becher Tee? Nervös wie ein kleines Kind, das den Nikolaus gesehen hat, frage ich vorsichtig nach. Jawohl, er ist es, einer der bekanntesten Bergsteiger Pakistans. Wow. Ich muss aufpassen, ihn nicht mit Fragen zu überhäufen, so interessiert und beeindruckt bin ich. Ruhig beantwortet Ashraf alle meine Fragen. Martin kommt von der Suche nach Fotomotiven zurück. Aufgeregt erzähle ich ihm, dass dieser Herr bei einer deutschen Expedition 1962 maßgeblich zum Erfolg beigetragen hat und daraufhin mit dem Titel »Tiger des Himalajas« geehrt wurde, nebenbei eine Bergsteigerlegende ist und uns als Chef der Agentur höchstpersönlich in Pakistan willkommen geheißen hat. Auch Martin zeigt sich mehr als überrascht.

Ashraf entschuldigt sich zum Telefonieren, die Arbeit ruft. Ich nehme meinen Rucksack als Kopfkissen, lege mich auf den kalten Fliesenboden hinter die Sitzbank und schließe die Augen. Meine Gedanken kreisen noch eine Weile um die Begegnung. Wie sehr versuchen wir, unsere Leistungen zu vermarkten und darzustellen, um Ansehen, Sponsoren und ein bisschen Schulterklopfen zu bekommen! Welche Starallüren haben doch viele westliche Bergsteiger und Sportler aufgrund ihrer erbrachten Leistungen! Völlig anders habe ich Ashraf erlebt. Ich bin beeindruckt von seiner Bodenständigkeit. Langsam dämmere ich weg.

Ein Geräusch weckt mich aus den Träumen. Ich öffne langsam die Augen. Ups – ein Wischmopp wischt neben meinem Kopf vorbei. Ich richte mich auf und blicke in die Halle. Diese hat sich während meines Nickerchens gut mit Passagieren gefüllt. Zwischen ihnen wuseln Herren in weißen Gewändern mit Putzgeräten umher und bringen die Halle auf Hochglanz. »Es wird Zeit, wir müssen zum Gate.« Ashraf drängt uns vorwärts. Noch fehlt Jakob. Martin und ich verabschieden uns von Ashraf und gehen durch die Kontrolle zum Gate für die Inlandflüge. Da taucht Jakob in der Tür auf. Perfektes Timing.

»Hey, wie war der Flug?«, freue ich mich, Jakob zu sehen. »Hab nicht viel mitbekommen, fast nur gepennt.« Trotzdem sieht Jakob verschlafen aus. »Das ist Martin. Martin, Jakob.« Ich stelle sie einander vor, da sie sich ja nur vom Chatten kennen. »Hoffen wir, dass der Flug auch geht, sonst wird's echt mühsam.« Martin drückt aus, was sich sicher jeder von uns wünscht.

Es kommt regelmäßig vor, dass die Flüge nach Skardu ausfallen. Der Grund ist banal: das Wetter. Bei Schneefall, Starkregen oder auch bei zu schlechter Sicht können die Flieger nicht landen. Die mühsame Alternative ist eine abenteuerliche Jeepfahrt über den Karakorum Highway. Geschätzte Fahrtzeit zwischen zwölf und zwanzig Stunden, je nachdem, ob die Straße verschüttet ist, das Auto unterwegs kaputtgeht oder gar im Graben landet – was wohl auch keine Seltenheit ist. Keine allzu ermutigende Aussicht.

Gespannt schauen wir auf die Anzeige. Noch sieht es gut aus. Und dann endlich startet das Boarding. Ich werfe einen Blick auf die Warteschlange und bin verwundert. Erwartet hätte ich eine ähnliche Mischung an Passagier:innen, wie ich sie aus Fliegern in Richtung Nepal oder Nordindien kenne: Etwa ein Drittel oder sogar die Hälfte sind dort meist unverkennbar Trekkingtouristen oder Bergsteiger. Doch hier auf dem Flug sind nicht mehr als eine Handvoll Leute an Bord, die aussehen, als ob sie in die Berge gehen. *Seltsam, eigentlich ist doch jetzt Hauptsaison.* Wir nehmen auf den engen Sitzen Platz. Kurz darauf startet der Flieger. Erleichtert nickt mir Martin zu. Der Flug nach Skardu, dem Hauptort in der Region Baltistan, dauert eine gute Stunde und verläuft ohne Probleme.

In einer kleinen Infobroschüre lese ich über die Region, die wir gleich zum ersten Mal in unserem Leben betreten werden:

> Gilgit-Baltistan ist ein pakistanisches Sonderterritorium unter Bundesverwaltung und somit keine Provinz Pakistans. Der verfassungsrechtliche Status ist interessanterweise nicht eindeutig definiert. Die extrem schwer zugängliche Hochgebirgsregion im Nordosten Pakistans wurde früher »Klein Tibet« genannt, da sie bis 1842 eines der sechs Königreiche Tibets war. Weniger als ein Prozent der Fläche umfasst bewässertes Kulturland. Von den an den Flüssen gelegenen Oasen und Hochgebirgsweiden abgesehen, besteht die Region im Wesentlichen aus Hochgebirge und Wüsten. Das ist sicherlich ein Grund, warum Baltistan zu den ärmsten Gebieten Asiens gehört. Ein anderer ist die Lage. Im Süden und Südosten grenzt es an Ladakh, Indien, und im Südwesten an Kaschmir. Diese Grenzen sind aufgrund von militärischen Sperrgebieten weitgehend unpassierbar. Im Norden und Nordosten grenzt die Region an die Gebiete des heute von China verwalteten Sinkiang (Xinjiang). Hier führt der berühmte Karakorum Highway von Islamabad über den Khunjerab-Pass, 4693 Meter. Das ist der einzige offizielle Grenzübergang nach China.

Das Flugzeug neigt sich beim Anflug auf den Flughafen in Skardu zur Seite. Wir drücken uns die Nasen am Fenster platt. Unter uns liegt ein riesiges Flussbett. Der Indus hat eine bräunliche Farbe und ist geschätzt über hundert Meter breit. Das Grau der umliegenden Berge setzt sich auf den Kiesbänken am Ufer fort. Nur wenige Bäume stehen dicht gedrängt in kleinen Gruppen wie Oasen beieinander. Noch weniger Häuser stehen dazwischen. Das Grau des Himmels unterstreicht die trostlose Stimmung. Nach der Landung gehen wir die wenigen Meter hinüber zum Flughafengebäude. Die sonst übliche Bezeichnung »Halle« ist hier völlig fehl am Platz. Die lilafarbenen Malven im Vorgarten des einstöckigen, weiß gestrichenen Baus unterstreichen den Eindruck, es könnte sich um die Hütte einer Kleingartenanlage handeln.

Das wohl kürzeste Gepäckband der Welt spuckt unsere Gepäckstücke in den winzigen Ankunftsraum. Knapp zwanzig Meter vor uns steht ein Herr in einer offenen Tür und legt fein säuberlich unsere Taschen auf das Gepäckband. Fünf Sekunden später liegen sie vor unseren Füßen.

»Eigentlich könnte er uns das Material auch in die Hand drücken«, lacht Jakob.

»Wahrscheinlich gibt es eine Vorschrift, dass man am Flughafen ein Gepäckband haben muss«, grinse ich zurück.

Wieder entdecke ich ein handgeschriebenes Schild: Mr. Czerner. Jawohl, das bin ich. Und die beiden anderen und die großen Taschen mit den Bikes gehören auch dazu. Der dunkelhaarige Herr mit Schnauzbart zwingt sich zu einem Lächeln, während er uns begrüßt und das Gepäck beäugt. Ich glaube seine Gedanken zu kennen: »Keiner hat mir gesagt, dass die mit Übergepäck kommen. Wie soll das alles in den Jeep passen?« Martin und ich kennen das schon von vielen Touren. Dort, wo man keine Erfahrung mit Radreisenden hat, hat man keine klare Vorstellung davon, wie die Bikes verpackt sind und transportiert werden. Ich habe es der Agentur extra geschrieben, aber, na ja, das hat vielleicht niemand gelesen. »Kleines Auto«, meint unser Begleiter und deutet auf den verbeulten Jeep. »Großes Dach«, entgegne ich und zeige auf den Gepäckträger auf dem Dach. In jedem Fahrzeug in Asien befindet sich ein Seil, so meine Erfahrung. Wir finden zwar nur eine wenige Millimeter dicke Schnur unter dem Rücksitz, aber das wird schon halten. Die Bikes kommen aufs Dach.

Wir quetschen uns auf die Rücksitzbank, der Motor heult auf. Gleichzeitig dröhnt aus dem Radio pakistanische Musik. Die Straßen sind nicht geteert. Der Fahrer versucht erfolglos, den Schlaglöchern auszuweichen, und braucht dafür die gesamte Breite des Weges. Immer wieder tauchen riesige Löcher auf, in welchen der Jeep wohl stecken bleiben könnte. In den letzten Tagen hat es viel geregnet. Daher gab es viele Überflutungen, erfahren wir. »Hoffentlich hat es in den Bergen dann nicht so viel geschneit.« Ich versuche, das Scheppern des Wagens und die Musik mit meinen Worten zu übertönen. »Dann können wir das ganze Unterfangen abblasen, bevor es überhaupt begonnen hat.« Ich möchte den Gedanken nicht an mich heranlassen, aber da hat er sich schon als mögliche Realität in meinem Kopf verankert.

Das Wetter ist nur eine der großen, nicht beeinflussbaren Unbekannten auf Reisen. Klar gibt es tendenziell geeignetere oder ungeeignetere Zeiten, aber letztlich ist man nie zu hundert Prozent sicher. Schon oft habe ich in der Vergangenheit meine Ziele der Witterung anpassen oder auch gänzlich verwerfen müssen. Gerade bei Bergbesteigungen ist die Liste der Verzichte lang: der 7010 Meter hohe »Himmelsherrscher« Khan Tengri im Tienschan-Gebirge (Zentralasien), der 6057 Meter hohe Vulkan Nevado Chachani (Peru) und der 5530 Meter hohe Nevado Ishinca (ebenfalls Peru) …, aber Misserfolge sind ein unvermeidbarer Teil des Bergsteigens. Gerade dann lernt man am meisten.

Und lieber mal irgendwo umdrehen, als gegen jede Vernunft durchziehen und sich dabei verletzten oder Schlimmeres. Manchmal sind die Entscheidungen klar zu treffen, zum Beispiel bei großem Schneefall und der daraus resultierenden Lawinengefahr. Gelegentlich ist es eher eine Vorahnung, ein Bauchgefühl, was einen bewahrt. So ist es Martin und mir im Oman ergangen.

OMAN 2015

Meine Idee war es, im Wüstenstaat auf die Suche nach Trails zu gehen. Während meiner Vorbereitung konnte ich nur Mountainbikerouten auf breiten Fahrstraßen finden. Das ist aber nicht nach meinem Geschmack. Ich fahre lieber auf schmalen, gerne auch fahrtechnisch anspruchsvollen Trails. Daher hielt ich nach Wanderwegen Ausschau. Hier wurde ich wenigstens teilweise fündig. Es gibt zwar nur wenige Wanderwege im Oman, aber immerhin mehr als Singletrails für Mountainbiker:innen. Einer führt auf den höchsten Berg des Landes, den Djebel Shams mit 3009 Metern. Natürlich wollten wir dort hinauf mit unseren Bikes. Daher sind wir vom Flughafen in Maskat, der Hauptstadt des Wüstenstaates, aufgebrochen, um auf das Plateau des Djebel Shams zu gelangen. Der sogenannte Balkony Walk, den man von dort erreichen kann, stand auch ganz oben auf unserer Wunschliste. Die ausgesetzte Wanderroute führt 1100 Meter über den Grund des Wadi an-Nakhur. Der »Grand Canyon des Oman« ist ein unvergleichliches Naturschauspiel und steht seinem Pendant in den USA in nichts nach. Direkt am Rand der riesigen Schlucht führt ein alter, extrem ausgesetzter Pfad entlang. Hier darf nichts schiefgehen. Ein Sturz würde ziemlich sicher tödlich enden. Der Weg ist oftmals weniger als eine Körperlänge vom ungesicherten Canyonrand entfernt. Die aussichtsreiche Route verlangte volle Konzentration. Genauso hatten wir uns das vorgestellt! Dass riesige Kondore dabei über unseren Köpfen kreisten, vervollständigte das unvergessliche Erlebnis. Motiviert wollten wir am nächsten Tag den höchsten Punkt des Landes angehen. Irgendwie war uns aber nicht wohl bei der Sache. Da der Weg auch nicht verlockend aussah, entschieden wir uns dagegen und verließen das Bergplateau. Was dann passierte, konnte niemand wissen. Innerhalb kürzester Zeit zogen dicke Wolken auf. Die Schleusen des Himmels öffneten sich. Augenblicklich verwandelten sich Rinnsale in reißende Bäche. Schlammlawinen schoben sich über die Straßen. Wir flüchteten im Schritttempo aus den Bergen. Die Sicht lag bei null. Aus Angst, auf der Straße verschüttet zu werden, tuckerten wir aber vorsichtig weiter. Vom Wind herumwirbelnde Gegenstände trommelten hin und wieder an die Fahrzeuge. Es war beängstigend. Der Spuk war nach einigen Stunden vorbei. Ganze Landstriche standen anschließend unter Wasser. Straßen und Häuser wurden weggespült. Es gab Verletzte und sogar Tote zu beklagen. Wir wagten uns gar nicht auszumalen, was uns oben in den Bergen hätte widerfahren können. Doch damit nicht genug. Dankbar, unbeschadet dem Inferno entkommen zu sein, fuhren wir am nächsten Tag weiter Richtung Osten in die Wüste. Es dauerte keinen halben Tag, und wir waren in einem waschechten Sandsturm gefangen. Der Wind peitschte Sanddünen über die Straße, welche streckenweise nur noch zu erahnen war. Die Böen rüttelten an unseren Jeeps und pressten den Sand durch Türdichtungen und Lüftungsschlitze ins Fahrzeuginnere. Uns blieb nichts anderes übrig, als hinter einem Gebäude Schutz zu suchen und geduldig im Auto zu warten. Am späten Nachmittag hatte sich der Wind gelegt, und wir konnten unserem sandigen Ziel, der Wüste Ramlat al-Wahiba, entgegensteuern. Die Nacht in den goldgelben Dünen werden wir nie vergessen. Die Sterne leuchteten so hell und zahlreich am Firmament, dass es schon fast kitschig unwirklich aussah. Am Lagerfeuer sitzend, konnten wir die Milchstraße und unzählige Sternschnuppen beobachten. Im weiteren Verlauf entdeckten wir leider nicht die erhofften Trailjuwelen. Trotzdem war es eine bereichernde Zeit in diesem exotischen Land. Erst rückblickend habe ich verstanden, warum es im Oman keine Wegestruktur gibt, wie wir sie aus den Alpen oder anderen Bergregionen kennen. Bei über vierzig Grad Hitze und absoluter Trockenheit gibt es praktisch keine Dörfer in den Bergen. Also gibt es dort auch keine

Wege, die irgendwo hinführen. Die Transportwege zwischen den Oasen führen logischerweise um die Berge herum, dort entlang, wo es auch Wasser gibt. Wieder was gelernt.

SKARDU

Skardu ist die größte Ortschaft im gleichnamigen Tal. Da der Ort nicht an den großen Handelswegen wie dem Karakorum Highway liegt, hat er sich nur langsam entwickelt. Durch den Bau einer Verbindungsstraße und des Flughafens in der zweiten Hälfte des 20. Jahrhunderts nahm die Entwicklung Fahrt auf. Weitere Straßen folgten in der Region. Wobei »Straßen« für unser Verständnis oft nicht zutrifft. Piste mit dem Prädikat »hervorragend für Allradfahrzeuge geeignet« würde eher passen. Der Name Skardu setzt sich aus zwei Wörtern zusammen: »skarba« (Messung) und »rdua« (Fels). Der »Messfels« war wahrscheinlich ein Fels, an welchem der Wasserstand des Indus abgelesen wurde. Die erste Erwähnung der Stadt datiert in die erste Hälfte des 16. Jahrhunderts.

Vor einem kleinen Hotel kommt unser Jeep abrupt zum Stehen. An der Rezeption bekommen wir zwei Zimmer zugeteilt und erfahren, dass unser Guide in zwanzig Minuten im Speisesaal zum Mittagessen auf uns wartet. Jakob und ich teilen uns das erste Zimmer, Martin geht zwei Türen weiter. Jakob versucht die Tür zu öffnen, aber sie klemmt. Der lose Türgriff ist nicht vertrauenerweckend. Kurzerhand wirft er sich mit der Schulter gegen die weiße Tür. Krachend schwingt sie auf. Augenblicklich bleibt uns der Atem weg. Ein Schwall von Dieselgestank, gewürzt mit Desinfektionsmittelduft, erfasst uns. Ich halte mir die Nase zu. Jakob geht zielstrebig zum Fenster und öffnet es. Die erhoffte Frischluft kommt nicht herein, stattdessen mehr Dieselgestank. »Okay, das Fenster bleibt sicher zu«, empört sich Jakob und deutet auf die Tankstelle vor unserem Fenster. »Dann lassen wir einfach die Tür 'ne Weile offen.« Die durchgelegenen Matratzen liegen auf kniehohen Holzrahmen. Ein kleiner Tisch in der Ecke und zwei Lampen neben dem Bett. Sonst gibt es nichts im Zimmer. Mehr brauchen wir auch nicht, wir bleiben ja nicht lange hier. Die Bettdecken haben auch schon bessere Tage gesehen, eine Waschmaschine wohl schon länger nicht. Aus hygienischen Gründen legen wir die Schlafsäcke auf die Betten. Die Tür bleibt offen stehen, als wir das übelriechende Gemäuer verlassen.

»Stinkt es bei dir auch so?«, frage ich Martin, als wir ihn zum Essen abholen. Er steht lachend mit seinem Smartphone in der Hand im Zimmer und fotografiert seine Badetür. »Nur nach Putzmittel. Aber das ist der Wahnsinn.« Er grinst noch immer und deutet auf die Türklinke. Besser gesagt, auf das, was dort anstatt einer Türklinke in einem säuberlich ausgefrästen Loch in der Tür steckt: eine Cola-Flasche! »Welcome to Pakistan.« Schmunzelnd machen wir uns auf den Weg in den Speisesaal.

Auf uns wartet ein etwa 1,65 Meter großer Herr mit schwarzgrauem Rauschebart und dichtem, gleich gefärbtem Haar. Er trägt eine kleine, eckige Brille in seinem wettergegerbten Gesicht. Das fast bis zu den Knien reichende Hemd und die dazugehörige Hose sind in einheitlichem Grau gehalten. Beides ist sauber, sieht sogar fast neu aus. Darüber trägt er eine ärmellose, gefütterte Weste. Die braunen Sandalen sind ausgelatscht, aber auf Hochglanz poliert. Auf Englisch, mit hartem asiatischem Akzent, begrüßt er uns: »Willkommen in Pakistan. Ich bin Ishaq, euer Bergführer. Geht es euch gut?« Wir sind zugegeben etwas überrascht. So richtig nach Bergführer schaut er nicht aus, aber sympathisch wirkt er. Wie wir erfahren, ist Ishaq schon seit seiner Jugend in den Bergen als Träger, dann Koch und jetzt seit vielen Jahren als Guide unterwegs. Er kennt die Runde sehr genau. Für die von uns gewählte Agentur arbeitet er schon zwanzig Jahre. Was uns auch entgegenkommt, ist sein Humor. Er lacht gerne, nimmt seinen Job ernst, aber scheint auch noch immer Spaß daran zu haben. Biker:innen hat er wohlgemerkt noch keine am Gletscher gesehen und auch noch nie mit ihnen gearbeitet. Wenn er nicht als Guide unterwegs ist, arbeitet er an seinem Haus, jagt Steinböcke oder wartet, mit seiner Familie im Haus sitzend, ab, bis der Schnee geschmolzen ist, dass sie wieder vor die Tür treten können. Ja, die Winter sind hart im Thalle Valley, seiner Heimat.

In drei Warmhaltebehältern steht das Essen auf dem Buffet parat. Kartoffeln, Dal, ein Linsengericht, und Hammelfleisch stehen zur Auswahl. Dazu gibt es Chapati, ein dünnes Fladenbrot, und einen Gewürztee – sehr lecker und typisch für die Region. Das Wichtigste auf den Reisen ist, gesund zu bleiben. Händewaschen und -desinfizieren gehören zum Alltag, genauso wie die Auswahl des Essens. Eine Regel dafür lautet: »Cook it, peel it, or forget it.« Alles, was du nicht kochen oder schälen kannst, sollst du nicht essen. Daher verzichten wir auf den Salat. Nach dem Essen und einer angeregten Unterhaltung fallen uns fast die Augen zu. Wir waren schließlich die ganze Nacht unterwegs. Für heute steht nichts mehr auf dem Programm, worüber wir nicht traurig sind. »Morgen kommen zwei Herren vom Büro von Adventure Tours Pakistan. Wir besprechen zusammen die Tour. Elf Uhr?« Ishaq arrangiert alles für uns. »Das passt perfekt, dann können wir davor noch die Bikes fertig machen«, meint Jakob bei der Verabschiedung.

Der Zusammenbau am nächsten Morgen geht schnell. Wir haben beide unsere Enduro-Bikes der Firma Liteville dabei. Die Aluminiumräder mit der Bezeichnung »301« sind extrem steif und dabei aber noch leicht. Mit 160 Millimetern Federweg am Heck, verstellbarer Sattelstütze und 27,5-Zoll-Laufrädern bringt mein Bike nicht mal dreizehn Kilogramm auf die Waage. Jakob fährt größere 29-Zoll-Räder und eine dickere Federgabel, daher ist sein Bike ein wenig schwerer. Ausgefallene Komponenten haben wir nicht montiert. Alles, was an den Bikes dran ist, hat sich auf vielen

Kilometern bewährt. In Regionen wie hier, wo es weit und breit keine Ersatzteile für solche Hightech-Geräte gibt, müssen wir uns zu hundert Prozent auf das Material verlassen können. Das ist nicht der Zeitpunkt für Experimente.

Pünktlich sind die beiden Herren aus der Zweigstelle in Skardu bei uns im Hotel. Gemeinsam werfen wir einen Blick auf die von mir mitgebrachte Karte. Wir diskutieren jedes Lager, wie lang die Strecken sind, was wir noch benötigen und letztlich auch den Zeitplan für die Abfahrt am nächsten Tag. Hier zeigt sich wieder, wie gut Ishaq sich auskennt. Nur mit der Karte kann er gar nichts anfangen. Er benutzt nie eine, und anscheinend gibt es auch keine detaillierten Karten vor Ort. Auf unsere Fragen bezüglich der Befahrbarkeit mit den Bikes und ob wir es wohl über den höchsten Punkt der Runde, über den Gondogoro La, schaffen, meint Ishaq: »Inshallah, it's possible.« So Gott will, wird es möglich sein. Auch wenn die Antwort nicht befriedigend für uns ist, sind wir uns nach der Besprechung einig, dass es die einzig mögliche Aussage war. »Was hätte Ishaq auch sagen sollen? Er weiß weder, wie ihr am Bike sitzt, noch hat er je einen Biker auf dem Gletscher gesehen«, fasst Martin zusammen.

Ein paar Touristen treffen wir auch im Hotel. Einige kommen gerade vom Gondogoro La zurück. Wir erkundigen uns nach den Witterungsverhältnissen. Eine Gruppe beklagt hüfthohen, weichen Schnee und schlechte Sicht. Und überhaupt können sie gar nicht verstehen, was man da oben mit einem Fahrrad will. Nach ihrer Einschätzung kann man da nichts fahren. *Mist,* denke ich bei mir, *das macht ja Mut.* Ein paar Kletterer, welche ins Charakusa-Tal unterwegs sind, sprechen uns später auf die Bikes an. Da sie schon öfter hier im Gebiet waren und selbst biken, fragen wir nach ihrer Einschätzung der Fahrbarkeit. »Sicher über siebzig Prozent! Am Pass müsst ihr tragen, sonst geht es eh gut«, meint einer der Bergsteiger überzeugt. »Aha. Jetzt wissen wir auch nicht mehr als ›Inshallah!‹«, lacht Jakob, nachdem wir uns von der Gruppe verabschiedet und ihnen viel Glück gewünscht haben. Unsere Verwirrung ist komplett. Die Gespräche aktivieren eine emotionale Achterbahnfahrt, irgendwo zwischen Hoffnung und Resignation. Aber wir sind jetzt nun mal hier. Dann schauen wir uns das auch an. Umdrehen können wir immer noch. Wenn nur das Wetter mitspielt. Das wäre die halbe Miete.

Nachmittags machen wir uns rollend auf den Weg in die Stadt. Zuerst starten wir auf der falschen Straßenseite. Ups, hier fährt man ja links. Mich erinnert das Stadtbild auf der staubigen Hauptstraße eher an eine Reihe Garagen denn an Häuser. Es sind kleine Parzellen, welche mit Rolltoren versehen sind. Teilweise sind sie geschlossen und kunstvoll mit Werbung bemalt. In den offenen Einzimmerläden gibt es alles, was man brauchen kann: von Lebensmitteln über Handwerkszeug, aber auch Bekleidung und Friseurläden. Dazwischen gibt es Läden, in denen Mineralien angeboten werden, welche in der Umgebung abgebaut werden. Es herrscht geschäftiges Treiben. Autos hupen, mit bis zu fünf Personen besetzte Motorräder ziehen an uns vorbei. Die Stromleitungen hängen wie ein Spinnennetz über der Stadt. Der Geruch von Abgasen steigt uns in die Nase. Es riecht ähnlich unangenehm wie in unserem Hotelzimmer.

Große, knallbunt verzierte Lastwagen stehen in den Seitengassen. Es sind wahre Kunstwerke auf Rädern. Farbenprächtige Bemalungen und Klebearbeiten mit verschiedensten Motiven finden sich über das ganze Fahrzeug verteilt. Besonders verbreitet sind Bilder von Heiligen, Gurus, aber auch Stars und Sternchen, Tieren, religiösen Wahrzeichen und Blumenornamenten. Jede Provinz hat ihren eigenen Stil entwickelt. Kenner können sogar erraten, aus welcher Stadt das Fahrzeug stammt. Große Holzkonstruktionen reichen über die Fahrerkabinen weit hinaus, die sogenannte Krone des Wagens. Riesige Stoßstangen im Stil alter Westernlokomotiven sollen wie eine Art Ramme nach vorn Schutz gewähren. Abgerundet wird die individuelle Gestaltung von Plastikperlen und kleinen Glöckchen, den sogenannten Glücks-Charms, welche oftmals rund um das Fahrzeug angebracht sind. Beim Anfahren, unterwegs auf den rauen Straßen und beim Bremsen ertönt ihr lautes Klingeln, welches böse Geister vertreiben und für Aufmerksamkeit sorgen soll. Es ist praktisch Teil der Sicherheitsausstattung der Lastwagen. Bis zu fünf Jahresgehälter stecken in einem fertigen Gefährt. Außer der Hauptstraße gibt es in Skardu kaum geteerte Wege. Die Tore und Wände der Gebäude sind mit einer Mischung aus arabischer und der uns gewohnten lateinischen Schrift verziert. Noch bunter ist die Mischung der Menschen. Wir können keinen vorherrschenden Typus ausmachen. Kein Wunder, Pakistan ist ein Vielvölkerstaat. Spannend finde ich auch, dass wir kein einziges Fahrrad sehen. Ganz anders als in vielen asiatischen Städten, wo unmotorisierte Zweiräder oft das Stadtbild prägen. Hier hat gefühlt alles einen Motor, auch wenn manches zweirädrige Gefährt langsamer unterwegs ist als wir. Anscheinend gibt es für uns nicht fassbare Gründe, warum man lieber nicht Fahrrad fährt.

Das ist wahrscheinlich auch der Grund, warum wir auffallen wie die bunten Hunde. Da wir noch nie hier waren und, zugegeben, in den Medien eher ein zweifelhaftes Bild von Pakistan vermittelt wird, welchem auch wir uns nicht ganz entziehen konnten, wussten wir gar nicht, was uns erwarten würde. Niemals hätten wir aber mit einer solchen Welle von Interesse, Freundlichkeit, Offenheit und Gastfreundschaft gerechnet. Egal wo wir hinkommen, überall werden wir angesprochen. Aber nicht auf die lästige »Ich-will-dir-was-verkaufen-Art«, sondern respektvoll interessiert. Oft werden wir nach Selfies gefragt. Die Gelegenheit wird meist genutzt, um uns auf dem Telefon Bilder zu zeigen, von der Familie, vom letzten Ausflug oder vom Wohnhaus. Wildfremde Menschen bedanken sich, dass wir ihr Land besuchen. Ein paar junge Pakistaner in einem auffällig gut erhaltenen Jeep fahren neben uns, drehen die Scheiben runter und laden uns zum Tee ein. Sie betreiben zwar eine Agentur und machen Ausflüge in die Umgebung, versuchen aber nicht einmal während des Gesprächs, uns irgendwas anzudrehen. Sehr angenehm, wie ich finde. Wir schieben noch durch ein paar enge Gassen eines Marktes, wo viel frisches Obst und Gemüse angeboten werden. Riesige Melonen, Kartoffeln, Bohnen, Zwiebeln, die Liste ist lang. Mit den hellen Haaren, welche unter unseren »Plastikturbanen« hervorquellen, sind wir auch zwischen den Obstkisten eine seltene, aber stets freundlich gegrüßte Spezies. Außer uns Touristen trägt hier niemand einen Helm, auch nicht beim Motorradfahren. Man verlässt sich anscheinend eher auf die schützende Hand Allahs als auf neumodische Schutzausrüstung.

Das Tageslicht verschwindet langsam am Horizont. Wir wollen uns gerade zurück auf den Weg ins Hotel machen, als uns ein älterer Herr zu sich winkt. Auch er erkundigt sich nach unserem Grund, mit den Mountainbikes hier zu sein. Er staunt nicht schlecht, als wir von unserer Idee berichten, den Baltoro-Gletscher befahren zu wollen. Er kennt die Region wie seine Westentasche. Wie sich herausstellt, arbeitet er als Guide und war bereits mit Reinhold Messner und vielen anderen Bergsteigerlegenden unterwegs. Auf unsere Frage, was er von unserem Plan hält, meint er freudig: »Das ist eine gute Idee. Mal was anderes. Es hat nur gerade viel Schnee in den Bergen. Inshallah, wird alles gutgehen. Viel Glück.« Wir können uns ein Grinsen nicht verkneifen, verabschieden uns und rollen zurück ins Hotel, ohne ein weiteres Mal anzuhalten.

DER AUFBRUCH

»Ich bin froh, dass wir das Stinkezimmer verlassen«, meint Jakob, während wir unsere Sachen packen. Die wenige Bekleidung, die wir nicht auf der Tour brauchen, kommt in die großen Biketaschen und bleibt hier in Skardu. Nur das Nötigste kommt mit. Ishaq hat uns angewiesen, maximal sechzehn Kilogramm pro Person mit auf Tour zu nehmen. Mehr Unterstützung können wir von den Trägern nicht bekommen. Den Rest müssen wir selbst tragen. Das ist mit den dicken Schlafsäcken, der Film-/Fotoausrüstung und dem Klettermaterial nicht viel. Bedächtig sortieren wir noch ein wenig Material aus. Wirklich unnötige Dinge haben wir eh schon nicht mitgebracht.

Wir stehen bald bei einem metallic roten Pick-up, um die Bikes und die Taschen zu verladen. Unser Fahrer möchte die Bikes aufladen, weiß aber sichtlich nicht, wie er sie sicher platzieren soll. Wir gehen ihm zur Hand. Das ist für uns »Business as usual«, wie man so schön sagt. Vorderräder raus, Hinterräder auf die Ladefläche und die Federgabeln über die Heckklappe gehängt. Normalerweise legt man hier ein sogenanntes Tailgate drüber. Das ist ein extra konzipierter Schutz, damit weder Bikes noch Auto verkratzen. Meist kann man daran direkt auch die Bikes befestigen. So was gibt es hier natürlich nicht. »Ishaq, wir sollten hier was darunterlegen.« Jakob deutet auf den Kontaktpunkt zwischen Unterrohr und Wagenblech. »No problem, Augenblick.« Schon ist er weg. Zu unserem Erstaunen kommt er mit zwei Stuhlkissen aus dem Speisesaal zurück. Er legt sie unter die Bikes und meint: »Gut?«

»Für uns ja, aber für das Hotel?«, frage ich erstaunt.

»Die bringt der Fahrer zurück, no problem.«

Alles klar, wieder was gelernt.

Eng beieinander sitzen wir auf der Rücksitzbank. Wir verdrehen uns die Hälse, um möglichst viel zu sehen. Wir verlassen die Stadt auf einer erstaunlich guten Teerstraße und fahren am linken Ufer des braun dahinströmenden Indus entlang flussaufwärts. Er zählt zu den sieben heiligen Flüssen der Hindus und entspringt aus einem Zusammenfluss vieler Gletscherbäche in Tibet. Von dort fließt er in nordwestlicher Richtung etwa 300 Kilometer über das »Dach der

Welt«. An der Grenze zu Indien gräbt er sich zwischen dem Himalaja und dem Karakorum durch tiefe Schluchten in Richtung Süden nach Pakistan, bevor er nach einer Reise von über 3100 Kilometern in das Arabische Meer mündet.

An einem kleinen Checkposten nahe einer Brücke müssen wir die Permits vorzeigen und unterschreiben. Die Polizisten beäugen die Fahrräder. Interessiert erkundigen sie sich, was wir vorhaben. Nach einer kurzen Erklärung wünschen sie uns ungläubig lächelnd viel Glück. Links von uns fließen der mächtige Shyok und der Indus zusammen. Es fängt an zu regnen. Eine Brücke führt uns über den Indus. Wir folgen am südlichen Ufer dem Shyok stromaufwärts. Ishaq deutet aus dem Fenster in ein tief eingeschnittenes Tal am gegenüberliegenden Ufer: »Das ist meine Heimat. Thalle Valley. Ganz hinten wohnt meine Familie.« Wir spüren regelrecht seinen Stolz. Als Jäger kennt er sich hervorragend mit der Tierwelt aus. Er erzählt uns von Steinböcken, Blauschafen, Schraubenziegen und dem nach dem weltbekannten Entdecker benannten Marco-Polo-Argali. Diese riesigen Wildschafe, die bis zu 180 Kilogramm schwer werden, stehen auch bei ausländischen Jäger:innen wegen ihrer gewaltigen spiralförmigen Hörner hoch im Kurs. Die mächtigsten ihrer Gattung werden bis zu zwei Meter groß. Hornlängen von bis zu 1,90 Metern wurden schon gemessen. Diese einzigartigen Tiere leben in Höhen von bis zu 5000 Metern, dementsprechend schwer sind sie zu jagen. »Raubtiere gibt es auch«, weiß er zu berichten. Luchse, Wölfe, Braunbären und sogar Schneeleoparden soll es hier geben. Eines dieser seltenen Tiere hat Ishaq mal aus nächster Nähe gesehen, als es im Winter auf Nahrungssuche mitsamt der Schneemassen durch das Dach eines Nachbarhauses gekracht ist. Völlig verstört, wie das Tier war, hat es eine Ewigkeit gedauert, es wieder aus den Trümmern zu scheuchen. Da die natürlichen Beutetiere immer weniger werden, besteht ein Großteil ihrer Nahrung heute aus Haustieren, was erklärt, warum sie manchmal auf Hausdächern umherstreunen. Aufgrund der geringen Population hat eine solche Begegnung aber trotzdem Seltenheitswert. Bei einer zwischen 1998 und 2001 erfolgten Schneeleoparden-Zählung in Baltistan wurden etwa 90 bis 120 Exemplare gezählt. Die leopardenähnlichen, sehr scheuen Großkatzen sind im asiatischen Raum weit verbreitet und genießen große Sympathie. Auf vielen Stadtwappen findet sich noch heute ein Schneeleopard: Almaty, Samarkand, Bischkek, um nur einige zu nennen. Unter Bergsteiger:innen der GUS ist der »Schneeleopard-Orden«, welcher noch aus der Sowjetzeit stammt, eine begehrenswerte Trophäe. Er wird den Alpinisten verliehen, welche alle fünf 7000er-Gipfel auf dem Gebiet der ehemaligen UdSSR erfolgreich bestiegen haben. Einen dieser Gipfel kenne ich höchstpersönlich: die formschöne Pyramide des Khan Tengri.

DER HIMMELSHERRSCHER, TIENSCHAN 2002

Meine Reise ins Tienschan, das »Himmelsgebirge«, im Jahr 2002 sollte die Vorbereitung für ein, zugegeben, sehr hoch gestecktes Ziel sein. Bei einem gemeinsamen Abend hatten ein Freund und ich die Idee, mit den Fahrrädern von unserer Heimatstadt Augsburg in den Karakorum zu radeln. Damit aber nicht genug. Anschließend wollten wir noch auf einen »leichten« 8000er steigen. Der Gasherbrum I oder II standen zur Auswahl. Ich war davor schon auf einigen etwas höheren Bergen unterwegs gewesen, jedoch noch nie über die 7000 Meter hinausgekommen. Die größte von mir bis dato erreichte Höhe war der Gipfel des höchsten Berges Südamerikas, des Aconcaguas, mit 6961 Metern. Dieser zu den Seven Summits gehörende Vulkan ist aber im Vergleich zu den ähnlich hohen Bergen in anderen Regionen ein Spaziergang. Technisch leicht, ohne Gletscher, praktisch auf einem Wanderweg führt der Normalweg in die dünne Luft. Kein Vergleich zu den von uns anvisierten 8000ern. Daher wollten wir uns an einem der schönsten Berge der Erde vorbereiten: dem 7010 Meter hohen Khan Tengri. Der

»Himmelsherrscher«, was sein Name aus dem Mongolischen übersetzt bedeutet, ist der zweithöchste Berg im Tienschan und der nördlichste 7000er der Erde. Eine anspruchsvolle Expedition mit Anflug in einem russischen Militärhubschrauber auf den nördlichen Inyltschek-Gletscher. Im Basislager bereiteten wir uns in einer vierköpfigen Gruppe auf die Besteigung vor. Selbst der Normalweg über den 6100 Meter hohen Vorgipfel – Chapayev Peak (deutsch: Pik Tschapajew) – gilt als schwierige 7000er-Expedition. Eis- und Firnflanken bis vierzig Grad, Felskletterei bis zum fünften Schwierigkeitsgrad und exponierte Gratpassagen sind an der Tagesordnung. Der Berg hat mich begeistert. Das für die Akklimatisation notwendige ständige Auf und Ab an den gespannten Fixseilen auf der Route war mir bald zu langweilig. Ich kam mir vor wie ein Hund an der Leine. Noch dazu durfte ich erfahren: An den »großen Bergen« verbringt man die meiste Zeit mit Warten. Man muss warten, bis der Körper sich an die dünne Höhenluft angepasst hat. Ehrlich gesagt, ist man an den wenigsten Tagen der Expedition wirklich aktiv. Wir erreichten zu dritt nach einigen Tagen dann Lager zwei in 5300 Metern Höhe. Einer unserer Teilnehmer war bereits wegen gesundheitlicher Probleme ausgeschieden. Über Nacht schneite es etwa vierzig Zentimeter, worauf meine beiden verbliebenen Kameraden für sich entschieden, eine Besteigung mache bei der Schneelage keinen Sinn. Ich dachte noch gar nicht daran, den Berg zu verlassen, und blieb eine weitere Nacht. Am nächsten Tag packte ich mein Zelt und sämtliche Ausrüstung ein und folgte der Spur einer anderen Expedition über die steilen Kletterpassagen zum Vorgipfel. Über Funk erfuhr ich, dass eine zweitägige Schlechtwetterfront angekündigt wurde. Ich begann zu überlegen. Das nächste Camp lag 200 Höhenmeter weiter unten in einem Sattel. Wenn es mich da eingeschneit hätte, wäre ich vielleicht nicht mehr herausgekommen. Die andere Expedition entschied sich für den Abstieg. Meine Erfahrung in diesem Gelände war recht bescheiden. Noch dazu allein unterwegs, mich in irgendeiner Schneehöhle einschneien lassen und auf gutes Wetter warten – das war mir eindeutig zu

viel. So entschied auch ich mich für den Abstieg, mit der Hoffnung, die letzten Tage noch für einen schnellen Gipfelvorstoß nutzen zu können. Zu meiner Enttäuschung war die Stimmung in der Gruppe nicht mehr danach, noch mal einen Versuch zu starten. Mit gemischten Gefühlen flog ich nach Hause. Auf der einen Seite begeisterte mich die Bergwelt und die Möglichkeit, in dieser unterwegs zu sein. Auf der anderen Seite hatte ich den Eindruck, viel Zeit mit Nichtstun vergeudet zu haben, die noch dazu jede Menge Geld gekostet hatte. Von Kasachstan hatte ich die ganzen Wochen auch nichts gesehen, außer eben den Berg. Ich konnte mich nicht dafür begeistern, noch mehr Zeit in Lagern und an Fixseilen an einem noch höheren Berg zu verbringen. Daraufhin verwarf ich für mich die Idee mit der Radtour in den Karakorum mit anschließender Besteigung eines 8000ers. Damals konnte ich noch nicht ahnen, dass ich unter anderen Umständen tatsächlich mit meinem Mountainbike in den Karakorum kommen sollte.

DER TANK IST LEER

Wir müssen noch weiter der Straße folgen, um in das nächste, östlich gelegene Hushe-Tal zu gelangen. Unterhalb von Khaplu halten wir an einer Tankstelle. Genauer betrachtet sind es nur zwei Zapfsäulen auf einem Hof. Der Versuch zu tanken scheitert, da es keinen Treibstoff gibt. Ausverkauft. »No problem«, grinst Ishaq schulterzuckend. Verdutzt steigen wir wieder ein und überqueren wenig später auf einer riesigen Hängebrücke den Shyok. Mit Schrittgeschwindigkeit steuert unser Fahrer über die einspurige Holzkonstruktion. Einige Holzbohlen fehlen am Boden. Von den restlichen Brettern scheinen auch einige nicht befestigt zu sein, da sie unter dem Fahrzeug lautstark poltern.

Bald nach der luftigen Überfahrt biegen wir von der Hauptstraße ab. Der Regen hat hier seine Spuren hinterlassen. Der Weiterweg sieht mehr aus wie ein Fluss als ein Fahrweg. Rechts und links stehen Mauern aus aufgestapelten runden Steinen. Dazwischen hat sich das Wasser gesammelt. Unser Fahrer stoppt kurz und legt die Untersetzung ein. Dann startet er, ohne zu zögern, in die Furt. Teilweise steht unser Geländewagen bis zu den Türschwellern im Wasser. Mir graust, wenn ich daran denke, dass all dieser Niederschlag als Schnee in den Bergen liegt.

Weiter in Richtung Osten könnten wir den Ufern des Shyok gar nicht folgen, denn dort ist alles militärisches Sperrgebiet. Hier verläuft die Grenze zu Jammu und Kaschmir, welche sowohl von Pakistan als auch von Indien streng bewacht wird. Der Streit um Kaschmir und die sogenannten Nordgebiete Pakistans, wozu auch Baltistan zählt, begann im Jahr 1947. Indien und Pakistan wurden eigenständige Staaten, nachdem sie zuvor eine britische Kolonie waren. Auch Kaschmir sollte ein eigenständiger Staat werden, was den anderen beiden nicht passte. Sie marschierten mit Truppen dort ein, und es kam zum »Ersten Indisch-Pakistanischen Krieg«. Daraus folgte die faktische Teilung des Landes. Der für den 1. Januar 1949 verhandelte Waffenstillstand beinhaltete auch die Forderung, dass die Bevölkerung Kaschmirs in einer Volksabstimmung entscheiden sollte, ob sie zu Indien oder zu Pakistan gehören oder ein selbständiger Staat sein wollte. Aus vielerlei Gründen ist es dazu nie gekommen. Die Region kam auch danach nie zur Ruhe. China erhob Anspruch auf zwei Regionen, die heute auch als Teil der Volksrepublik betrachtet werden: das ehemalige Fürstentum Aksai Chin und das Shaksgam-Tal. Auf beide Regionen erhebt Indien heute ebenfalls Anspruch. 1962 kam es zu einem kurzen Krieg zwischen Indien und China um Aksai Chin, den Indien verlor. In der Folge rüstete Indien stark auf. Daraufhin erklärte Pakistan Indien den Krieg, der »Zweite Indisch-Pakistanische Krieg« war 1965 die Folge. 1971 endete der »Dritte Indisch-Pakistanische Krieg« (Bangladesch-Krieg) mit der Kapitulation Pakistans. Die Waffenstillstandslinie von 1949 wurde in »Line of Control« umbenannt. Diese LoC wurde 1972 mit dem Shimla-Abkommen von beiden Konfliktparteien faktisch anerkannt. Seit 1980 kommt es an der Linie dennoch regelmäßig zu Zwischenfällen. Die letzte große bewaffnete Auseinandersetzung war der sogenannte Kargil-Krieg 1999. Dieser Konflikt hatte eine besondere Brisanz, da beim Ausbruch der Kampfhandlungen beide Staaten Atommächte waren. Es bleibt die Hoffnung, dass der auf einem Treffen der Südasiatischen Vereinigung für regionale Zusammenarbeit am 6. Januar 2004 aufgenommene Dialog über eine friedliche Lösung des Konflikts Erfolg und Bestand hat, damit die Region endlich zur Ruhe kommt.

Wir bleiben über Nacht auf einer Fischfarm in Sailing. Das Grundstück ist liebevoll gestaltet. Verschiedene Fischteiche, in denen dicke Forellen schwimmen, sind mit kleinen Bächen verbunden. Überall plätschert und gurgelt Wasser. Dazwischen liegen Pavillons und kleine Gebäude, in welchen Gruppen ganz für sich speisen können. Umrahmt sind sie von unzähligen mit roten Zierpflanzen bestückten Blumentöpfen. Die Atmosphäre ist angenehm beruhigend und entspannend. Auch wir bekommen zum Abendessen einen eigenen Raum zugeteilt. Fangfrisch werden auf Wunsch Forellen zubereitet. Ansonsten gibt es allerlei regionale Küche. Pakistanisches Essen wird meist in »Ghee«, einer Art Butterschmalz, oder mit Senföl gekocht. Sämtliche Gerichte sind für unseren europäischen Geschmack stark gewürzt, oft scharf. Die Nachspeisen sind meistens sehr süß und mit Safran, Rosenwasser und »Kewra«, einem aromatischen Destillat aus den Blüten der Schraubenpinie, verfeinert. Wir genießen die exotischen Gaumenfreuden und die private Atmosphäre in unserem Pavillon. Auf den saftigen Wiesen können Zelte aufgestellt werden. Da unsere Ausrüstung direkt nach Hushe fährt, beziehen wir ein kleines Zimmer. Dieses muss aber erst noch gereinigt werden, bevor wir es betreten dürfen. Nach dem grandiosen Essen gehen wir früh in das uns zugewiesene Nachtlager. Ohne zu überlegen, ziehen wir die Schlafsäcke aus dem Gepäck und legen sie auf die Betten. Wenn ich mich so umsehe, bin ich mir nicht sicher, ob dieses Zimmer wirklich gereinigt worden ist oder wir in einem falschen Raum gelandet sind.

Unsere Route führt uns am nächsten Tag weiter in das Tal von Hushe. Zuvor müssen wir aber tanken. Die letzte Tankstelle liegt weit hinter uns, was hier aber kein Problem darstellt. Kurzerhand wird von dem Jeep einer anderen Reisegruppe Diesel abgezapft. Unser Fahrer steckt einen Schlauch in den Tank, das andere Ende nimmt er in den Mund. Er saugt kräftig an. Blitzartig schwenkt er den Schlauch in einen kleinen Kanister und spuckt einen großen Schluck Treibstoff aus. Eine aufgeschnittene Plastikflasche dient als Trichter zum Einfüllen in unseren Wagen. Zweimal wird die Prozedur durchgeführt, dann starten wir in der Hoffnung, dass sich mehr Diesel im Tank unseres Fahrzeuges als im Magen des Fahrers angesammelt hat.

Wir kommen nicht weit, da meint Jakob, er müsste dringend mal raus. Er verschwindet hinter einem großen Felsen und kommt etwas bleich zurück. »Alles klar?«, frage ich. »Nee, ich hab mir den Magen verdorben. Durchfall. Mist. Aber wird schon werden«, meint er knapp. Besorgt blicke ich zu Martin. Er zuckt mit den Schultern: »Wird scho'.« *Hoffentlich,* denke ich bei mir. *Vielleicht ist er ja nur seekrank geworden von dem Geschaukel im Auto, und wenn das endet, geht es ihm wieder gut.*

Die Straße wird steiler, die Berge um uns herum auch. Die Bergflanken rechts und links berühren sich fast. Nur eine Kiesbank mit dem dazwischen rauschenden Hushe-Fluss trennt sie voneinander. Am Hang entlang führt der holprige Fahrweg. Vor uns tauchen in der Ferne die ersten schneebedeckten Bergriesen auf. Das Wetter zeigt sich auch freundlicher, und so schimmert die bis gestern noch trostlos wirkende Umgebung in glänzenden Braun-, Grau- und Schwarztönen. Am Taleingang passieren wir ein Dorf, welches wie eine grüne Oase inmitten der Geröllwüste liegt: Muchilu Bowari. In mühsamer Handarbeit wurden unzählige Terrassenfelder angelegt, auf welchen Getreide und Kartoffeln angebaut werden. Ein ausgeklügeltes Bewässerungssystem versorgt die Pflanzen mit Wasser. Aprikosenbäume spenden den einzigen Schatten im Tal. Die Gegend, vor allem das nahe Hunza-Tal, ist berühmt für die köstlichen Aprikosen. Während der Sommermonate steht die Frucht täglich auf dem regionalen Speiseplan. Für den Winter wird sie auf den flachen Dächern der Häuser getrocknet. Nichts wird verschwendet: Die Kerne werden entweder gemahlen und an das wenige Vieh verfüttert, oder es wird Öl zum Schutz der Haut daraus gewonnen. Der Anbau dient vor allem der Versorgung der heimischen Bevölkerung. Exportiert wird praktisch nichts von den Gütern.

Eine schmale Holzbrücke führt uns auf die andere Flussseite. Die Straße wird immer abenteuerlicher. Mehrmals durchqueren wir kleine Rinnsale, welche Teile des Weges stark in Mitleidenschaft gezogen haben. Kurzzeitig löst sich die Straße völlig in Wasserarmen auf. Die Berggestalten werden immer steiler und höher. Sie sind nicht mehr so stark erodiert, sondern bilden immer öfter kompakte Wände. Spitz zulaufend ragen sie in den mittlerweile strahlend blauen Himmel. Was die Landschaft angeht, bin ich völlig begeistert. Wenn ich Jakob so anschaue, dann geht es ihm wohl überhaupt nicht so. In seiner Gesichtsfarbe erkenne ich mehr Grüntönung als in der schütteren Vegetation der Umgebung.

HUSHE

Das letzte und zugleich höchstgelegene Dorf im Tal ist Hushe. Aus Lehm und Natursteinen gemauerte einstöckige Gebäude prägen das Bild des Dorfes. Die Dächer sind entweder mit Baumstämmen und Ästen gedeckt oder mit Wellblech. Einzig die lackierten Holztüren bringen etwas farbliche Abwechslung. Viele der bunten Fensterrahmen haben keine Gläser. Wir poltern mit unserem Jeep und der ganzen Ausrüstung durch das Dorf, fast bis zum Ende. Ich komme mir vor, als säßen wir in einem Ufo, so fremd erscheint mir unser Auftritt hier.

Die Männer im Dorf versuchen, im kurzen Sommer als Träger, Koch oder Guide für Trekkingtouren Geld zu verdienen. Die Frauen arbeiten auf den Feldern und kümmern sich um die Kinder. Etwa 780 Menschen wohnen hier. Es gibt ein paar Schulen, welche oft von internationalen NGOs unterstützt werden. Im Winter ist das Dorf manchmal über Wochen von der Außenwelt abgeschnitten. Temperaturen von minus zwanzig Grad sind keine Seltenheit. Dann können die einfachen Häuser nicht verlassen werden, weil zu viel Schnee liegt. Geduldig sitzen die Familien mit bis zu acht Kindern vor dem offenen Feuer und warten auf die Schneeschmelze. Einen Ofen oder einen Kamin gibt es innerhalb der wenigen ärmlichen Quadratmeter oftmals nicht. Fließend Wasser gehört auch in den wenigsten Gebäuden zur Grundausstattung. Und selbst wenn, dann friert es im Winter meist ein. Wahrlich keine romantische Vorstellung, hier einen Winter zu verbringen.

Der Geländewagen hält vor einem Gebäude, welches durch einen weißen Verputz hervorsticht. Es ist unsere Unterkunft. Jakob ist froh, das Auto endlich verlassen zu können. Ihm geht es mittlerweile richtig schlecht. Sofort ist er auf der Suche nach der Toilette. Eine kleine Gruppe von Kindern schaut Martin und mir neugierig beim Ausladen des Jeeps zu. Da kommt Jakob zurück: »Oh Mann, das ist eklig. Noch nie hab ich ein so dreckiges Haus gesehen. Jetzt ist mir endgültig schlecht.« Er ist käseweiß im Gesicht. Im grünen Garten sind unsere Zelte aufgebaut. Wir sind mehr als froh, diese sauberen Einsiedeleien beziehen zu können. Jakob rollt seine Matte und den Schlafsack aus. Augenblicklich schläft er ein. Ich bin mehr als freudig überrascht, dass die Kuppelzelte in einem so hervorragenden Zustand sind. Zugegeben hatte ich schon Schlimmstes befürchtet. In meiner Tätigkeit als Reiseleiter und Mountainbikeguide rund um den Globus musste ich schon so manche Zeltstange kleben und Plane flicken.

Da es erst Mittag ist, beschließen Martin und ich, uns das Dorf anzusehen. Ich nehme mein Bike, Martin seine Kameras mit. Noch immer warten ein paar Kinder vor der Tür. »Wahrscheinlich haben die noch nicht so oft Mountainbikes gesehen«, grinst Martin und winkt den Kindern zu. Ich setze meinen Helm auf und rolle langsam los. Wie erwartet folgen uns die Kinder auf Schritt und Tritt. Mit jedem Meter, den wir in das Dorf vordringen, werden es mehr Kinder aller Altersklassen. Ich fahre ein wenig auf dem Hinterrad, springe über einen kleinen Baumstamm, und die anfängliche Scheu ist Vergangenheit. Jetzt gibt es kein Halten mehr. Die Kinder feuern mich an, lachen und toben. Aus allen Winkeln und Gassen strömen sie herbei. An einer kleinen Kreuzung hüpfe ich auf eine Mauer und springe mit einer Drehung wieder hinunter. Das Dorf steht kopf. Es sammelt sich eine Heerschar an Kindern, Männern und schüchternen Mädchen. Alle jubeln, klatschen, einige zücken ihre Smartphones. Ich pfeife aus dem letzten Loch, die dünne Luft hier oben macht mir zu schaffen. Aber die brodelnde Stimmung heizt mich an.

»Jump. Jump. Jump«, hallt es durch die Gassen. Martin und ich sind fassungslos. »Was ist denn hier los?«, japse ich ihm zu. Ich bitte einen Jungen, sich auf die Straße zu legen, mache ihm mit Händen und Füßen klar, dass er sich auf keinen Fall bewegen darf. Er versteht. Glaube ich zumindest. Dann setze ich an: Auf dem Hinterrad hüpfend springe ich über ihn. Dann einmal seitwärts und wieder zurück. Applaus. Mittlerweile sind es sicher dreißig Kinder, die mir mit glänzenden Augen zurufen. Ich glaube, es ist für sie ein mindestens so intensives Erlebnis wie für mich. Für wenige Minuten vergessen wir alle unsere Sorgen. Es zählt nur dieser Moment, dieser Vibe, die Emotion. Am liebsten würde ich noch ewig mit den Kindern durch die Gassen ziehen, aber ich merke, wie mir die Höhenluft zusetzt. Ich fahre im Wheelie, also auf dem Hinterrad, durch die Gassen zurück in Richtung unserer Unterkunft. Verfolgt werde ich von einer Horde aufgedrehter, schreiender, sichtlich glücklicher Kinder. Martin mit seiner Kamera mittendrin.

Wie eine ruhige Oase empfängt uns der Innenhof mit unseren Zelten. Die Kinder bleiben vor der Tür stehen, sie dürfen nicht in den Garten. Ich muss mich setzen, mein Kopf schwirrt, mein Puls ist auf 200. Eines ist sicher: Egal was noch kommt, Hushe werde ich nie mehr in meinem Leben vergessen können. Danke. Manchmal habe ich das Gefühl, ein Fahrrad ist wie ein Zauberstab, der Sprachbarrieren und Berührungsängste auf magische Weise überwinden hilft.

In meinem Schlafsack liegend, lasse ich die letzten Stunden Revue passieren. Das war die eindrucksvollste Trialshow meines Lebens. Wenn mir das jemand vor zwanzig Jahren erzählt hätte, dass ich mal in Hushe Menschen mit meinem Fahrrad begeistern darf, ich hätte wohl lautstark gelacht. Damals wusste ich nicht einmal, wo Hushe liegt. Überhaupt dachte ich immer, wenn ich mal so alt bin, immerhin bin ich Mitte vierzig, dann mache ich sicher mal »was Vernünftiges«. *Hm, scheint irgendwie nicht so,* bei dem Gedanken muss ich grinsen.

AUGSBURG 1992

Schon zu meiner Schulzeit habe ich jede freie Minute auf meinem Fahrrad verbracht. Im Wald unterwegs zu sein, die umliegenden Gegenden zu erkunden, das alles fand ich spannender, als die Schulbank zu drücken. Nach der Mittleren Reife musste ich mir, wie alle in dieser Umbruchzeit, einen Beruf suchen. Viel ist mir nicht in den Sinn gekommen. Fahrräder haben mich interessiert, daher fiel die Wahl auf Zweiradmechaniker. Bereits nach wenigen Wochen war mir aber klar: Ich fahre lieber auf Fahrrädern, als dass ich an ihnen schraube. Nun hatte ich aber schon angefangen, also wollte ich es auch durchziehen. Es war wahrlich keine berauschende Zeit. Ich war viel krank, selten motiviert und freute mich nur aufs Wochenende. So ein Leben wollte ich ganz sicher nicht führen.

An Wochenenden bin ich meist auf meinem Bike unterwegs gewesen. Eine Disziplin des Radsports hat mich fasziniert: das Trial-Fahren. Am ehesten kann man es mit Geschicklichkeitsfahren beschreiben. Es geht dabei weniger um Ausdauer oder Geschwindigkeit, vielmehr muss man Hindernisse mit dem Fahrrad überwinden, ohne diese dabei mit Füßen oder Händen zu berühren. Natürlich darf man auch nicht stürzen. Stundenlang bin ich auf allem rumgesprungen, was sich nicht wegbewegt hat: Treppen, Parkbänke, Streukisten, Baumstämme, Paletten, nichts war vor mir sicher. Ich hatte eine unglaubliche Ausdauer, stundenlang die gleichen Dinge zu probieren, bis sie endlich gelangen. Ein Reiseveranstalter, mit dem ich diverse kleine Radausflüge gemacht hatte, bot mir irgendwann an, ich könnte mit seiner Truppe Shows fahren, um für die Firma Werbung zu machen. Damit hatte ich meine ersten Auftritte und auch Sponsoren. Wir sind auf Messen und Wochenmärkten mit unseren Bikes auf Paletten und ausrangierten Autos rumgesprungen.

Mit ein paar Kollegen fuhr ich bald zu Wettkämpfen. Hier konnte ich einige Erfolge einheimsen. Bis zum deutschen Vizemeister hat es in meiner Klasse gereicht. Nachdem sich der Reiseveranstalter aufgelöst hatte, veranstaltete ich auf eigene Kappe Trialshows. An einem Wochenende konnte ich so etwa 600 Mark verdienen. In etwa das Gleiche habe ich in vier Wochen Schufterei in der Werkstatt bekommen. Da stimmt doch was nicht, *habe ich mir damals gedacht.* Ich verdiene mehr Geld mit dem, was mir Spaß macht, als mit der Arbeit, die mir keinen Spaß macht. *Damit war klar, wenn die Ausbildung vorbei ist, dann sieht mich die Werkstatt nie wieder. Gedacht, getan: An einem Freitag teilte mein Chef mir mit, dass ich die Gesellenprüfung bestanden habe. Daraufhin packte ich meine Sachen und stand nie wieder auch nur einen Tag in der Werkstatt.*

Meinen Zivildienst musste ich noch ableisten, zum Militär wollte ich nicht, danach war es an der Zeit, das zu tun, was mir Spaß macht: Rad fahren. Ich war als Bikeguide, Outdoortrainer, Skilehrer und natürlich mit meinen Trialshows unterwegs. Sobald etwas Geld auf dem Konto war, bin ich auf Reisen gegangen. In manchen Jahren war ich gefühlt mehr unterwegs als daheim. Ich habe die Möglichkeiten, die sich mir boten, voll ausgeschöpft. Mit Mitte zwanzig dachte ich mir: Wenn ich dann mal Mitte dreißig bin, dann kann ich immer noch 'nen richtigen Beruf machen. *Mit Mitte dreißig hatte sich nicht viel geändert:* Mit Mitte vierzig, wenn ich dann zu alt bin zum Reisen und Biken, dann mache ich mal was Vernünftiges. *Tja, jetzt bin ich Mitte vierzig, darf noch immer mit Radfahren ein wenig Geld verdienen und liege glücklich in Pakistan auf einer Isomatte. Beim Gedanken an eine mögliche Zukunft muss ich grinsen:* Ich glaube, mit Mitte fünfzig bin ich dann viel zu alt, um 'nen »richtigen Job« zu machen.

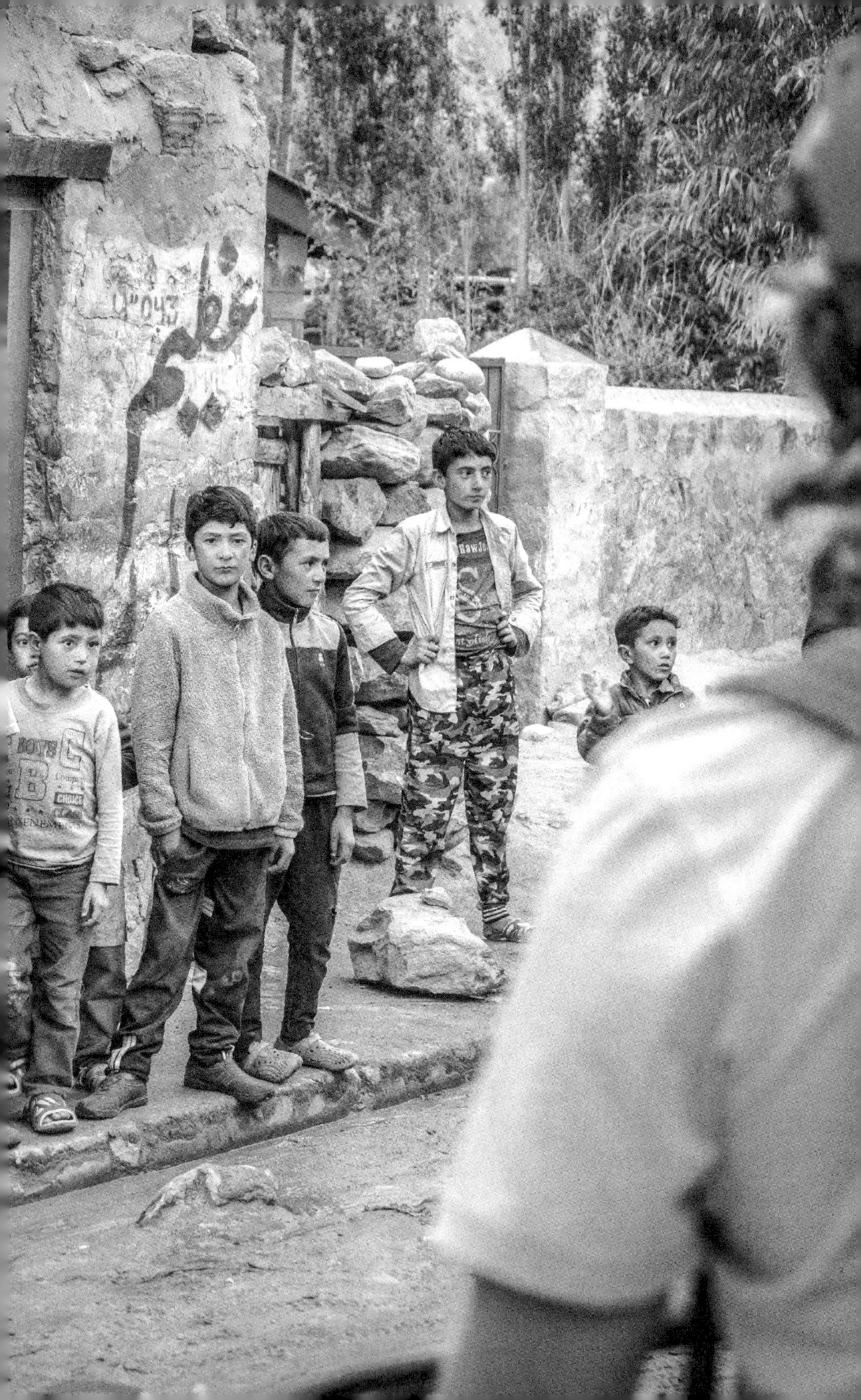
BOYS
CHOICE

LANGSAM STEIGEN UND SCHNELL ATMEN

ENDLICH RAD FAHREN

Der Morgen empfängt uns mit strahlendem Sonnenschein. Drei Hühner laufen gackernd vor unseren Zelten im Garten umher. Jakob hat etwas mehr Gesichtsfarbe, aber es geht ihm noch immer nicht gut. Großer Trubel herrscht auf der kleinen Terrasse. Ishaq hat ein paar Männer um sich versammelt. »Ich brauche euer Gepäck. Wir müssen wiegen.« Er hält eine goldene Federwaage in den Händen. Wilde Diskussionen laufen um die Taschen. Vier der Herren werden uns begleiten und einen Teil unserer Ausrüstung tragen. Vor allem das Essen und die Zelte. Zwanzig Kilogramm pro Person, mehr darf es nicht sein über den steilen Gondogoro La. »Hello«, die vier erstaunlich sportlich gebauten Herren halten uns lachend die Hände entgegen. Einer deutet auf unsere Bikes und streckt grinsend den Daumen in die Luft. »Die werden sich auch ihren Teil denken«, lache ich zu Jakob.

Ishaq mahnt zum Aufbruch: »Let's go, getting whum.« Wir schauen uns verdutzt an. »Whum?«, fragt Jakob. Ich zucke mit den Schultern. Martin weiß auch nicht weiter. »Whum?« Fragend blicken wir Ishaq an. »Die Sonne. Man muss schwitzen.« Aha, es dämmert uns: zu warm. Wir haben uns noch nicht an den Dialekt unseres Bergführers gewöhnt. Wir sind aber mehr als froh, dass er überhaupt so gut Englisch spricht, das hätte auch anders laufen können. Was wir aber verstehen, ist die Antwort auf unsere Frage, wie die erste Etappe mit dem Fahrrad zu bewältigen sei: »Too easy, no problem«, grinst Ishaq.

Jakob und ich rollen los. Gefolgt von Ishaq, Martin und etwa zwanzig Kindern. Martin hat sein Bike nicht dabei, er ist zu Fuß unterwegs. Über die vielen gemeinsamen Bikereisen haben wir festgestellt, dass es für ihn oft einfacher ist ohne Rad. In schwerem Gelände oder wenn wir die Bikes tragen, ist er so sogar schneller. Er hat seine Kamera immer griffbereit, die wie eine Pistole im Holster an seiner Hüfte hängt, weil er sie nicht in einem Rucksack verstauen muss. Nebenbei hat Martin eh genug Gewicht mit dem ganzen Equipment zu tragen. Wenn wir Biker mal schneller sind, dann müssen wir eben warten. Wobei ehrlich gesagt die Befürchtung ist, dass diese Situation auf dieser Tour nicht so oft vorkommt.

Auf festgetretenen Pfaden schlängeln wir uns an kleinen Wassergräben durch grüne Felder. Kornähren wiegen sich leicht im Wind. Die zerklüfteten Felswände rechts und links rahmen das Tal ein. Vor uns steht in strahlendem Weiß eine mächtige Berggestalt: Die vergletscherte Südwand des 7821 Meter hohen Masherbrum strahlt mit dem blauen Himmel um die Wette. Er ist der neunthöchste Berg im Karakorum und seit seiner Erstbesteigung 1960 äußerst selten bestiegen worden. Fast alle Expeditionen an dem steilen Koloss sind erfolglos.

Bereits nach ein paar hundert Metern müssen wir an einem Checkposten das erste Mal unsere Permits zeigen und unsere Anwesenheit in der Region mit einer Unterschrift bestätigen. Wegen der Grenznähe zu Indien wird hier genau überwacht, wer unterwegs ist. Der Trail ist perfekt zum Einrollen. Doch nicht nur wir rollen. Im reißenden Hushe-Fluss neben uns hören wir im trüben Wasser dicke Felsbrocken poltern. Die Fluten treiben die Steine vor sich her, bis die Kanten völlig abgeschliffen sind. Die Steine rollen regelrecht am Grund des Flusses Richtung Tal. Irgendwann bleiben sie am Ufer liegen. Dann werden sie verwendet, um Häuser, Brücken oder Terrassen für die Felder daraus zu bauen. Einige davon liegen auch auf unserem Weg und erschweren uns das Vorwärtskommen.

Die Geräuschkulisse der ungezähmten Kraft des Flusses passt perfekt zur immer spektakulärer werdenden Landschaft.

Unter einer spärlich belaubten Weide machen wir eine kurze Rast. »Es ist echt whum.« Lächelnd wischt Martin sich den Schweiß von der Stirn. Ein stämmiger, fast glatzköpfiger Pakistaner kommt uns entgegen. Die ausgefransten Schulterriemen seines metallenen Tragegestells schneiden sich in die abgetragene graue Fleecejacke. Darauf befestigt sind ein Kocher, Brennstoff und ein großer Plastiksack. Er begrüßt Ishaq, sie scheinen sich zu kennen. Dann begrüßt er uns. Wie er uns erzählt, kommt er gerade zurück vom K2. »Warst du am Berg, oder hast du im Basecamp gearbeitet?«, möchte ich wissen. Wie selbstverständlich erzählt er, dass er mit Kundschaft am Gipfel war. Wow, ich bin aus dem Häuschen. Ich schüttle ihm die Hand. »Gratulation. Warst du das erste Mal am Gipfel?«

»Nein, das zweite Mal. Umdrehen musste ich schon öfter mit Gästen. Das ist praktisch mein Büro«, antwortet er ruhig, ja, fast schon gelangweilt. »Ich war schon auf allen 8000ern hier, auf den meisten öfters. Ist mein Job. Ich kann nichts anderes.« Er beißt in ein trockenes Chapati.

Ich bin sprachlos. Wie selbstverständlich kann jemand von dieser unglaublichen Leistung erzählen? Oder empfinden nur wir es als eine fast überirdische Errungenschaft, mehrmals auf einem 8000 Meter hohen Berg zu stehen? Wird es vielleicht nur von uns hochstilisiert, um zu Hause zu beeindrucken, um Sponsoren zu finden, um unser Ego zu polieren? Fakt ist, was die Einheimischen hier leisten, Saison für Saison, das steht fast nirgends. Das passiert oft völlig im Hintergrund. Die meisten der Bergsteiger und Trekker würden hier allein gar nicht unterwegs sein können, wie auch wir. Darum betrachten wir uns von Anfang an als Team, erweisen unseren Begleitern Respekt und suchen den Kontakt. Schon oft habe ich Geschichten gehört, wo Träger schlecht behandelt wurden, nicht die ausgemachten

Löhne erhielten oder mehr Gewicht tragen mussten als vereinbart und Ähnliches. Das kommt für uns gar nicht in Frage.

Wir treffen auch immer wieder Trekker, die vom Gondogoro-Pass kommen. Manchmal ergibt sich ein kurzes Gespräch. Ein Holländer meint: »Ich bin völlig fertig. Das Härteste, was ich gemacht habe. Zwei Tage Regen, dann vierzig Zentimeter Neuschnee! Mit den Bikes? Keine Ahnung, was man da oben damit anfangen will.« Wir schauen uns an und zucken mit den Schultern. Ein Herr aus England spricht ein bisschen differenzierter und macht uns fast Mut: »Mit den Bikes über den Gondogoro La? Das ist etwas Interessantes. Verrückte Jungs! Aber ihr macht wenigstens was Ungewöhnliches. Das wird richtig hart auf den Pass hoch. Es ist extrem steil, runter im Schnee, na ja, kann gehen. Dann kommt ein großes, weiches Schneefeld, da kann man nichts fahren. Auf dem Gletscher dann könnte was gehen. Ich möchte es nicht machen, aber viel Glück!« Wieder blicke ich zu Jakob. »Inshallah«, lacht er zurück. *Ja, den Humor dürfen wir nicht verlieren.*

DER WERKZEUGKASTEN

Weiter hinten im Tal schimpft Jakob los: »Mist, ich hab 'nen Platten.« Absteigen. Schieben. Wir flüchten vor der Sonne unter einen schattigen Baum und begutachten die Karkasse. Durch einen etwa einen Zentimeter langen Schlitz spuckt der Reifen Luft und Dichtmilch in die heiße Mittagsluft. Wir benutzen schlauchlose Reifen mit etwas über zwei Bar Druck. Diese haben gegenüber einem Reifen mit Schlauch den Vorteil, dass man sich keine Durchschläge fahren kann. Risse im Mantel lassen sich auf zwei Arten beheben: Entweder man zieht einen Schlauch ein, oder man versucht das Loch mit einem speziellen Flickset zu stopfen. Um das Loch zu stopfen, drückt Jakob eine klebrige Gummiwurst in den Riss und hofft, dass diese gemeinsam mit der Dichtmilch die Luft hält. Das klappt leider nicht immer. Auch jetzt pfeift noch Luft aus dem Reifen. Der Schaden ist zu groß. Wir helfen uns mit Sekundenkleber und ein bisschen Sand. Das gibt eine gut abdichtende Mischung, welche aus Erfahrung auch recht lange hält. Luft raus, Klebstoff drauf, zwei Fingerspitzen Sand einreiben, kurz warten, aufpumpen, dicht. Ein wenig kreativ müssen wir unterwegs schon sein. Viel Werkzeug oder Ersatzteile haben wir nämlich nicht dabei.

Im Vorfeld haben wir eine kleine Liste mit dem benötigten Werkzeug gemacht:

- kleine Luftpumpe
- Mini-Dämpferpumpe
- Multitool, mit Inbus- und Torxschlüssel, Kettennieter, Schraubendreher
- kleine Multifunktionszange mit Messer
- einen langen Inbusschlüssel für die Pedale
- je einen Schlauch
- Flickzeug für Mantel und Schlauch
- Sekundenkleber
- Bremsbeläge, jeweils zweimal
- 60 ml Dichtmittel für Reifen
- 50 ml Kettenöl
- je ein Kettenschloss
- je ein Schaltzug
- 50 ml Bremsflüssigkeit
- Spritze zum Entlüften der Bremse
- Draht – kann man für alle möglichen Befestigungen benutzen
- je fünf Kabelbinder
- zwei Reifenheber
- Fett und Montagepaste in einem Kontaktlinsenbehälter
- ein kleines Sortiment Schrauben für alle Gelegenheiten
- ein Stückchen Gewebeklebeband

Ich war die letzten zehn Jahre an vielen exotischen Plätzen Rad fahren, wo es keine Ersatzteile für Mountainbikes gibt. Wenn ich mit gut gewartetem Material gestartet war, hatte ich auch nie große Schwierigkeiten. Alles, was ich nicht mit Bordwerkzeug reparieren kann, ist eh ein ernsthaftes Problem und würde unweigerlich zum Abbruch oder zumindest zum Umplanen führen. Experimente mit dem Material mache ich grundsätzlich daheim und nicht auf fernen Reisen, da kommt nur mit, was sich bewährt hat. Ich habe auch die Erfahrung gemacht, dass sich das Material in den letzten Jahren enorm verbessert hat und es selten zu Ausfällen kommt. Obligatorisch ist ein Topzustand beim Start. Gerade für große Höhen muss man zum Beispiel die Bremsen sehr sauber entlüften. Sollten noch Lufteinschlüsse in den Leitungen sein, kann das in der Höhe ein Problem werden. Wenn der Druck der Umgebungsluft weiter oben sinkt, dehnt sich die Luft in der Bremse aus. Da diese im geschlossenen System nirgends ausweichen kann, drückt sie die Bremsbeläge an die Scheibe. Das kann sogar so weit führen, dass die Laufräder regelrecht blockieren. Irgendwo auf einem Gletscher auf 5000 Metern oder in der Wüste eine zuverlässige Reparatur durchzuführen, ist richtig nervig und oft gar nicht möglich. Daher gehört eine umfangreiche Wartung des Bikes zwingend zur Vorbereitung daheim.

Der Platten bringt uns nicht groß in Verlegenheit, und es wird sich rausstellen, dass der Reifen über die ganze Tour hält.

SAICHO, 3350 METER

Eine Holzkonstruktion, der Begriff »Brücke«, wie wir ihn verwenden, wäre unpassend, führt von einem aufgeschichteten Fundament zu einem großen Steinbrocken, welcher auf der gegenüberliegenden Uferseite im Wasser liegt. Große Granitplatten wurden fein säuberlich angeordnet und ebnen den Weg auf den aus krummen Stämmen und Ästen zusammengefügten Übergang. Davor säumt eine mannshohe, rosa blühende Heckenrose die verwegene Szenerie. Man könnte fast meinen, sie wäre extra hier angepflanzt worden, um das Bild zu vervollständigen. Der bräunlich schäumende Hushe-Fluss versucht lautstark, die ihn überquerenden Passant:innen mit Spritzwasser zu befeuchten. Steine poltern unter uns hindurch. *Wie herrlich wild hier alles ist!* Ich bin begeistert. Wir erreichen einen idyllisch gelegenen Lagerplatz. Unter schattenspendenden Bäumen sind auf kleinen Sandbänken unsere Zelte aufgebaut. Ein vergnügtes Bächlein plätschert murmelnd mittendurch. Grüne, von Ziegen kurz gefressene Wiesen flankieren ihn. Niedrige Steinmauern schützen vor Wind. Es gibt sogar zwei kleine Gebäude. Im Inneren des größeren sind die Wände schwarz vom Rauch der offenen Feuerstelle in der Mitte, auf welcher gekocht wird. Ein mit einer Plane bespanntes Vordach schützt einen langen Tisch mit ausgeblichenen Plastikstühlen, der davorsteht. Sogar Bergblumensträuße fehlen nicht auf der Tischdecke. Sie stecken in Gläsern oder alten Konservendosen. Das andere Bauwerk ist kleiner, vielleicht zwei mal zwei Meter. Es wurde um eine Quelle gebaut, aus welcher auf Hüfthöhe eiskaltes Bergwasser sprudelt. »Hier gibt's sogar 'nen Wellnessbereich«, rufe ich begeistert zu Jakob hinüber. Dankbar für die Möglichkeit, uns den Staub und Schweiß des Tages abwaschen zu können, besuchen wir die unerwartete Einrichtung. »Da geht's einem doch gleich besser«, kann ich Jakob nur zustimmen. Anschließend legen wir uns auf die Isomatten in die Sonne zum Trocknen. »Das ist ja wie im Urlaub hier.« Entspannt strecke ich alle viere von mir.

Eine hellweiße LED-Lampe beleuchtet den Tisch, an welchem wir Reis und Gemüse zu Abend essen. Jakobs Magen ist besser, aber er hat noch immer Durchfall. Er hat auch keinen großen Appetit. Ein bisschen Reis, mehr gibt es nicht in seiner Schüssel. Wir machen uns Sorgen, da sich der Körper mit zunehmender Höhe meist nur schlecht erholt. Jakob ist extrem fit, er treibt viel Sport und ist sicher besser in Form als ich, hat aber deswegen auch fast kein Körperfett. *Das könnte er aber jetzt gut gebrauchen,* denke ich bei mir. Gut, dass wir hier morgen einen Tag zur Akklimatisation eingeplant haben, der gibt noch mal Zeit zur Erholung.

Außerdem müssen wir für Deuter, einen unserer Sponsoren, noch Filmaufnahmen und Fotos von Produkten machen. Die wollen wir auch möglichst morgen im Kasten haben, wer weiß, wie es uns später geht oder ob wir überhaupt noch weit kommen. Wir gehen die Liste der gewünschten Aufnahmen nach dem Abendessen durch. »Das bekommen wir schon hin. Wir machen, so viel es geht, fertig, dann haben wir das aus dem Kopf.« Martin macht sich noch ein paar Notizen, dann gehen wir früh schlafen.

»Guten Morgen.« Ishaq ist fit und schon lange wach, wie er berichtet. Bestes Wetter, klare Luft und das eiskalte Wasser vom Wellnessbereich lassen auch mich schnell wach werden. Drei Hühner springen scheu um die Zelte. »Jakob, wie geht's?« Ich schmiere etwas Marmelade auf mein Chapati. »Wird besser, ich bin voll motiviert.« Tatsächlich schaut er ein wenig erholt aus. Nach dem Frühstück machen wir einen Großteil der Film- und Fotoaufnahmen, die wir brauchen. Das ist, zugegeben, noch zusätzliche Arbeit und eine Belastung, gerade für Martin, aber es finanziert uns auch einen Teil der Reise. Schon oft war ich erstaunt, wie bestens organisiert und effektiv er arbeiten kann. Ich kenne nur wenige Menschen, die so breit aufgestellt sind und dabei auch noch ein großartiges Produkt, in unserem Fall Bilder und Filmmaterial, produzieren. In Sachen »strukturiertes Arbeiten« habe ich über die Jahre schon viel von ihm lernen dürfen.

Der gemütliche Lagerplatz liegt genau am Treffpunkt zweier Täler. Nach Norden führt unser Weg weiter den Gondogoro-Gletscher entlang. Richtung Südwesten geht es in das Charakusa-Tal. Eine riesige Kiesbank bedeckt dort den ganzen Talboden. Der sedimenthaltige Gletscherfluss bahnt sich seinen Weg auf der linken

Seite. Rechts führt ein Pfad auf eine Gletschermoräne. Da wir uns noch etwas akklimatisieren wollen, steigen wir am Nachmittag mit den Bikes auf dem Rücken dort hinauf, zum Fahren ist es zu steil. Auf etwa 3700 Metern haben wir den höchsten Punkt erreicht und blicken in das wilde Charakusa-Tal. Es sieht aus wie eine Häuserschlucht von Manhattan, so steil und kompakt ragen die Berge empor. Die Wände sind so glatt, dass sich nicht einmal Schnee darin halten kann. Nur in den obersten Regionen, die an die 7000 Meter reichen, leuchten Hängegletscher und Schneefelder. Der Talboden ist gefüllt mit einem schuttbedeckten, zerklüfteten Eisband.

Das Charakusa-Tal ist eine der größten Spielwiesen für Big-Wall-Kletterer und Alpinisten. Nicht enden wollende Felswände streben dem Himmel entgegen. Wohin man blickt, gibt es Möglichkeiten über Möglichkeiten. Noch lange sind nicht alle Berge erklettert, nicht alle Wände durchstiegen. Im hintersten Eck steht der mit 7041 Metern höchste, zu diesem Augenblick noch unbestiegene Berg des Tales, der Link Sar. Was wir nicht wissen, als wir fasziniert die Felsriesen bestaunen: Genau in diesen Tagen kämpfen sich vier Alpinisten Richtung Gipfel und werden am 6. August 2019 als erste Menschen auf seinem Hauptgipfel stehen und damit Alpingeschichte schreiben! Wenn ich da so hineinblicke, muss ich an meine Erfahrung im Big-Wall-Klettern zurückdenken und mir eingestehen: Ein bisschen würde es mich auch noch mal reizen.

YOSEMITE VALLEY, KALIFORNIEN 2003

Es ist Herbst 2003. So richtig weiß ich gar nicht mehr, wie es dazu kam, dass Michi und Minoru mich nach Kalifornien einluden. Sie waren schon mal zusammen am El Capitan beim Big-Wall-Klettern unterwegs gewesen. Ich hatte keinerlei Erfahrung in dieser Disziplin des Kettersports. Das Yosemite Valley liegt rund 300 Kilometer östlich von San Francisco. Mit seinen riesigen Granitwänden gilt es als Wiege des Freikletterns und hat eine enorme Anziehungskraft auf Kletterer und Kletterinnen aller Länder. Geprägt wird das Landschaftsbild vor allem durch die Wandfluchten von Half Dome und El Capitan. Durch letztere führt eine der vielleicht berühmtesten Kletterrouten der Welt: die Nose. Unweit dieser lag auch unser Ziel in der Wand. Wir hatten den Plan, zuerst eine der leichtesten technischen Routen zu klettern: Lurking Fear. Sozusagen zum Aufwärmen für mich und damit wir im Team die Abläufe einstudieren konnten. Der Plan sah vor, danach durch den wohl kompaktesten und am weitesten überhängenden Wandteil zu klettern: das sogenannte Shield. So weit sollte es aber gar nicht kommen.

Von technischem Klettern spricht man, wenn man zur Fortbewegung in einer Route auch Hilfsmittel wie Trittschlingen, Seilklemmen und sonst nur für die Sicherung vorgesehenes Material nutzt. Beim Freiklettern hingegen benutzt man nur die vorhandenen Felsstrukturen zur Fortbewegung. Das Material dient hier nur zur Absicherung im Fall eines Sturzes. Da unsere klettertechnischen Fähigkeiten nicht ausreichten, um die Route »frei« zu klettern, gab es gar keine Frage, wir kletterten technisch. Das entspricht allerdings eher einer Materialschlacht von mutigen Handwerkern als der ästhetischen Fortbewegung von Freikletterern. In riesigen Haulbags, das sind extrastabile Säcke, in denen das Material in der Wand nach oben gezogen wird, hatten wir kiloweise Sicherungsmittel: Seile, Haken, Friends, Rurps, Hämmer, Schlingen, Seilklemmen und so weiter. Auf dem Weg vom Flughafen in den Nationalpark reichte mir Michi von vorn die »Bibel« des Big-Wall-Kletterns auf den Rücksitz: »How to Climb: Big Walls« von John Long. »Des musst du lesen, bis wir im Valley sind. Dann kann's gleich losgehen.« Aha, ich stöberte in dem Buch und versuchte, mir möglichst viel zu merken.

Im weltberühmten Camp 4, DEM Campground für Kletterer und Kletterinnen unterhalb des El Cap, breiteten wir unsere Ausrüstung aus. Wir stopften alles, was wir benötigen würden, in die Haulbags und schleppten die schweren Säcke zum Wandfuß. Zwanzig Liter Wasser folgten auch noch. Da wir drei Tage für die Route einplanten, mussten wir die Verpflegung für die gesamte Dauer durch die Wand zerren. Nach zwei Tagen Materialschleppen konnten wir endlich klettern. Die ersten Seillängen kletterten wir und versahen sie mit fixen Seilen. Noch einmal schliefen wir im Camp, bevor wir am nächsten Tag an unseren Fixseilen in die Wand einstiegen, um darin zu bleiben. Mit riesigen Sträußen von Sicherungsmaterial behängt, kämpften wir uns aufwärts. In Trittschlingen baumelnd, suchte ich oft ewig nach dem passenden Material für die Risse. Das ging bei meinen Freunden wesentlich schneller. Die Ausgesetztheit machte mir überraschenderweise nichts aus. Das mangelnde Handling mit dem Material schon eher. Aber wir kamen voran, Seillänge um Seillänge. Nicht immer gab es Plätze in der Senkrechten, auf welchen wir uns zum Schlafen hinlegen konnten. Dafür hatten wir sogenannte Portaledges dabei. Ein Portaledge ist ein mit stabilem Stoff bespannter, zusammenklappbarer Aluminiumrahmen. Dieser wird an einem Haken in die Wand gehängt, und so hat man eine Aussichtskanzel der besonderen Art. Wie in einem Schwalbennest klebt man mitten in der Wand. Selten habe ich einen aussichtsreicheren Schlafplatz erlebt.

Am Abend des zweiten Klettertags, es war schon dunkel, zogen Michi und ich die schweren Säcke mit dem Material zu unserem Biwakplatz herauf. Man spricht dabei von »haulen«. Eine richtig harte Arbeit. Wir hängten uns in das Seil ein, an welchem die Säcke baumelten, und liefen immer ein paar Meter nach unten, um mit unserem Körpergewicht das Material hochzuziehen. Minoru war unten verantwortlich, dass sich die Biester nicht irgendwo verhängten. Dann passierte es: Michi und ich liefen wieder rückwärts die Wand hinunter. Dann ein Schlag, Sturz, freier Fall, nichts, nur Leere. Es kam mir endlos vor. Dann endlich der ersehnte Ruck. Ich klatschte kopfüber an die Wand. Stille. Puh, ich war zumindest nicht bis an den Wandfuß gestürzt. Ich war auch nicht tot. Unten hörte ich Minoru schreien. Ihm waren die dicken Säcke auf die Schulter gekracht. Ich drehte mich um. Ich hing einige Meter unterhalb vom Standplatz. Während des Sturzes kam es mir viel weiter vor. Über mir hing Michi, seltsam verdreht. Wir sortierten uns und kletterten wieder zum Standplatz. Im Schein der Stirnlampe sah ich die große Schnittwunde, welche an Michis Schienbein klaffte. Mist, das Verbandsmaterial war unten in den Haulbags. Es dauerte eine Weile, bis wir uns erholt, die Portaledges installiert und die Wunde versorgt hatten. Das war das Ende der Klettertour. Nach einer durchwachsenen Nacht mussten wir am nächsten Tag die mühsam erkletterten Seillängen alle wieder abseilen. Das Unterfangen war beinahe genauso anstrengend wie das Hochklettern.

Was war passiert? Aus unerklärlichen Gründen hatten wir vergessen, die Seilrolle, mit welcher wir die Haulbags hochgezogen hatten, unten gegen unbeabsichtigtes Öffnen mit einem Karabiner zu sichern. Daher war die Seilrolle aufgesprungen und das Seil rauskatapultiert worden. Gut, dass wir einen sehr sicheren Standplatz in der Wand gehabt hatten, sonst wäre die komplette Seilschaft am Fuß des El Capitan aufgeschlagen. Seitdem schaue ich beim Klettern immer dreimal nach, ob ich alles korrekt eingehängt habe.

DIE ERSTE ABFAHRT IM KARAKORUM

Wir verbringen eine ganze Weile auf unserem Aussichtspunkt. Zum einen, weil wir uns an die Höhe gewöhnen wollen, zum anderen, weil es einfach so wunderschön und einmalig ist, hier zu sein. Wolkenfetzen umspielen die Gipfel, als der Schatten langsam das Tal hinaufzieht und die Sonne vertreibt. Die Berge wirken noch mächtiger als zuvor. »Das ist einer der eindrucksvollsten Plätze, wo ich je war.« Jakob dreht den Kopf in alle Richtungen. Dem können Martin und ich nur zustimmen. Wir nutzen das schwindende Licht, um noch ein paar einmalige Fotos zu schießen und um anschließend den Trail zurück zum Lager zu genießen. Er ist erstaunlich gut zu fahren – es liegen kaum große Steine am Weg – und macht in der grandiosen Kulisse doppelt Spaß. Kurz wird es steiler. Zwei enge Kehren, Jakob versetzt vor mir gekonnt das Hinterrad, und weiter geht es in Richtung Lagerplatz. Hinter uns ziehen die Staubfahnen in das Abendlicht. Martin haben wir weit abgehängt, die ersten Meter in Pakistan mussten wir es einfach rollen lassen. »Er wird es uns verzeihen, wir haben oben ja viele Bilder gemacht«, versichere ich Jakob. Kurz vor dem Camp klatschen wir ab und warten auf Martin, um gemeinsam bei den Zelten einzutreffen.

»Das ist der Gletscher. Hier beginnen die Seile. Es ist steil, sehr steil.« Ishaq sitzt am Tisch und malt mit einem Kugelschreiber eine Karte des Gondogoro-Passes auf eine Serviette. Interessiert blicken wir auf das Kunstwerk. So sehen Landkarten hier also aus. Es ist die größte Hürde auf unserem Weg, und wir haben Respekt. Vor allem vor der Steilheit. Von befreundeten Bergführern, die den Pass schon bergab begangen haben, weiß ich, dass es Fixseile gibt, eine Art Seilgeländer, an welchen man sich festhalten oder sogar abseilen kann. Steinschlag ist auf der ganzen Etappe ein Problem. Schnee und Eis liegen immer in der Wand, deshalb haben wir die Steigeisen dabei. 99 Prozent der Bergsteiger:innen kommen den Pass runter. Sie gehen die Runde von Askole nach Hushe alle im Uhrzeigersinn. Wir hingegen wollen sie in umgekehrter Richtung gehen. Das heißt für uns, wir müssen den Pass hinauf. Ishaq erzählt uns, dass er fast keine Träger gefunden hat, die mitgehen wollen. Auch sie haben zu viel Respekt vor dem Aufstieg. »Oje, da bin ich ja gespannt, wie das mit den Bikes wird.« Ich blicke zu Jakob.

»Was meinst du, Ishaq, geht das mit den Bikes?«, erkundigt er sich.

»Alles Tragen, kein Fahren. Inshallah, it's possible. Ich werde für uns alle beten«, ergänzt Ishaq noch.

Perfekt, dann kann ja nichts mehr schiefgehen. Wir verbringen einen gemütlichen Abend auf den wackeligen Plastikstühlen. Martin macht noch ein Back-up der Aufnahmen. Sonst gibt es nicht viel zu tun, außer die hereinbrechende Nacht und die Gemeinschaft zu genießen. Keine Ablenkung, kein Telefon, das klingelt, kein Fernseher, der läuft, keine Push-Benachrichtigungen, nichts. Wie schön ist es, wenn man sich nur um die notwendigen Dinge kümmern muss: Essen, Schlafen, Vorwärtskommen. Diese Reduktion auf die wesentlichen Tätigkeiten empfinde ich als sehr erholsam. Wie oft gelingt es uns im Alltag, dem Moment volle Aufmerksamkeit zu schenken, ohne ständig abgelenkt zu werden?

Ishaq erzählt noch weiter von der aufwendigen Suche nach den passenden Begleitern. Wir erfahren, dass es in Gilgit-Baltistan unzählige verschiedene Sprachgemeinschaften gibt. Je nach Zählweise kommt man in ganz Pakistan sogar auf über siebzig verschiedene Sprachen. Oft verstehen sich die Bewohner:innen weiter oben im Tal nicht mit jenen, die unten im Taleingang leben. Urdu ist zwar die offizielle Landessprache von Pakistan, diese wird aber nur von knapp zehn Prozent als Muttersprache gesprochen. Da viele der Menschen in den abgelegenen und autarken Dorfgemeinschaften Baltistans keinen Zugang zu Bildung haben, sprechen sie den Dialekt des Dorfes und nicht mehr. Viele von ihnen können auch weder schreiben noch lesen. Für eine gute Zusammenarbeit auf Expedition ist es aber unerlässlich, dass man sich verständigen kann. Und nicht nur »kann«, sondern auch »möchte«. Hier liegt eine weitere Schwierigkeit. Denn nicht alle Familien vertragen sich untereinander. Manche würden niemals miteinander arbeiten oder Befehle von Mitgliedern eines anderen Familienverbundes entgegennehmen. Unter Familie versteht man hier nicht nur den inneren Kern aus Eltern und Kindern, sondern eine erweiterte Gruppe, die oft aus mehreren Generationen besteht: Verheiratete Brüder mit ihren Ehefrauen und ihren Kindern sowie ihren Eltern leben in einem Haushalt. Neben den Verwandtschaftsgruppen, die kompatibel sein müssen, gibt es innerhalb der Dörfer noch hierarchische

Strukturen, welche oft völlig undurchschaubar für Außenstehende sind. Natürlich spielen auch diese eine nicht zu vernachlässigende Rolle. Wahrscheinlich nicht als letzter zu berücksichtigender Faktor spielt auch die Religionszugehörigkeit eine Rolle, ob sich Personen zu einer funktionierenden Gruppe zusammenfügen lassen. Es braucht viel Erfahrung und Ortskenntnis, ein harmonisches Team zu finden. Manche der Tumulte unter den Trägern anderer Reisegruppen, die es regelmäßig zu geben scheint, lassen sich auf eine ungünstige Zusammenstellung der Gruppen zurückführen. Aber wer soll da bitte noch durchblicken? Nicht ohne Stolz berichtet Ishaq, er habe nach langem Suchen eine zuverlässige Mannschaft gefunden, die noch dazu fit und bereit ist, den Gondogoro La hinaufzuklettern. Bisher haben wir auch den Eindruck, dass unsere Herren sich bestens verstehen. Am heutigen Ruhetag haben sie sogar einer Kletterexpedition geholfen, die Ausrüstung von Hushe in das Basislager im Charakusa-Tal zu transportieren. Die ursprünglich von ihnen angeheuerten Träger waren nach einem Streit nicht mehr bereit zu arbeiten und ließen die Kletterer kurzerhand sitzen. Die Buschtrommeln tragen derartige Nachrichten schnell weit in die engen Täler des Karakorums. In einer äußerst günstigen Verhandlungsposition befindlich, konnten sich unsere Träger so einen schönen Batzen Geld zusätzlich verdienen. Jeder hat also auf seine ganz eigene Weise einen erfolgreichen Tag verbracht.

DALSAMPA, 4100 METER

Damit wir der Hitze entgehen, klingelt bereits um halb sechs der Wecker. Wir haben uns nicht vorstellen können, dass es hier auf über 3000 Metern noch so warm werden kann. Aber Ishaq hat uns ja gewarnt: »Too whum!« Ein schmaler Pfad führt auf dem Rücken der Moräne des Gondogoro-Gletschers bergauf. Da er zu steil ist zum Fahren, schieben wir die Bikes. Die übliche Antwort von

Ishaq auf die Nachfrage, wie die Etappe wohl heute so wird, war beim Aufbruch: »Too easy, no problem. Ein wenig biken, ein wenig laufen.« Aha, dann sind wir gerade im Teil des Laufens. Bis auf etwa 3500 Meter stehen sogar Bäume und hohe Büsche neben dem Weg. Heckenrosen begeistern uns mit ihren rosa Blüten und ihrem intensiven Geruch. Weniger begeistert sind wir von ihren Dornen, die uns immer dort die Unterarme verkratzen, wo die Pflanzen den Weg zuwuchern. Heckenrosendschungel auf über 3000 Metern? Damit habe ich sicher nicht gerechnet. Die Schatten der wenigen Wolken zeichnen sich an den Felswänden ab. Vor uns thront der mächtige Masherbrum. Wahnsinn, diese Landschaft. Zwischendurch schultern wir die Bikes. Dort, wo der Weg stark verblockt ist, ist es die kraftschonendere Fortbewegung.

Als das Gelände abflacht, stolpern wir in eine mit Felsen übersäte Ebene. Ein kleiner Bach mäandert durch das Chaos. Bei starkem Niederschlag scheint er zu einem reißenden Strom anzuschwellen, anders könnte er die mächtigen Steinbrocken gar nicht bewegen. Die ungebändigten Naturgewalten begleiten uns auf Schritt und Tritt und lassen unsere Existenz klein und zerbrechlich erscheinen. Auf die Bikes gestützt, hüpfen wir über eine kleine Stromschnelle. »Nicht auszumalen, was hier los ist, wenn es richtig regnet.« Ich lasse meinen Blick über die Szenerie schweifen, als ich Jakob trockenen Fußes erreiche.

Hier, wo das Gelände nicht so steil ist, können wir fahren. Das geht aber nicht so schnell, wie wir das von daheim gewohnt sind. Die Höhenluft macht uns zu schaffen und treibt den Puls nach oben. Als ich vor vielen Jahren am Mount Kenya unterwegs war, brachte mir Thomas Lämmle, ein befreundeter Bergführer und Sportwissenschaftler, eine spezielle Atemtechnik bei, um den Körper in der Höhe besser mit Sauerstoff zu versorgen. Das möchte ich natürlich auch an Jakob weitergeben. Martin kennt die Technik bereits, da er damals als Fotograf dabei war. »Beim Ausatmen presst man mit einem hörbaren ›Schschsch‹ die Luft gegen die fast geschlossenen Zähne. Das ist, wie wenn du SCHnee sagen würdest. Nur dass man das SCH in die Länge zieht. Durch den Widerstand beim Ausatmen erhöht sich der Druck in der Lunge. Da der Gasaustausch, also die Sauerstoffaufnahme, in den Alveolen auf einem Druckunterschied beruht, kann man so die Sauerstoffaufnahme fördern.« Ich versuche, mich zu erinnern, was Thomas uns erklärt hatte. »Hört sich an wie 'ne alte Dampflok, aber funktioniert echt. Thomas ist mit der Technik ohne zusätzlichen Sauerstoff auf den Mount Everest gegangen. Man kann die Sauerstoffsättigung richtig hochtreiben, als wäre man viele Hunderte Meter weiter unten. Wir schauen uns das heute im Camp mal mit dem Pulsoximeter an, wenn du Bock hast.« Jakob schnauft lautstark und nickt zustimmend.

Wir hören uns an wie eine Güterlok auf dem Weg zum Ausrangieren. Gut, dass uns hier niemand hört. Nur Ishaq schaut uns etwas verdutzt an. Ich versuche, auch ihm zu erklären, was wir da tun. Aufmerksam lauscht er meinen Ausführungen. »Wenn es euch hilft, sehr gut. Inshallah«, lächelt er und marschiert stramm weiter in Richtung einer Felswand. Der Weg führt hier exponiert etwa 150 Meter über der Gletschermoräne auf einem schmalen Absatz entlang. Martin ist nicht ganz wohl bei der Sache, trotzdem zückt er die Kamera. Jakob und ich balancieren mit unseren Bikes in der Hand entlang des in der Wand fixierten Sicherungsseiles. Links unter uns verschlingen tiefe Gletscherspalten das auf dem Eis liegende Geröll: Klonk, klonk, platsch. Wieder ist ein Brocken im Wasser unter den Eismassen verschwunden. »Da musst du auch nicht reinfallen.« Jakob steigt, vor mir laufend, konzentriert über einen großen Felsklotz.

Der Höhenmesser zeigt schon über 4000 Meter, als wir wieder ein traumhaftes Stück Trail entlangsteuern. Gänzlich platt getreten, ohne Hindernisse führt der Weg auf der Kante der Moräne entlang.

Was für ein Fahrspaß! Und das in dieser spektakulären Landschaft! Wir freuen uns riesig, als wir hinter einer Ecke zwei kleine strahlend blaue Seen entdecken. Ein Stückchen entfernt auf einer stoppeligen Wiese stehen unsere gelben Zelte. Es ist bereits Nachmittag, die Hitze lässt die Luft flimmern. Auf diesem traumhaften Stückchen Erde gibt es leider kein noch so kleines Schattenplätzchen. Unsere Reisebegleiter sitzen auf dem unerwartet grünen Teppich. Als sie uns sehen, springen sie auf und feuern uns an. Wir werden von jedem mit Handschlag willkommen geheißen. Wie herrlich, es fühlt sich wirklich nach einer gemeinsamen Reise an.

DER SCHÖNSTE BADEPLATZ DER WELT

Die Luft steht vor Hitze. Kein Lüftchen regt sich. Auf 4100 Metern hätten wir eher erwartet zu frieren, als zu schwitzen. Wir sitzen im Gras und trinken aus Edelstahlbechern Instantkaffee. In dem von uns geworfenen Schatten legen sich drei Hühner hechelnd nieder. »Jetzt weiß ich endlich, was in dem Karton war, den einer hier hochgeschleppt hat: Hühner.« Ich grinse. »Die gibt es sicher bald mal auf dem Teller, die Armen.« Mir als Vegetarier tun sie leid. Aber wenigstens hatten sie bis hierher ein aussichtsreiches Leben. Nicht viele Hühner dürfen in ihrem Leben einen so spektakulären Platz bestaunen. Ob sie das wohl wahrnehmen?

Ich schnappe mir meinen Waschbeutel und mein Handtuch. Badeurlaub ist angesagt! Ich schlendere hinüber zu den Seen. Das Ufer ist weich und morastig. Auf der anderen Seite entdecke ich einen Platz, an welchem große Steine bis in den See reichen. Perfekt. Ich ziehe mich aus und gehe vorsichtig ins Wasser. Das kühle Nass ist eine herrliche Erfrischung auf der Haut. Ich schwimme ein paar Züge. Schnell wird es aber richtig frostig. Vorsichtig klettere ich wieder raus, eine Verletzung aus Unachtsamkeit kann ich nicht gebrauchen. Ich lege mich zum Sonnenbaden sichtgeschützt hinter einen Felsen. Mein Blick schweift über die gegenüberliegenden Berggestalten. Riesige, von Spalten durchzogene Hängegletscher fließen Richtung Tal. Die steilen Bergflanken kumulieren an solch spitzigen Gipfeln, wie ich sie noch selten gesehen habe. Im oberen Teil sind die Berge zerfurcht und zerklüftet. Zum Gondogoro-Gletscher fallen sie in kompakten Wänden ab. Der Beweis, dass sich dieser in den letzten Zigtausenden von Jahren immer tiefer in das Tal gegraben hat. Dabei hat er seine Begrenzung glatt geschliffen und eindrucksvolle Felsburgen hinterlassen. Mich überkommt ein unbeschreibliches Glücksgefühl, als ich mir bewusst mache, in welcher Situation ich mich hier befinde:

Ich liege friedlich, gesund und nackt bei bestem Wetter auf einer Wiese in 4100 Metern Höhe und kann mich nach einem Bad in einem eiskalten, glasklaren Gletschersee in der Sonne aufwärmen. Das noch dazu mitten im Karakorum in Pakistan. Was für ein Privileg, hier sein zu dürfen. Es würde mich auch nicht wundern, wenn ein paar Gestalten aus »Der Herr der Ringe« oder einem anderen Fantasystreifen um die Ecke biegen würden und mich wie selbstverständlich fragen würden, ob ich zufällig einen Hobbit gesehen hätte. Oder wenn ich drüben irgendwo auf dem Gletscher einen Yeti entdecken würde. Der Moment ist schon unwirklich genug, das wäre nur noch das Tüpfelchen auf dem i.

Beschwingt und bekleidet gehe ich zurück zu den Zelten. Sofort fallen mir die fehlenden Hühner auf. Meine Befürchtungen haben sich bewahrheitet: Sie wurden enthauptet, gerupft und garen im Kochtopf auf dem Gaskocher. Viel Ausrüstung haben wir nicht dabei. Wir sitzen nicht wie andere Expeditionen auf Stühlen in einem Mannschaftszelt, sondern auf Isomatten unter freiem Himmel. Da wir nur eine kleine Mannschaft sind, haben wir lediglich die notwendigste Ausrüstung dabei. »Alpine Style« nennt Ishaq das. Solange das Wetter mitspielt, passt es uns eh gut. Auch brauchen wir kein Drei-Gänge-Menü, sondern sind mit Kartoffeln, Gemüse, Chapati und dem frischen Huhn gut versorgt. Ich bin sehr froh, dass wir so reduziert unterwegs sind. Große Gruppen bedeuten auch oft mehr Probleme. Am Kilimandscharo wurden wir von über vierzig Mann unterstützt. Nicht aber nur, weil wir so viel Material dabeihatten – zugegeben, mit der Filmausrüstung war es schon ein bisschen mehr als üblich –, sondern vor allem, weil sich so eine Gruppe automatisch vergrößert. Das muss man sich so vorstellen: Pro drei Träger braucht man einen Träger, der die Ausrüstung (Essen, Brennstoff, Bekleidung, Decken …) für diese übernimmt. Mal angenommen, man braucht neun Personen für das zu transportierende Material, dann braucht man drei zusätzliche, um die Ausrüstung für diese neun zu tragen. Für diese drei wiederum braucht man noch einen weiteren Träger. So werden aus neun benötigten Menschen auf einmal dreizehn.

Wie jeden Tag überprüfen wir auch heute unsere Akklimatisation mit einem Pulsoximeter. Ich klemme mir das etwa zwei mal fünf Zentimeter große Gerät an den Zeigefinger. Kurz darauf erscheint auf der Digitalanzeige mein Puls und meine Sauerstoffsättigung: 71 % und 81 %. »Passt, alles im grünen Bereich.« Ich schreibe die Daten in mein Notizbuch und gebe das Gerät an Martin weiter. Auch bei ihm schaut es gut aus. Jakob ist noch etwas mit seinem Magen angeschlagen. Das zeigt sich auch an den Werten. Seine Sättigung ist etwas niedriger als bei uns. Aber das ist noch im vertretbaren Rahmen. Das Wichtigste ist eh, dass wir uns gut fühlen. Keiner hat Kopfweh, und wir haben alle Appetit. Höhenkopfschmerz und Appetitlosigkeit sind die möglichen Anzeichen einer Höhenkrankheit. Da wir uns das erste Mal auf dieser Reise über einer Höhe von 4000 Metern befinden, hätte ich gedacht, es ginge uns schlechter. Gerade im Hinblick auf Jakobs Gesundheit sind wir erleichtert. Ishaq sitzt mit skeptischer Miene ein Stückchen weg auf einem Stein und beobachtet uns. Ich winke ihn herüber.

Kurz erkläre ich ihm, was es mit der Sauerstoffsättigung auf sich hat. Er hört gespannt zu und blickt auf die Anzeige an meinem

Finger. Jetzt fange ich an zu schnaufen wie eine alte Dampflok. »Schschsch« tönt es bei jedem Ausatmen. Es dauert nicht lange, da zeigt sich der Effekt auf dem Display: 81 % – 88 % – 94 % – 97 %, dann bleibt die Anzeige stehen. »Das ist die Sättigung, wie wir sie auf Meereshöhe haben. Nur durch die Atmung. Ich finde das sensationell.« Selbst nach vielen Touren mit der Atemtechnik bin ich noch immer begeistert, wie gut sie funktioniert. »Interessant.« Mehr können wir Ishaq mit der Vorführung nicht entlocken, dann ist er Richtung Zelte unterwegs. »Der wird sich denken, die Touristen sind alle doof: Ich merk doch, wenn es mir schlechtgeht.« Martin lacht. »Ich find's schon cool, dass es wirklich funktioniert.« Jakob kann sich mehr dafür begeistern.

Die sich anschleichende Kälte vertreibt die Hitze des Tages. Mit ihr kommt die Dunkelheit über die Berge gekrochen. Wir ziehen uns die Mützen und dicken Daunenjacken über. Ishaq entzündet eine kleine Gaslampe, während wir im Schneidersitz eine Tasse Tee schlürfen. »Wollt ihr wie geplant zwei Nächte hierbleiben, oder gehen wir morgen weiter? Ich würde weitergehen.« Jeden Abend besprechen wir den weiteren Verlauf, ob wir uns an den Plan halten oder uns anpassen müssen.

»Wir sind fit, wegen uns gerne weiter. Wie geht es den Trägern?«, erkundigt sich Jakob.

»Alle gut. Easy, no problem. Sie wollen weiter.« Ishaq übersetzt uns nach Rückfrage.

Ich strecke beide Daumen hoch und grinse in die Runde: »Morgen geht's weiter!« Lachende Gesichter auch bei unseren pakistanischen Begleitern. Die Motivation stimmt also noch. Mit einem guten Gefühl verkriechen wir uns in die wärmenden Daunenschlafsäcke. *Hoffentlich geht es uns morgen früh auch noch gut*, denke ich bei mir, während ich noch einige Notizen in mein kleines Tagebuch schreibe.

OHNE SAUERSTOFF GEHT NICHTS

Mit das Wichtigste bei Touren in große Höhen ist die Akklimatisation. Der Körper braucht genügend Zeit, um sich an das geringere Sauerstoffangebot zu gewöhnen. Aus der Erfahrung von mittlerweile über zwanzig Jahren, die ich in Höhen über 4000 Metern, mit Gästen und Freunden bikend, unterwegs bin, weiß ich, dass die Anpassung sehr individuell ist. Trotzdem gibt es ein paar Grundregeln, die eine gute Basis für die Planung bieten und den Erfolg einer solchen Tour erhöhen können. Vorausgesetzt natürlich, man hält sich daran.

- Nicht zu schnell zu hoch steigen. – Gerade bei der Schlafhöhe, also der Höhe, auf der genächtigt wird, gilt es, umsichtig zu sein. Über 2500 Meter sollte man alle 500 bis 600 Höhenmeter schlafen und zusätzlich alle 1000 bis 1200 Meter eine zweite Nacht einplanen.
- Hoch steigen, niedrig schlafen. – Die Schlafhöhe sollte immer niedriger sein als die höchste erreichte Höhe des Tages. Das heißt auch für uns, dass wir nach Ankunft im Lager immer noch einen Spaziergang machen, welcher uns 100 bis 150 Meter über den Lagerplatz führt. Das ist natürlich nicht notwendig, wenn untertags eine größere Höhe erreicht wurde.
- Puls niedrig halten. – Bei den Belastungen konnte ich Folgendes feststellen: Personen, welche versucht haben, ihren Puls bei Belastung dauerhaft unter 120 Schlägen pro Minute zu halten, wurden weniger höhenkrank. Das ist beim Biken gar nicht so einfach, denn schon bei den kürzesten steilen Anstiegen rast der Puls nach oben. Was wissenschaftlich erwiesen ist, ist die Tatsache der morgendlichen Ruheherzfrequenz. Ist diese um mehr als zwanzig Schläge

höher als zu Hause, dann ist man noch in der kritischen Phase der Akklimatisation und sollte sich schonen.

- Hyperventilation – durch bewusstes Mehratmen kann man dem Körper mehr Sauerstoff zuführen. Mit einer speziellen Atemtechnik kann man die Sauerstoffsättigung in großen Höhen sogar auf das Niveau der Meereshöhe bringen.
- Viel trinken. – Durch die Mehratmung und die oftmals trockene Luft in den Bergen verliert der Körper mehr Flüssigkeit. Zwischen drei und vier Liter sollte man bei Anstrengung in der Höhe jeden Tag trinken, um Leistungsabfall zu vermeiden. Auch das Risiko für Thrombosen, Embolien und Erfrierungen kann dadurch gesenkt werden.
- Rad fahren in der Höhe – das ist viel anstrengender als laufen. Wir können sehr, sehr langsam laufen und damit den Puls niedrig halten. Es geht so weit, dass man manchmal einen Schritt macht, dann Pause zum Atmen, dann den nächsten Schritt. Das ist so beim Biken gar nicht möglich, weil man das Gleichgewicht verliert, wenn man zu langsam fährt. Daher heißt es leider oft absteigen und schieben, wo wir zu Hause noch locker weitertreten können. Das Tragen des Fahrrads erhöht die Last am Rücken um ein Vielfaches. Bei Belastungstests, welche wir bei der Kibo Hut auf 4750 Metern am Kilimandscharo durchgeführt hatten, konnten wir feststellen, dass die Belastung mit Bike am Rücken mehr als doppelt so groß ist im Vergleich zur Belastung bei Bergsteiger:innen, die mit dem nötigen Tagesgepäck aufsteigen.

Dass eine unzureichende Akklimatisation schnell ein lebensbedrohliches Ereignis werden kann, durfte ich 2016 erfahren.

MOUNT KENYA, KENIA 2016

Aus meiner ursprünglichen Idee, eine kleine unauffällige Reise zum Gipfel des Kilimandscharo mit meinem Mountainbike zu machen, hatte sich im Laufe der Vorbereitung eine Mammutexpedition entwickelt. Als ich Hansjörg Rey, eine Legende im Mountainbikesport, für meine Pläne begeistern konnte, kam kurz darauf mit Freeride Entertainment eine weltbekannte Filmproduktionsfirma an Bord. Über diese Zusammenarbeit wiederum ein weiterer, absoluter Weltstar in Sachen Mountainbiketrial: Danny MacAskill. Mit zwei so hochkarätigen Sportlern und einem großen Filmteam war ich davor noch nie unterwegs. Wir waren lange auf der Suche nach Möglichkeiten, um uns vor dem Kilimandscharo zu akklimatisieren. Letztlich scheiterten alle meine Versuche, Permits für hohe Berge in Tansania zu bekommen. Dazu muss man wissen, dass die Befahrung mit Mountainbikes dort generell verboten ist. Nur über viele Beziehungen und mit jeder Menge Geduld konnte ich überhaupt offizielle Genehmigungen für die Befahrung des Uhuru Peaks, des höchsten Punkts am Kilimandscharo, bekommen. Damit waren wir die erste Bikeexpedition, die offizielle Permits dafür in der Hand hielt. Wir waren schon drauf und dran, die Sache abzusagen, ohne Akklimatisation gab es keine Aussicht auf Erfolg, als Hansjörg (meist kurz Hans genannt) eine gute Woche vor dem Abflug mit der Idee kam, wir könnten uns am zweithöchsten Berg Afrikas akklimatisieren. Am Mount Kenya gab es keine Probleme mit Mountainbikes. Hans war dort schon mit dem Bike und ich bereits zu Fuß unterwegs gewesen. Beide kannten wir die Gegebenheiten vor Ort. Daher war der Entschluss schnell gefasst, diese einmalige sportliche Herausforderung anzunehmen: die zwei höchsten Berge Afrikas hintereinander zu befahren.

Da mir im Vorfeld klar war, dass die Akklimatisation mit der zusätzlichen Belastung durch die Bikes schwierig werden könnte, bereitete ich mich daheim bestmöglich vor. Der Blick auf das Programm am Mount Kenya bestärkte mich darin, alles mir Mögliche vorab zu tun. Dazu lieh ich mir ein Höhentrainigssystem. Dieses besteht unter anderem aus einem Höhenluftgenerator, welcher mit einem Filter den Sauerstoff aus der Umgebungsluft filtert. Per Knopfdruck kann man eine simulierte Höhe von bis zu 6500 Metern einstellen. Über einen langen Schlauch wird eine Maske mit dem Gerät verbunden, welche über Mund und Nase gezogen wird. So konnte ich mich zum Beispiel auf dem Rollentrainer mit meinem Fahrrad langsam an die dünne Höhenluft anpassen und in dieser auf meinem Balkon trainieren. Dazu kommt ein kleines »Kopfzelt«, welches während des Schlafens über Kopf und Oberkörper aufgestellt wird. Auch in dieses Zelt wird über den Generator sauerstoffentsättigte Luft geblasen. Dadurch war es mir möglich, mich in meinem eigenen Schlafzimmer »hochzuschlafen«. Das alles hört sich angenehmer an, als es ist. Denn der Raum im Minizelt ist sehr beengt. Die Luft wird alle paar Sekunden mit einem lauten »Tschschsch« in das Zeltinnere geblasen. Äußerst nervig und nur mit Ohrstöpseln zu ertragen. Noch dazu ist die einströmende Luft sehr kalt. Ganz ohne Risiko ist das Unterfangen auch nicht. Eine Nacht hatte ich die Höhe falsch eingestellt und wurde prompt in meinem eigenen Schlafzimmer höhenkrank. Mit pochenden Kopfschmerzen und Übelkeit bin ich nachts aufgewacht und regelrecht aus der Behausung geflohen. Wenn man es aber richtig macht, funktioniert es erstaunlich gut. Drei Wochen hatte diese Vorbereitung gedauert. Martin, der als Fotograf auch auf dieser Tour dabei war, hatte sich derselben Prozedur unterworfen.

Die weiteren Teilnehmer, Hans, Danny, ein Filmer, ein zweiter Filmer und der Tonmann, hatten keine Zeit oder Lust, sich diese Tortur anzutun. Sie entschlossen sich vor Ort, sich medikamentös zu unterstützen. Mit Diamox ist es möglich, den Akklimatisationsprozess zu fördern. Sicherlich weniger aufwendig, als wochenlang daheim mit einem Höhenzelt zu trainieren, aber für mich kommt die Einnahme von Medikamenten nicht in Frage, wenn ich nicht ernsthaft krank bin. Danny, der noch nie zuvor mehr als 3000 Meter über dem Meer war, entschied sich gegen unseren Rat dazu, es einfach mal so zu versuchen. So sind wir mit sehr unterschiedlichen Voraussetzungen am Sirimon Gate auf 2650 Metern gestartet. In strömendem Regen ging es hinauf auf 3300 Meter zu den grünen Wellblechhütten des Old Moses Camps. Schon ein beachtlicher Aufstieg, wenn man bedenkt, dass Danny praktisch von Meereshöhe aus seiner Heimat in Schottland angereist ist. Der nächste Schritt war noch heftiger. Satte 900 Höhenmeter weiter oben lag unsere zweite Übernachtung, das Shipton's Camp. Schon bei der Ankunft ging es Danny gar nicht gut. Daraufhin beschlossen wir am nächsten Tag in der Gruppe, dass nur Hans, Martin, ein Filmer und ich auf den Point Lenana gehen. Der sogenannte Trekkinggipfel ist mit 4985 Metern die größte mit dem Bike erreichbare Höhe am Berg. Der 5199 Meter hohe Hauptgipfel, der Batian, ist nur mit anspruchsvoller Felskletterei zu erklimmen. Zu viert erreichten wir den ersten Teil unserer Doppelexpedition in der Hoffnung, dass sich die unten Gebliebenen erholen würden. Dannys Zustand verschlechterte sich tagsüber aber zusehends. Nach einem Test unter leichter Belastung mit dem Pulsoximeter hatte er nur noch eine Sauerstoffsättigung von 55 Prozent. Damit war klar, er war akut höhenkrank. Tatsächlich war er kurz vor einem Lungenödem. Die einzige Therapie ist der Abstieg in niedrigere Höhen. Der Weg hinunter war aber sehr lang und mit Gegenanstiegen gespickt, daher kam diese Option nicht in Frage. Auf die Art wäre er nie am Fuß des Berges angekommen. Wir versuchten einen Rettungshubschrauber zu organisieren, welcher uns für den nächsten Morgen zugesagt wurde, gutes Flugwetter vorausgesetzt. Mit Notfallmedikamenten stabilisierten wir ihn über die Nacht, welche, nach seinen Aussagen, eine der schrecklichsten seines Lebens war. Von Hustenkrämpfen geschüttelt, nach Luft ringend, lag er mehr wach als schlafend auf seiner Matratze. Jeder hoffte auf gutes Wetter.

Strahlendes Blau am nächsten Morgen vor der Hütte. Der Helikopter flog Danny ins Krankenhaus. Ich möchte mir gar nicht ausmalen, was passiert wäre, wenn der Himmel wolkenverhangen gewesen wäre.

Im schlimmsten Fall kann eine akute Höhenkrankheit zum Tode führen. Die Stimmung beim Rest der Mannschaft war ziemlich getrübt, als wir uns auf den Weg zum Simba Col, 4600 Meter, machten, um die 2000 Tiefenmeter lange Abfahrt über die Chogoria-Route in Angriff zu nehmen. Zehn Stunden benötigten wir für die technisch anspruchsvolle Abfahrt, welche uns durch sämtliche Ökosysteme am Berg führte. Von der hochalpinen Wüste durch die mit bergtypischen Senezien und Lobelien bewachsene Moorlandschaft bis hinunter in den Regenwald. Wir waren fix und fertig, als wir bei den Hütten, den Bandas, ankamen und uns per Telefon nach Danny erkundigten. Ihm ging es, wie zu erwarten, in der niedrigeren Höhe schnell besser, und er durfte am nächsten Tag aus dem Krankenhaus, um mit uns zu unserem Hauptziel, dem Kilimandscharo, aufzubrechen. Unsere Akklimatisationstour war anspruchsvoller als erwartet. Ziemlich angeschlagen fuhren wir mit dem Bus von Kenia nach Tansania, um ohne große Unterbrechung wieder in die dünne Höhenluft von Afrika aufzusteigen. Mit einem Auge den höchsten Punkt des afrikanischen Kontinents, mit dem anderen die Anzeige des Pulsoximeters beobachtend, ging es vorsichtig nach oben.

TOO EASY

Das Piepsen meines Weckers unterbricht meinen Schlaf. Ich strecke mich und reibe mir die Augen. Das morgendliche Packen beginnt. Es widerstrebt mir, mich aus dem warmen Schlafsack zu schälen. Na gut, dann wenigstens schnell machen und hurtig anziehen. Die Bekleidung liegt noch vom Vortag bereit. Ich ziehe meine lange Unterhose an, darüber meine kurze Bikehose. Das hat sich bewährt. Weil der Merinostoff der Unterhose so dünn ist, muss ich nicht schwitzen, und er schützt zuverlässig vor Sonne, Dreck und kleinen Kratzern. Auch aus Respekt den Balti gegenüber wollen wir hier nicht in kurzen Hosen rumrennen. Oben das langärmelige Merinoshirt und eine dünne Windjacke. Gegen die morgendliche Kälte noch die PrimaLoft-Jacke. Viel mehr habe ich auch gar nicht dabei. Trotzdem komme ich mir völlig overequipped vor, wenn ich daran denke, mit wie wenig Ausrüstung unsere Begleiter unterwegs sind. Nur von den Socken habe ich zwei Paar dabei. Dann kann ich auch mal eines waschen oder habe noch Ersatz. Aus der Erfahrung weiß ich, dass man unterwegs ziemlich abgehärtet wird, was schmutzige Bekleidung angeht. Darum nehme ich schon gar nicht mehr viel Ersatz mit. Ein zweites T-Shirt für abends, wenn man in den Schlafsack schlüpft, oder nach einer verschwitzten Ankunft darf aber immer mit ins Gepäck. Eine lange Hose, Regenbekleidung und natürlich Mütze und Handschuhe sind in wasserdichten, leichten Packsäcken in der Tasche verstaut. Ich rolle den Schlafsack ein und falte die Matte zusammen, stopfe alles in die große Dufflebag und stelle diese vor das Zelt. Dann krieche ich hinterher. Tief atme ich die klare, noch kühle Luft in meine Lungen. Herrlich. *Hallo Karakorum.*

Hinter einer niedrigen Steinmauer sitzen, sich unterhaltend, unsere Begleiter. Ich winke hinüber: »Good morning!« Alle scheinen wohlauf zu sein. Jakob und Martin sind auch gerade aus den Behausungen gekrochen. Wir setzen uns zu unserer Mannschaft auf den Boden und erhitzen Wasser für den Kaffee. »Eier?«, fragt Ahmed, unser Koch. »Ja, gern.« Nur Jakob verzichtet. Er bleibt bei Chapati und etwas Müsli. Noch ist sein Magen nicht ganz in Ordnung. Ich bin erstaunt, dass er trotzdem mit der Akklimatisation gut klarkommt. Wir haben die ungewohnte Höhe gut vertragen. Die Sonne beleuchtet die gegenüberliegende Bergkulisse. Ich kann mich gar nicht sattsehen. »Wie wird der Tage heute, Ishaq, kann man fahren?«, möchte Jakob wissen. »Bisschen biken. Too easy. No problem. Viel Gletscher.« Ishaq nippt an seinem Kaffeebecher. »Wie erwartet«, grinst Martin zurück. Wir packen unsere Tagesrucksäcke und das Frühstück zusammen. Jeden Tag bekommen wir eine kleine Brotzeitbox mit unterschiedlichen Micky-Maus-Aufklebern zur Erkennung. Sie unterscheiden sich meist nur äußerlich. Der Inhalt ist überall und praktisch jeden Tag gleich: ein Chapati, ein gekochtes Ei, eine Kartoffel und ein paar Nüsse. Manchmal ist für meine Gefährten ein Stück Fleisch drin. Heute wird es wohl Huhn sein. In meiner vegetarischen Variante sind ein paar Kalorien weniger enthalten. Damit laufen wir dann Tagesetappen von bis zu acht Stunden. *Dick werden wir auf der Tour sicher nicht.*

Gemeinsam machen wir uns auf den Weg. Unsere Begleiter stürmen los. Im Schnitt brauchen sie nur halb so lang zum nächsten Camp wie wir. Sie tragen einen Salwar Kamiz, die traditionelle Bekleidung aus Baumwolle, bestehend aus einer weiten Hose und einem langen Hemd, das bis zum Oberschenkel reicht. Manchmal ziehen sie eine gefütterte Jacke darüber. Das Schuhwerk besteht aus niedrigen Turn- oder Lederschuhen. Sie wirken eher, als ob sie zum Einkaufen gehen würden statt zu einem Trekking. Keine Spur von Hightech-Materialien in knallbunten Farben. Wir europäischen Hightech-Materialien-Träger verabschieden uns von ihnen. Vor dem Camp werden wir sie sicher nicht mehr sehen.

Eine immer dichter werdende graue Wolkenschicht überzieht den Himmel. Wir trotten tief atmend vor uns hin. Eine schwer beladene Trägerkolonne kommt uns entgegen. Alle grüßen uns freundlich, winken uns zu und strecken die Daumen in die Luft: »Good bike«, »Very good«, »Good luck«. Die Pakistaner haben wohl Freude an uns Exoten. Eine Weile laufen wir noch auf der Moräne. Links von uns schiebt sich ein riesiger, zerklüfteter Gletscher von den wuchtigen Hängen des Masherbrums herunter. Das Tal wird zunehmend enger. Die Moräne verschwindet, sie hat einfach keinen Platz zwischen den steilen Wänden, die rechts und links in die Höhe ragen. Wir betreten das mit Felsbrocken und Geröll übersäte Eis des Gondogoro-Gletschers. Hier hört der sichtbare Weg auf. Mehr als eine schwer erkennbare Pfadspur gibt es nicht. Die Bikes liegen schon seit heute Morgen auf den Rucksäcken und malträtieren unsere Schultern. Beim Anblick des Geländes bin ich mir sicher, dass es bis zum Camp so bleiben wird.

»Mittag!« Ishaq winkt uns zu sich herüber. Er eilt meist voraus und wartet dann hin und wieder. So wie jetzt auf einer kleinen Anhöhe. Mit seinen braunen Sandalen, in welchen er sockenlos steckt, sieht er eher wie ein Urlauber auf einer Insel aus, aber keinesfalls so, als ob wir den Rest des Tages über einen Gletscher auf über 4500 Metern laufen würden. Verrückte Welt. »Schöner Platz.« Ich lege mein Bike neben das von Jakob und packe meine Micky-Maus-Brotzeitbox aus. Ishaq breitet seine Serviette aus, auf der er vor einigen Tagen am Abend den Gondogoro-Pass aufgemalt hat. »Da oben, am niedrigsten Punkt ist der Übergang.« Mein Blick schweift den Gletscher nach oben. Außer einer mit Schnee und Eis überzogenen Wand, welche das Tal abschließt, kann ich nichts erkennen. »Niedrigster Punkt?« Ich blicke zu Jakob. »Ja, links ist so 'ne Scharte, vielleicht da.« Er deutet mit dem Finger auf eine schwach erkennbare Delle im zackigen Bergkamm.

»Dahinten ist ein wenig Fels, ein Band, darüber Schnee. Da gehen die Seile los. Dann wird es steil.« Aufmerksam folgen wir den Ausführungen von Ishaq. Um ehrlich zu sein, erkennen wir keinen Weg. Was wir aber wohl erkennen: Das sieht nicht im Ansatz nach einer Radtour aus. »Das wird spannend. Sieht eher nach Klettern aus als nach Biken.« Auch Martin ist beeindruckt. Ich blicke mich um. Außer dunklen Gesteinsbrocken ist nicht viel zu erkennen. »Das sieht hier alles nicht nach Radweg aus«, lache ich los.

»Kara« heißt schwarz und »korum« bedeutet Geröll. »Karakorum« – schwarzes Geröll, wie passend für den Schutt, welcher das Eis bedeckt. Wie unpassend für die steilen, majestätischen Felswände, welche diese einmalige Gebirgslandschaft formen. Der britische Geograf William Moorcroft hatte diesen Namen für das Gebirge verwendet. Anfang des 19. Jahrhunderts kamen Zweifel an der Eignung auf. Genau genommen galt der Name nur einem 5575 Meter hohen Pass, welcher zwischen Ladakh und Xinjiang (früher: Sinkiang) über pechschwarze Geröllhalden führt. Ein Streit entbrannte, und es kam zu einer internationalen Karakorum-Konferenz im Jahre 1937, auf welcher diese und andere Fragen zur Region geklärt wurden. Geändert hat diese am Namen nichts, er wurde anerkannt. Einzig wurde für die genauere Unterscheidung die Hauptkette als »Großer Karakorum« bezeichnet, die Ausläufer als »Kleiner Karakorum«. »Klein« ist für uns Alpenländler ein ungeeignetes Attribut in diesem Zusammenhang. Der vor uns stehende, 7821 Meter hohe Masherbrum gehört zum Kleinen Karakorum. Auf uns wirkt er alles andere als »klein«.

Ishaq mahnt zum Aufbruch, er befürchtet Regen. Die Bikes landen wieder auf dem Rucksack. Weiter geht es. Die Schultern haben sich glücklicherweise in der Pause etwas erholt.

DER GLETSCHER LEBT

Vorsichtig balancieren wir über die Gesteinsbrocken. Ishaq lotst uns auf einen Streifen mit weißem, geröllosem Eis zu. Endlich, hier können wir die Räder schieben. Das Eis ist rau und zerfurcht. Es knirscht unter unseren Sohlen. Wo ich hinblicke, nur Fels und Eis. Eine trostlose und lebensfeindliche Umgebung. Trotzdem habe ich das Gefühl, die Landschaft lebt. Von den Wänden rauschen immer wieder Lawinen neben uns nieder und treffen mit sicherem Abstand den Gletscher. Da die Gipfel bereits in den Wolken verschwunden sind, hören wir es zuerst donnern, bevor wir die Ursache sehen. Bei einem außergewöhnlich lauten Rumpeln und Krachen rechts von uns bleiben wir stehen und suchen die Wände ab. »Da, schau!« Martin zückt die Kamera. Aus der Wolkendecke schießen Salven von Gesteinsbrocken eine Rinne hinunter. Dort, wo die Steine auf flachere Abschnitte treffen, nehmen sie weiteres Geröll mit. So wird die Steinlawine immer mächtiger. Schneewolken stauben in die

Höhe. Wir können die Dimension aus der Entfernung nur schwer einschätzen, sind uns aber sicher, dass zum Teil Brocken von der Größe eines Kleinwagens dabei sind. »Wow, wir bleiben mal lieber in der Mitte des Tales.« Nickend stimmen mir Jakob und Martin zu.

Das Schauspiel nimmt ein Ende. Die Geräuschkulisse verändert sich. Still ist es hier nie. Denn auch unter uns ist der Gletscher nicht ruhig. Das Eis ist immer in Bewegung, es knackt, knirscht und gurgelt. Wasser läuft irgendwo unter uns in Spalten und verschlingt hin und wieder Steine. Weiter oben kommen wir durch einen Wald aus Gletschertischen. Diese eindrucksvollen Formationen entstehen dadurch, dass die Sonne das Eis um einen Steinbrocken wegschmilzt, darunter aber bleibt es stehen. So entstehen Eissäulen, auf welchen große Steine liegen. Teilweise sind die Skulpturen mehrere Meter hoch und tragen Felsen von einigen Tonnen Gewicht. In der Dimension habe ich das noch nirgends gesehen. Wie Zwerge laufen wir durch einen Urwald aus Eis und Fels. Die Baumstämme sind aus Eis, die Kronen aus grauem Fels. Ganz ungefährlich ist das nicht, die Kreationen kollabieren völlig unvorhersehbar, wann immer das fragile Gleichgewicht ins Wanken gerät.

Es ist ein ewiges Auf und Ab in dieser buckeligen Welt. Es geht durch riesige Gletscherspalten, vorbei an kleinen sedimenthaltigen Seen, über loses Geröll. Die Bikes liegen längst wieder auf dem Rücken. Wie Ishaq hier mit seinen Sandalen glücklich sein kann, bleibt mir ein Rätsel. Meine Füße werden in meinen nassen Gore-Tex-Schuhen schon langsam kalt, da von unten ständig der Gletscher kühlt. Zu allem Überfluss fängt es auch noch an zu regnen. Wir packen unsere Regenjacken aus dem Tagesrucksack und ziehen sie über. Ishaq macht keine Anstalten, irgendwas an seinem Outfit zu ändern. Zielstrebig steuert er ein für uns nicht sichtbares Ziel an.

Hinter einem steilen Anstieg sehen wir ein paar kleine Steinhütten, daneben ein paar große verblichene Zelte. »Puh, jetzt reicht es aber auch für heut.« Ich schüttele die Wassertropfen von meiner

Kapuze und nehme sie ab. Es ist vierzehn Uhr, wir waren sieben Stunden unterwegs, um hier auf 4600 Metern anzukommen. Das ist immerhin fast die Höhe des Montblanc! Etwas weiter unten entdecken wir unsere gelben Zeltkuppeln. Sie wurden schon aufgebaut und stehen an einem Bachbett auf ebenem Grund. Wir bringen die Räder und unser Gepäck runter. Mittlerweile hat es aufgehört zu regnen. »Das war aber richtig too easy«, lacht Jakob.

»Das ist keine Stadt. Das ist Berg-Abenteuer!« Mahnend hebt Ishaq den Zeigefinger und muss dabei selbst lachen. Auch wir können uns trotz der Müdigkeit nicht halten vor Lachen. »Da hast du wohl recht. Wir wollten es ja so«, prustet Martin hervor.

KHUISPANG, 4600 METER

In den mörtellosen Steinhüttchen befinden sich eine Art Küche und ein winziger Aufenthaltsraum für die Camp-Betreiber. Sie verbringen die ganze Saison hier auf diesem Fleck. Die aufgestellten Hauszelte werden an Trekkinggruppen vermietet, die vom Pass heruntersteigen. Teilweise sind die maroden Unterkünfte mit Planen überspannt, da sie nicht mehr dicht sind. In einer der Behausungen wartet Ishaq auf uns. Ahmed ist auch da und begrüßt uns freudig. Ein paar Isomatten liegen am Boden, in der Mitte stehen Becher, eine Thermoskanne und ein Teller mit Keksen. »Kaffee«, freue ich mich und schenke uns heißes Wasser in die Becher mit etwas Instantpulver. Koffein erhöht die Herzfrequenz und damit die Atmung, was wiederum zu verbesserter Sauerstoffaufnahme führt. Somit hilft der Kaffee vielleicht sogar ein wenig, uns hier besser anzupassen. »Wie geht es?« Ishaq ist immer besorgt um unser Wohlbefinden.

Martin meldet sich als Erster, er hat schon seit gestern ziemlich Husten: »Der Husten wird nicht besser. Halsweh hab ich auch ein wenig. Aber das wird schon. Ich nehm später noch Medizin.«

»Ich hab Kopfweh und immer noch Durchfall. Das nervt gewaltig. Sonst okay.« Jakob kämpft tapfer gegen seine Magen-Darm-Beschwerden.

»Ich hab minimal Kopfweh, sonst ist alles gut.« Ich bin mehr als zufrieden mit meiner Verfassung.

»Sehr gut. Easy. Wir sprechen später wegen morgen.« Auch Ishaq ist zufrieden mit uns.

Um die Höhenanpassung zu verbessern, gehen wir nach dem Kaffeekränzchen noch etwas spazieren. Wir wollen noch 150 Höhenmeter weiter aufsteigen. An einem Bachbett laufen wir weglos durch die unberührte Landschaft. Die Wolken verziehen sich langsam und geben den Blick auf die umliegenden Berge frei. »Hey, wow, schaut euch das mal an!« Ich bin völlig aus dem Häuschen. Beim Blick zurück habe ich die steile Felspyramide des Laila Peak entdeckt. Ich kenne den 6096 Meter hohen Berg von Bildern. Aber in der Realität ist der Anblick nur umwerfend. »Was ist denn das für ein geiler Berg!« Jakob ist auch geflasht. Martin macht schon die ersten Bilder. »Genauso malen Kinder Berge: einfach steile Zacken«, bin ich mir sicher. Nach einer guten Stunde schlendern wir langsam zurück zu unseren Zelten und legen uns kurz hin.

Es rüttelt an meinem Zelt. Ich hatte kurz die Augen zugemacht und rekle mich aus dem Schlafsack: »Ja?« Ishaq meldet sich. »Gerhard. Die Träger sind krank, brauchen Tabletten. Kopfweh.« *Kein Wunder,* denke ich, *die sind ja hier hochgerannt wie verrückt.* Ich öffne den Reißverschluss und blicke einem besorgten Ishaq in die Augen. »Wir gehen mal hinüber«, schlage ich vor. Unter einer dicken Plane, welche über ein paar Steinmauern gespannt wurde, liegen unsere Begleiter mit anderen Pakistanern auf einem Haufen aus Decken und Schlafsäcken. Ein Gaskocher faucht in der Ecke. Sie kochen Wasser – in ihrer Behausung. Ich krieche unter die Plane. Augenblicklich bleibt mir die Luft weg. »Die sind kurz davor, eine Kohlenstoffmonoxid-Vergiftung zu bekommen.« Erschrocken weiche ich zurück. »Ihr müsst da raus. Alle! Ihr dürft nicht hier oben im Zelt kochen und nur rumliegen. Das ist gefährlich.« Ich kenne die Gefahren des Kochens in Zelten. Immer wieder ersticken Bergsteiger:innen, weil sie unvorsichtig sind. Langsam kriechen immer mehr Männer aus dem sich auflösenden Knäuel, geformt aus Decken und Menschen. Ich versuche, in Erfahrung zu bringen, was sie nach ihrer Ankunft hier oben gemacht haben. »Sie sagen, sie haben sich hingelegt, geschlafen und gekocht«, übersetzt Ishaq. »Okay, also, hört zu.« Ich versuche, ihnen klarzumachen, dass sie sich auch an Akklimatisationsregeln halten müssen. »Ihr müsst hier ein bisschen laufen zwischendurch. Auch höher hinauf als bis zum Camp. Wenn ihr nur liegt, dann fällt der Puls und ihr bekommt zu wenig Sauerstoff. Dann bekommt ihr Kopfschmerzen. Noch dazu müsst ihr vor dem Zelt kochen oder zumindest am Eingang, wo Luft hinkommt.« Aufmerksam hören sie meinen Ausführungen und der Übersetzung von Ishaq zu. »Ihr bekommt von mir erst mal keine Tabletten. Ihr braucht Sauerstoff und müsst euch an die Höhe anpassen. So wie wir auch. Und viel trinken.« Allgemeines Nicken. Die Schlafhöhenunterschiede sind in der von uns gewählten Richtung größer als in der von ihnen normalerweise begangenen. In der üblichen Richtung können sie leichter nach oben rennen und haben sicher keine Probleme. Hier müssen auch sie aufpassen, es fehlt ihnen einfach die Erfahrung. Ich mache mir Sorgen. Wenn die Träger hier ausfallen, dann kommen wir keinesfalls über den Pass.

Beim Abendessen frage ich noch mal nach dem Zustand unserer Begleiter. Es geht ihnen besser, die Kopfschmerzen sind weniger geworden. Wir besprechen das weitere Vorgehen. Der Gondogoro-Pass steht unmittelbar bevor. »Wir brauchen vielleicht sieben Stunden. Wir müssen oben sein, bevor die anderen herunterkommen, wegen Steinschlag.« Ishaq hat wieder seine Serviette mit der Zeichnung ausgelegt. Im Schein der Gaslampe sitzen wir am Boden und grübeln. »Das sind gut tausend Höhenmeter. Und wir müssen noch da ganz hinter ins Tal laufen. Ehrlich, ich glaube, wir brauchen sicher länger«, gebe ich meinen Gedanken Ausdruck. »Ja, am Kilimandscharo haben wir für eine ähnliche Etappe acht Stunden gebraucht.« Martin erinnert sich zurück an die gemeinsame Tour vor ein paar Jahren.

»Stimmt, wann sind die Leute normal oben am Pass, Ishaq?«

»Zum Sonnenaufgang. Sechs Uhr.«

Jakob rechnet am schnellsten. »Dann müssten wir um 22 Uhr losgehen.«

Peng. Das sitzt. Wir lassen die Worte wirken. 22 Uhr? Das heißt, die ganze Nacht durchlaufen. Auf der anderen Seite sind es nochmals einige Stunden bis zum sogenannten Ali Camp. Je nach den Verhältnissen könnten wir dort gegen zehn Uhr sein. Betretene Stille.

Ich sortiere meine Gedanken. »Jakob, wir machen das so, wie wir das am Kilimandscharo gemacht haben. Wir bringen die Bikes morgen gemütlich zum Beginn des Anstiegs. Dann können wir die ersten Stunden ohne das zusätzliche Gewicht laufen und akklimatisieren uns morgen noch zusätzlich.«

DIE HANS-MEYER-HÖHLE, TANSANIA 2016

Über zehn Stunden dauerte die Busfahrt von Kenia nach Tansania. Unterwegs hatten wir Danny eingesammelt. Zu unser aller Überraschung war er höchst motiviert und fühlte sich fit. Vielleicht beflügelten ihn auch die Medikamente, welche er im Krankenhaus mit auf den Weg bekommen hatte. Nach nur einem Tag Umpacken und Organisieren standen wir schon wieder am Beginn des nächsten Aufstiegs. Das Kilema Gate liegt auf 1980 Metern. Die erste Übernachtung, bei den Horombo Huts, auf 3700 Metern über dem Meer. Die Rettungsstraße, welche uns hinaufgeführt hatte, war ruppig und mit Felsbrocken gespickt. Als sie den dichten Waldgürtel verließ, welche den Kilimandscharo umgibt, wurde sie noch dazu steiler. Daheim hätten wir einfach ein bisschen stärker in die Pedale getreten. Dort oben stiegen Hans, Danny und ich lieber von den Bikes und schoben. Auf keinen Fall wollten wir uns überlasten. Nach einer weiteren Rettungsaktion hatten wir keinen Bedarf. Neun lange Stunden später erreichten wir die Kuppelzelte, welche unsere Begleitmannschaft neben den Hütten aufgebaut hatte.

Nach einem Tag der Akklimatisation, an welchem wir einen kleinen Tagesausflug zu den schwarz-weiß gestreiften »Zebra-Rocks« gemacht hatten, ging es weiter zur Kibo Hut. Die auf 4750 Metern gelegene Hütte war der Ausgangspunkt der Gipfeletappe auf der Marangu-Route. Wir erspähten die grünen Dächer von einer kleinen Anhöhe aus. Uns stockte der Atem. Das Camp liegt am Fuße des steilen Vulkankegels, welcher 1000 Höhenmeter in den Himmel wächst. Der Kibo ist der höchste der drei Vulkane, aus welchen das Kilimandscharo-Massiv besteht. Am Uhuru Peak erreicht er 5895 Meter und ist damit der höchsten Punkt auf dem afrikanischen Kontinent. Von unserem Standort aus konnten wir die ganze Distanz überblicken. Wir waren sprachlos und fragten uns, was wir wohl hier mit unseren Bikes anfangen wollen. Etwas eingeschüchtert, durchquerten wir die wüstenartige Hochebene zu unserem Camp. Unter den steilen Schotterfeldern wurde unser Respekt noch größer. Tausend Höhenmeter das Fahrrad tragen ist schon in den heimischen Alpen anstrengend. Was es auf fast 6000 Metern über dem Meer bedeutet, konnten wir uns nur schwer vorstellen. Unser Guide Richard unterbreitete uns einen Vorschlag, welcher uns etwas entspannte. Er schlug vor, die Bikes am nächsten Tag etwa den halben Hang hinauf zur Hans-Meyer-Höhle zu tragen, dort ein Depot zu machen und erst am Gipfeltag die Räder von dort mit auf den Kraterrand zu nehmen.

Der deutsche Geograf, Forschungsreisende und Kolonialpolitiker Hans Heinrich Josef Meyer war einer der Erstbesteiger des Uhuru Peaks. Am 6. Oktober 1889 erreichte er gemeinsam mit Ludwig Purtscheller den höchsten Punkt auf afrikanischem Boden. Sie tauften ihn zu Ehren des damaligen deutschen Kaisers »Kaiser-Wilhelm-Spitze«. Ostafrika war damals eine deutsche Kolonie, und so hatte Deutschland einen neuen höchsten Berg, den Kilimandscharo. Die damals angegebene Höhe von 6010 Metern hat sich teilweise bis in die 1970er Jahre gehalten. Im Jahr der Unabhängigkeitserklärung Tansanias, 1962, wurde der Gipfel schließlich umbenannt in »Freiheitsgipfel« – Uhuru Peak.

Bevor wir die Freiheit am Dach von Afrika spüren konnten, hatten wir aber noch einen monströsen Aufstieg vor uns. Am nächsten Morgen schoben wir unter den Augen zahlreicher ungläubiger Gipfelaspirant:innen unsere Mountainbikes aus dem Camp in Richtung Kraterrand. Im losen Gestein trotteten wir manchmal zwei Schritte nach oben, nur um anschließend wieder einen zurückzurutschen. Meter um Meter schoben, drückten und zerrten wir die Zweiräder bis zum Unterstand auf etwa 5200 Metern. Dort genossen wir noch die Aussicht auf die dunklen Hänge des gegenüberliegenden Mawenzi Peak, des zweithöchsten Vulkans im Massiv. Am Abend gab es früh Essen, und wir verschwanden bereits nach neunzehn Uhr in unseren Zelten, um noch etwas Erholung zu finden. Um ein Uhr nachts klingelte der Wecker. Am Abend zuvor hatten wir viele Szenarien durchgespielt und die Taktik besprochen. Was wir nicht einkalkuliert hatten, war diese vor unseren Füßen ausgebreitete Überraschung: Es hatte über Nacht geschneit. Nach einer kurzen Diskussion beschlossen wir dennoch, den Gipfel in Angriff zu nehmen. Wir waren froh, die ersten Höhenmeter ohne die zusätzliche Last der Räder auf dem Rücken zurücklegen zu können. Das eh schon geringe Tempo verlangsamte sich weiter, als wir die Vehikel auf die Rucksäcke legten. Keuchend ging es durch die Nacht. Wir waren überrascht, wie gut Danny die Belastung wegsteckte. Einer der grandiosesten Sonnenaufgänge, die ich je sehen durfte, verzauberte uns kurz vor dem Gilman's Point, dem Kraterrand. Zwischen den Wolkenschichten strahlte die Sonne hinter dem Mawenzi auf den schneebedeckten Vulkankegel und färbte die Oberfläche rosa. Mit jeder Minute wurden die Farben intensiver und heller. Es war genau der

Motivationsschub, den wir im nicht enden wollenden Geröll gebraucht hatten. Wie eine lange Schlange zog sich hinter uns die Aufstiegsspur als dunkler Pfad durch den rötlichen Schnee in sanften Kurven nach oben. Am Kraterrand waren wir uns das erste Mal sicher, dass wir den Gipfel wirklich erreichen konnten. Der Weg führte jetzt flacher weiter nach oben. Rechts unter uns das Innere des Kibo, der Reusch-Krater. Darin mächtige Wände aus Eis. Die letzten Überreste der ehemaligen Eiskuppe, die den ganzen Berg bedeckt hatte. Die letzten Meter zum Gipfel konnten wir als grandioses Finale sogar fahrend zurücklegen. Und dann standen wir auf einem der Seven Summits, auf dem Dach Afrikas, mit unseren Bikes und der gesamten Mannschaft. Nach unserer kräftezehrenden Akklimatisationstour am Mount Kenya hätte keiner geglaubt, dass wir alle hier oben ankommen würden. Die Taktik, die Bikes vorbereitend höher abzulegen, war in meinen Augen ein Schlüssel für den Erfolg gewesen.

Die anschließende Abfahrt über den Wolken am Kraterrand entlang und hinunter über die endlosen Schotterhänge war sicher ein Highlight für jeden von uns. In der nächsten Nacht schneite es noch mehr. Dannys Zelt krachte unter den Schneemassen zusammen und musste neu aufgebaut werden. Wir waren mehr als froh, unsere Gipfeletappe nicht auf den nächsten Morgen verschoben zu haben. Denn da hätten wir wohl keine Chance gehabt, den Freiheitsgipfel zu erreichen. Von den eisigen Höhen fuhren wir nach dem Frühstück hinunter bis in den Regenwald, wo Palmen Schatten spendeten, Kaffee angebaut wurde und die Affen schrien. Mehr Abwechslung an einem Tag Mountainbiken ist wohl nirgends möglich.

MIT WOLLSOCKEN AM GLETSCHER

»Hey, wie geht's?« Martin sitzt schon im großen Zelt, als ich eintrete. »Passt, wie gestern. Ich komme ein Stück mit, aber nicht ganz.«

Jakob kommt verschlafen ins Zelt.

»Morgähn.«

»Wie geht's dir?«, erkundige ich mich.

»Kopfschmerz is' besser. Magen wie immer.«

»Dann passt ja alles«, lacht Martin.

Ishaq kommt auch herein. Er sieht schon richtig wach aus. »Wie lange bist du schon wach?«, möchte Martin wissen.

»Seit sechs Uhr. Beten. Ich bete jeden Morgen. Und Abend. Auch für uns. Inshallah, wird alles gutgehen.«

Das Wetter ist bestens, die grauen Wolken von gestern haben sich fast gänzlich verzogen. Der Ausblick auf den Laila Peak begeistert mich auch heute. In der Sonne sieht er noch surrealer aus. Taleinwärts stehen die Felswände in alle Richtungen strahlend weiß vor uns. Gestern und heute Nacht hat es weiter oben heftig geschneit. Jetzt ist es warm. Sehr warm. Nach dem Frühstück laufen wir zu dritt los. Schschsch – die Dampflok ist wieder unterwegs. Es geht merklich schwerer voran als die letzten Tage. Noch können wir die Bikes auf einem schmalen Pfad durch struppiges Gras schieben. Kleine gelbe Blüten sprenkeln die Wiesen. Rechts von uns donnern riesige Lawinen die Hängegletscher hinunter, welche an bis zu 6700 Meter hohen Bergen kleben. Die warme Luft bringt den Schnee zum Schmelzen und räumt die Berge leer. Ein paar Träger kommen uns entgegen. Sie sehen mitgenommen und durchnässt aus. Der Pfad verliert sich kurz darauf in den Steinen der Moräne, auf welche wir hinaufgestiegen sind. Martin möchte nicht mehr weiter. Wir verabschieden uns. Jakob und ich schleppen und schieben unsere Bikes mühsam weiter. Rechts von uns weißes Eis. Links ein türkisblauer Gletschersee. Ein Balti überholt uns im Laufschritt. Er geht mit Tee der Kundschaft entgegen, welche heute über den Pass gekommen ist. Er erkundigt sich, ob wir sie schon getroffen haben. Nein, außer ein paar Trägern haben wir niemanden gesehen.

Das Tal schließt sich immer weiter. Wir bekommen eine Vorstellung, wo der Pass sein könnte. »Puh, des sieht echt übel aus.« In einer der unzähligen Verschnaufpausen versuche ich, die Spuren im Hang zu verfolgen. Der Trampelpfad geht schräg über eine große Geröllhalde. Dann folgen ein paar Zickzackkehren. Daraufhin verlieren sich die Spuren in felsigem Gelände. »Ich glaube, wir werden noch froh sein über die Fixseile.«

»Jakob an Martin, Jakob an Martin.« Das Funkgerät knackt.

»Martin hört.«

»Wir sind auf etwa 5000 Metern. Die Luft ist endlich so dünn wie mein Stuhlgang. Sonst auch alles in Ordnung. Radlager in etwa einer Stunde erreicht.«

»Okay. Hier auch alles bestens. Dann meldet euch in neunzig Minuten wieder.«

»Okay, Ende.«

Zu vereinbarten Zeiten melden wir uns bei Martin im Lager über Funk, um zu versichern, dass es uns gutgeht.

Langsam trotten uns zwei Bergsteiger entgegen. Wir grüßen sie. Außer einem schwachen »Hey« bekommen sie nichts raus. Sie sehen müde und abgekämpft aus. Auch uns brennen die Muskeln. Wir sind auf etwa 5000 Metern, wo es kurz richtig steil wird. Im Schneckentempo kriechen wir auf eine Anhöhe. Zwei Schritte – atmen – wieder zwei Schritte – atmen. Die Fahrräder werden zunehmend störrischer, je höher wir kommen. Oder kommt es uns nur so vor? Oben angekommen, finden wir eine niedrig aufgeschichtete Steinmauer. Ideal, dahinter können wir die Bikes verstecken. »Klauen tut die hier aber sicher keiner.« Jakob lacht und japst nach Luft. Wir machen eine Rast, blicken über die großartige Landschaft und packen unsere Micky-Maus-Brotzeitboxen aus. Heute gibt es Ei und Chapati mit Aussicht auf den Laila Peak.

Ein Bergsteiger schleppt sich vorbei. Mit ihm kommt eine kurze Unterhaltung zustande. Wie wir erfahren, hat es vierzig Zentimeter Neuschnee am Pass. Erst spät entdeckt er die Bikes. »Was ist das? Wo wollt ihr hin?« »Über den Pass.« Kopfschütteln. Kein

Kommentar dazu von ihm. Er verabschiedet sich und wünscht uns viel Glück. Ein Weilchen später steigen auch wir wieder langsam hinunter. Beim Gedanken, dass wir bereits in wenigen Stunden wieder hierher aufbrechen wollen und anschließend die ganze Nacht unterwegs sein sollen, steigen Zweifel in mir auf. Ich versuche, so kraftsparend und entspannt wie möglich zu laufen, um zu sehen, ob ich mir das nur im Kopf schwer mache oder ob ich wirklich erschöpft bin. Leider muss ich mir eingestehen: Ich bin wirklich ausgepowert.

Kurz vor dem Camp machen wir hinter einem großen Stein eine seltsame Entdeckung: Ein kleiner Haufen Textilien liegt im Windschatten. Bei genauerem Hinsehen entpuppen sich die teilweise bereits verrotteten Fasern als Socken. Schulterzuckend gehen wir weiter. Wir wollen Ishaq später befragen, was es damit auf sich hat.

»Hey, wie geht es?« Ishaq hat uns entdeckt und kommt uns ein Stück entgegen.

»Puh, wir sind echt müde. Die Bikes liegen auf 5000 Metern. Das ist gut.« Jakob greift nach der Thermoskanne, um sich einen Kaffee einzuschenken. »Ishaq, da oben liegen Socken. Was machen die da?«

»Das sind pakistanische Steigeisen! Die Träger haben schlechte Schuhe, keine Steigeisen. Damit sie nicht rutschen auf dem Eis am Pass, ziehen sie dicke Wollsocken über die Schuhe.«

»Nicht wahr?«

Auch Martin ist gekommen und lacht mit uns. »Was für ’ne Geschichte, unglaublich. Wie geht es euch?«

»Ehrlich, ich kann mir nicht vorstellen, in fünf Stunden zu einer ultralangen Etappe aufzubrechen. Ich bin ziemlich fertig.« Ich blicke auf die Uhr. Jakob geht es gleich. Wir gehen unsere Möglichkeiten durch. Der heutige Tag war eigentlich als Ruhetag geplant. Unsere kleine Wanderung mit den Bikes auf 5000 Meter war allerdings alles andere als ein Ruhetag. Wenn wir aber überhaupt eine Chance haben wollen über den Pass, dann müssen wir ausgeruht sein. Eine weitere Nacht hierzubleiben, um uns zu erholen, bedeutet zwar, dass wir irgendwann einen Tag einsparen müssen. Trotzdem sind wir uns sicher, dass dies unsere einzige Chance ist. Wir unterbreiten Ishaq unseren Vorschlag und bitten ihn, die Träger zu fragen. Die sind nicht begeistert. Ihnen ist langweilig hier im Camp. Unser Koch kontrolliert die Vorräte, da diese knapp kalkuliert sind. Nach etlichen Tassen Tee und Kaffee sind wir uns aber einig, hier noch eine Nacht zu verbringen.

Am nächsten Morgen geht mein erster Blick in Richtung Gondogoro La. Wieder Neuschnee. Ishaq ist schon lange wach und hat erfahren, dass es heute Nacht oben ein Gewitter und heftigen Schneesturm gegeben hat. Wir sind mehr als froh über unsere Entscheidung. In den nächsten Stunden treffen vereinzelte Bergsteiger ein, die zu zwei Gruppen gehören. Alle berichten das Gleiche und sind erleichtert, dem Chaos dort oben entgangen zu sein. *Manchmal muss man einfach Glück haben.*

Weniger Glück hatte Martin. Gestern ist seine Drohne abgestürzt. Dabei sind zwei Propeller zerbrochen. Die Aufnahmen aus der Luft sind großartig, gerade in dieser Landschaft. Da er aber keine Ersatzteile dabeihat, fällt diese Option wohl leider für den Rest der Tour aus. Schade, aber es gibt Schlimmeres.

Nach dem Mittagessen trauen wir unseren Ohren nicht. Ein Surren ertönt über dem Lager. »Des ist doch 'ne Drohne, oder?« Martin blickt nervös aus dem Zelt. Tatsächlich fliegt dort so ein Gerät. Sofort ist er unterwegs und macht sich auf die Suche nach den Piloten. Zwei Pakistaner, welche sich auch heute Nacht über den Gondogoro La gequält haben, machen Aufnahmen vom Camp. Nach kurzer Unterhaltung und nachdem sie ihre Fotos und Videos fertig haben, passiert das Unglaubliche. Da sie dasselbe Modell haben, entscheiden sie sich kurzerhand, Martin ihre Propeller abzutreten. Sie seien am Ende ihres Trips, hätten schon genügend

Aufnahmen und bräuchten sie nicht mehr dringend, begründen sie ihre Entscheidung. Außerdem müssten wir unseren Freunden zu Hause zeigen, wie schön Pakistan ist, und dafür bräuchten wir schließlich gute Fotos und Videos.

»Das gibt es doch gar nicht, oder? Wie viel Glück kann man haben?« Martin ist begeistert. »Die Geschichte wird uns noch lange begleiten. Das passiert dir in Deutschland wohl auch kaum.«

So langsam bin ich mir sicher, dass es genau die richtige Entscheidung war, heute noch hierzubleiben.

MOUNTAINBIKEN MIT STEIGKLEMMEN

Am Nachmittag packen wir unsere Rucksäcke, checken unsere Steigeisen, bereiten die Klettergurte mit den Bandschlingen und Steigklemmen vor. »Klassische Ausrüstung für eine Mountainbiketour«, lacht Jakob. Ich bin froh, dass Jakob für jeden Blödsinn zu haben ist. Ich habe noch nie erlebt, dass er seinen Humor verliert. Diese Eigenschaft schätze ich sehr an ihm. Gleiches gilt auch für Martin. Er passt gerade seine Steigeisen an, die er zum ersten Mal auf unserer gemeinsamen Tour in Chile gebraucht hat. »Ich brauch die Dinger nur auf Biketouren mit dir«, ruft er in meine Richtung. Großes Gelächter. Bisher harmonieren wir im Team bestens. Das ist durchaus keine Selbstverständlichkeit. Dessen bin ich mir sehr wohl bewusst. In extremen Situationen, wenn es einem schlechtgeht oder wenn man aus seiner Komfortzone rauskommt, dann kann man sich nicht mehr verstecken. All die Rollen, die man zu Hause vielleicht einnimmt, um kurzzeitig mit anderen auszukommen, die fallen auf solchen Touren weg. Wir können uns nicht aus dem Weg gehen oder auf die Escape-Taste drücken, um der Situation zu entfliehen, wie in einem Videospiel, wenn uns was nicht passt oder wir keine Lust mehr haben. Wir haben uns dazu entschieden, das gemeinsam durchzuziehen, und für diese Entscheidung müssen wir nun Verantwortung übernehmen. Jetzt gibt es kein Zurück mehr. Ich bin ehrlich froh, mit Martin und Jakob hier zu sein. Das wird mir einmal mehr klar, als wir lachend vor unseren Zelten knien und Ausrüstung sortieren.

Wir gehen nochmals die Funktion der Steigklemmen durch. Da ich der Einzige bin, der sie schon öfter benutzt hat, darf ich die Einweisung machen. »Legt den Sicherungskarabiner ein, sonst bringt das Ding gar nichts. Dann können wir die Steigklemmen auch gleich weglassen. Und lieber zu früh als zu spät einhängen. Beim ersten Gedanken daran sollten wir handeln. Es ist immer das Gleiche: Man geht weiter, bis es nicht mehr vor- oder zurückgeht, und dann muss man noch den Gurt anlegen in irgendeiner Wackelposition.« Wie oft habe ich das schon bei Zustiegen zu alpinen Klettertouren erlebt. Man denkt immer: »Es geht noch ohne Seil«, bis man dann in einer völlig ausweglosen, gefährlichen Situation anfängt, mit dem Material herumzuhantieren. Den Fehler wollen wir heute Nacht nicht machen. Wir geben uns auch das Wort, aufeinander aufzupassen, uns Bescheid zu geben, falls einer von uns Dummheiten macht. In der Höhe funktioniert unser Gehirn manchmal nicht so, wie es sollte, und man macht Dinge, ohne dass man sich dessen bewusst ist. Daher ist es gut, wenn die Kameraden ein Auge aufeinander haben.

Ich wasche am Bach noch ein paar der wenigen Bekleidungsstücke, die ich dabeihabe, und hänge sie zum Trocknen vors Zelt. Auf einem kleinen Streifzug durch das Lager besuche ich unsere Träger. Großes Hallo. Mit Händen und Füßen verständigen wir uns. Es geht ihnen wohl besser, was nicht zuletzt am großen Gelächter auszumachen ist. Eine kleine Steinbaracke zieht meine Aufmerksamkeit auf sich. Auf dem Wellblechdach thront ein Schädel mit riesigen Hörnern. Den kapitalen Steinbock haben sie sicher mal erlegt. Auf einem kniehohen Tisch stehen kleine Blumensträuße in alten Gläsern. Dazwischen glitzern Kristalle in der Mittagssonne.

Die Szenerie strahlt eine heimelige Atmosphäre aus. Das ist sicher auch nötig, wenn man hier oben einige Wochen im Jahr verbringt, wie die Betreiber des Camps. Ich klopfe an die Tür. »Hello Sir, komm rein«, tönt es dumpf aus dem Inneren. Vorsichtig trete ich in das Dunkel. Drin sitzen Ahmed und sein Helfer in der Hocke am Boden und grinsen bis zu den Ohren, als sie mich sehen. »Ihr seid schon wieder fleißig«, rufe ich ihnen begeistert entgegen.

»Mittagessen. Heute Abend wird es lang. Viel essen. Wichtig.«

Da kann ich nur zustimmen.

Der Besuch einer Schule ist in Baltistan bei weitem nicht allen Kindern möglich. Viele der Dörfer sind an entlegenen Orten, und der Schulweg ist zu weit. Auch können die Familien es sich oft nur leisten, einen Teil der Kinder in die Schule zu schicken. Doch auch in unserer Gruppe werden die Auswirkungen von Bildung in der Hierarchie direkt erfahrbar. Wer, wie unser Koch Ahmed, ein bisschen Englisch kann, hat die Möglichkeit aufzusteigen. Ein Koch verdient mehr als ein Träger. Als Hilfsguide, die nächste Stufe, muss man mit den Tourist:innen noch besser kommunizieren können. Als Guide schließlich, mit dem besten Gehalt bei Trekkinggruppen, geht es ohne ausländische Sprachkenntnisse nicht mehr. Doch auch noch innerhalb der Gruppe der Träger stellen wir eine Rangfolge fest, auch wenn wir nicht klar ausmachen können, woher sich diese ergibt. Dazu sind die Sprachbarrieren doch zu groß.

Martin und Jakob haben sich ins Zelt zurückgezogen. Jeder versucht wohl, sich innerlich auf die folgenden Stunden vorzubereiten. Ich liege noch auf meiner Matte vor dem Zelt und beobachte die Hänge um unser Lager. Der Schnee ist merklich weniger geworden über den Tag hinweg. Den ganzen Tag schon entledigen sich die Wände rechts von uns mit donnernden Lawinen ihrer Schneelast. Die Luft ist klar und warm. Für mich sieht der Himmel nicht so aus, als ob es zu einem weiteren Schneesturm kommen würde. Aber ehrlich, was weiß ich denn schon, wie sich das Wetter im Karakorum entwickelt? Trotzdem habe ich ein gutes Gefühl. Die äußeren Umstände sind schon mal vielversprechend. Uns geht es erstaunlich gut in der Höhe hier. Jakob hat noch etwas Durchfall, aber ist voll motiviert, und es scheint ihn nicht groß zu beeinträchtigen. *Der ist echt zäh.* Martin macht mir auch einen fitten Eindruck. Ich kann ihn dank der vielen gemeinsamen Touren relativ gut einschätzen. Bilde ich mir zumindest ein. Unsere Ausrüstung sollte auch passen, wir haben alles dabei, was wir brauchen könnten. Zugegeben, wahrscheinlich eher sogar zu viel. Zumindest, wenn ich mir immer wieder vor Augen führe, mit wie wenig Ausrüstung unsere pakistanischen Begleiter unterwegs sind. Ishaq kennt den Weg und findet ihn auch in stockdunkler Nacht. Für mich mit das Wichtigste: Das Team harmoniert und funktioniert. Die Gedanken machen mich ruhig und lassen mich, soweit möglich, gelassen auf den Abend blicken. Entspannt döse ich ein.

DIE SPANNUNG STEIGT

Die Sonne verschwindet hinter den 6000 Meter hohen Bergen. Im Tausch kommt die Kälte zurück. Mich fröstelt, und ich gehe ins Zelt. Meine dicke PrimaLoft-Jacke liegt neben dem anderen Equipment griffbereit. Nebenan im Zelt tut sich auch was. Jakob zieht den Reißverschluss auf.

»Alles fit, Jakob?«, erkundige ich mich.

»Bin ich froh, dass wir heute hier waren. Mir geht es besser. Ich bin voll motiviert.«

»Daran hab ich nie gezweifelt!« Ich muss lachen.

»Ishaq ist am Funk, ich geh mal rüber.«

Das hört sich spannend an, also raus aus dem Zelt. Die Kälte legt sich mit dem schwindenden Licht wie eine Decke über das Lager. Die ganze Mannschaft hat sich versammelt. Wir lehnen an einem großen Stein. Ishaq funkt mit dem Rescue-Team am Pass.

Oben am Pass gibt es ein Zelt, welches die ganze Saison abwechselnd besetzt ist, für Notfälle. Immer wieder kommt es vor, dass Träger oder auch Tourist:innen ausrutschen, Steine abbekommen oder einfach mit Erschöpfung zu kämpfen haben. Dann eilt das Rescue-Team zu Hilfe.

Kurz wendet er sich an uns: »Zehn Uhr Start heute Abend? Es kommen zwei große Gruppen von der anderen Seite. Viele Träger. Viel Verkehr. An den Seilen kein Ausweichen. Sie oder wir.«

Wir schauen uns an, rechnen noch schnell nach. Kurz entschlossen mache ich den Vorschlag, bereits um 21 Uhr zu starten. »Das gibt uns 'ne Stunde mehr Sicherheit. Pennen wird eh keiner mehr davor. Für den Abmarsch ist es völlig egal. Am Pass oben könnte es uns vielleicht helfen.«

Keine Diskussion, Martin und Jakob stimmen zu. Ishaq ist erfreut über unsere Idee. »Sehr gut. Besser.« Er gibt es per Funk weiter. Auch mit den Trägern stimmen wir uns alle ab, fragen nach, ob es allen gutgeht. Daumen nach oben, breites Grinsen. Auch sie scheinen motiviert. Der Himmel hat sich in der Zwischenzeit in ein dunkles Azurblau gefärbt. Leicht funkeln die ersten Sterne. Die Hängegletscher leuchten noch weiß vom Restlicht. Leichter Wind, keine Wolken. *Perfekt.*

»Ishaq, was meinst du, wie wird das über den Pass so werden?« Jakob erwartet das sonst übliche »Too easy«. Erstaunlicherweise folgt heute eine andere Antwort.

»Ja, vielleicht ein bisschen hart. Aber möglich. Inshallah.«

Verdutzt schauen wir uns an.

»Okay, es wird richtig hart.« Martin bringt das auf den Punkt, was sich wohl jeder von uns gedacht hat.

Ein lautes »Dinner« lässt uns zu unserem Hauszelt aufbrechen. Die Gaslampe leuchtet, Suppe und Popcorn stehen bereit. Im Schneidersitz löffeln wir genüsslich die wärmende Brühe. Auch die Kartoffeln und das Gemüse lassen wir uns schmecken. Dazu Kaffee.

Zu Hause habe ich oft Bedenken, dass ich nicht einschlafen kann, wenn ich abends noch Kaffee trinke. Hier hoffe ich, dass ich wach bleibe. Die dicken Wanderschuhe und die schweren Rucksäcke liegen mit uns im Zelt. Während wir eine Tasse nach der anderen schlürfen, fängt Ishaq an zu beten. Das Spätabendgebet muss vorverlegt werden. Fünfmal am Tag betet er, wenn er daheim ist, hat er uns erklärt: morgens, mittags, nachmittags, abends und spätabends. Unterwegs muss er sich ein wenig anpassen. Dazu folgt er einem vorgegebenen Bewegungsablauf: Erst steht er, dann beugt er sich vor, dann wirft er sich nieder auf den Boden. Völlig ungeniert verrichtet er seine Pflicht auf einer dünnen Isomatte im Zelt. Nach knapp zehn Minuten hat er sein Ritual beendet und schaut auf die Uhr. »Bereit? Gleich neun Uhr.«

Für die Anhänger des Sufismus, die Sufi, gehört eine asketische Lebensweise genauso zum Alltag wie die regelmäßigen Gebete. Der Sufismus, an den auch Ishaq glaubt, wird oft als die friedliche und tolerante Auslegung des Islams bezeichnet, welche auch eine spirituelle Dimension beinhaltet. Das oberste Ziel der Sufis ist es, Gott so nahe wie möglich zu kommen. Dafür braucht es, wie Ishaq uns erzählt, eine gute innere Ausrichtung, positive Gedanken und eben: Gebete. Wenn das vorhanden ist, dann hilft einem Gott bei allen Vorhaben, sonst legt er unüberwindbare Hindernisse in den Weg. Da Ishaq uns, wie er immer wieder beteuert, als »gute« und »positiv gestimmte« Zeitgenossen wahrnimmt, wird Gott uns helfen und die Tour ein voller Erfolg werden. – Inshallah.

AUF GEHT'S

Jakobs Rucksack baumelt an der Federwaage, welche ich mit beiden Händen halten muss. Es ist stockdunkel geworden. Unsere Stirnlampen beleuchten die Anzeige.

»Neun Kilo. Plus vierzehn Kilo Rad macht 23«, stelle ich fest.

»Perfekt, um ihn auf 5000 Meter hochzutragen«, lacht Jakob.

»Auf 5600!«

»Stimmung!« High Five, wir klatschen ab.

Unsere Träger schnappen sich ihre Lasten. Wir verabschieden uns von jedem, und ich bitte Ishaq, ihnen noch zu sagen, dass sie vorsichtig sein sollen. Sie werden ihr Tempo laufen, und wir werden sie die ganze Nacht nicht mehr treffen. Das ist sicher. Martin nimmt seinen Rucksack und seine Kameras. Ishaq hat einen kleinen Rucksack, wie immer. Martin bittet mich, vornweg zu laufen und das Tempo zu bestimmen. Er weiß, dass er eher zu schnell unterwegs ist. An Ishaq müssen wir uns nicht halten, der ist auch viel schneller. Jakob ist auch einverstanden.

Tatsächlich kann ich lange einen völlig entspannten, eintönigen Rhythmus laufen. Das habe ich wohl dank unzähliger Stunden in großen Höhen verinnerlicht. Ich habe mich auch schon gefragt, ob ich vielleicht genau deshalb gerne in großen Höhen unterwegs bin. Weil man einfach so herrlich langsam unterwegs sein muss. Zu Hause fühle ich mich in Gruppen oft gehetzt. Gerade bei Radausfahrten unter Männern kommt es oft zu einem kompetitiven Verhalten, welches ich selten schätze. Wahrscheinlich, weil ich einfach zu langsam bin. In der Akklimatisationsphase in der Höhe kommt es gar nicht erst dazu, weil eh jeder langsam unterwegs sein muss.

So auch jetzt. Langsam setze ich einen Fuß vor den anderen. Nach kurzem Einlaufen ist die Atmung auf die Schritte synchronisiert. Mit einem lauten »Schschsch« atme ich aus. Der Blick ist auf den holprigen Weg gerichtet, welcher im schmalen Schein der Stirnlampe Meter für Meter vor mir auftaucht und hinter mir wieder im Dunkel verschwindet. Durch das stark reduzierte Sichtfeld im Dunkeln ist die einschüchternde Weite und Höhe des vor uns liegenden Weges nicht mehr wahrnehmbar. Ein Segen des Unterwegsseins in der Nacht. Es herrscht fast völlige Windstille. Noch ist es nicht so kalt wie erwartet. Der Himmel ist übersät mit Millionen von Sternen. An manchen Orten sind es ganze Sternenwolken, so dicht stehen sie beieinander. Unsere Höhe ist neben der geringen Luft- und Lichtverschmutzung der Grund für dieses wahrlich einmalige Firmament. Ich muss mich immer wieder zwingen, den Weg zu fokussieren. Am liebsten würde ich nur in den Himmel starren.

Neben dem Knirschen und Knarzen der Steine unter unseren Füßen höre ich ein wenig Wasser plätschern oder eine Lawine in der Ferne. Zwischendurch knackt und knirscht es: die Melodie des Gletschers. Lediglich unsere lautstarke Atmung stört die Sinfonie. Der Weg windet sich auf die mit großen Felsbrocken übersäte Gletschermoräne. Martin und Jakob legen ihre Ohrstöpsel zur Motivation ein. Mir ist die Kraft, welche in der richtigen Musik steckt und wie sie einen pushen kann, durchaus bewusst. Aber lenkt sie nicht auch vom Jetzt und Hier ab? Verfälscht sie nicht die Eindrücke und Erlebnisse? Oder verstärkt sie diese eher? Letztlich muss das jeder für sich entscheiden. Ich für meinen Teil möchte die großartige Landschaft um mich, auch wenn ich sie visuell nur schemenhaft oder im Schein meiner Lampe wahrnehmen kann, mit allen Sinnen erfahren. Auch mit meinen Ohren: Wie klingen die Lawinen? Welche Geräusche machen die Steine unter meinen Sohlen? Verändert sich mein Atem oder der meiner Begleiter? Säuselt der Wind, oder wird er kräftiger? Wie hört sich die Stille im Karakorum an? Wie klingt der Gletscher? Im Alltag befinden wir uns oft in einem Zustand ständiger Ablenkung, nicht zuletzt durch die ständige Präsenz unserer digitalen Errungenschaften. Jetzt genieße ich es dafür umso mehr, nur auf das Gehen und die Atmung konzentriert, den Moment in all seiner Fülle wahrzunehmen. Ohne Ablenkung.

An einer kleinen, sehr steilen Geländekante erkennen Jakob und ich, dass wir kurz vor der Stelle sein müssen, an welcher wir unsere Bikes deponiert haben. Schon blitzen sie im Schein der Lampen am Wegesrand auf. Der Wind pfeift hier oben merklich. Wir kramen unsere vorbereiteten Seilstücke aus den Rucksäcken. Da wir die

Bikes die nächsten Stunden sicher verstaut wissen wollen, nehmen wir die Laufräder heraus und binden Rahmen und Räder auf den Rucksäcken fest. Zwei-, dreimal testet jeder von uns seine Beladung, bevor wir sie als tauglich befinden.

Ich rüttle an meinem Rucksack. »Der gemütliche Teil ist vorbei.«

»Jetzt schleppen wir mehr Gewicht als unsere Träger. Apropos, schau, dort oben sind kleine helle Punkte in der Wand.« Jakob deutet auf zwei schwach zuckende Lichter weit über uns. »Das sind sicher die Jungs. Die sind schon bald oben.«

Wir genehmigen uns noch einen Schluck aus der Thermoskanne. Die folgenden Schritte werden noch langsamer. Der Untergrund erfordert volle Aufmerksamkeit. Zwischendurch überqueren wir große Schneefelder, die glücklicherweise gefroren sind. Das grelle Licht der Reflexion schmerzt beinahe in den Augen. Rundherum ist es stockdunkel. »Schschsch«, der Atem geht schwer und bildet Wolken im Licht der Lampe. Das Gewicht drückt auf die Schultern und den Rücken. Unsere Trekkingstöcke helfen uns, im Gleichgewicht zu bleiben. *Wie lange wir wohl schon unterwegs sind?* Keine Ahnung. Das Gefühl für die Zeit ist völlig abhandengekommen. Spielt letztlich auch keine Rolle. Wir müssen auf den Pass. Egal wie lange es dauert. Es endet erst, wenn wir oben sind. Keine Minute früher.

Ishaq ist oft weit voraus, dann sehe ich nur ein kleines Lichtwürmchen bergauf tänzeln. Es wird zusehends steiler, der Weg ist in den Schotterfeldern oft nur daran zu erkennen, dass die Steine an manchen Stellen flacher liegen. Stück für Stück, Schritt für Schritt mühen wir uns nach oben. Wieder ein Schneefeld. Dieses ist so steil, dass sich Stufen darin gebildet haben von den vielen Menschen. Ich halte kurz an. Martin kommt schwer atmend auf mich zu.

»Wie geht es dir?«

»Passt. Selbst?«, erkundigt er sich.

»Erstaunlich gut. Aber echt anstrengend. Schau mal, wo Ishaq ist.« Wir müssen den Kopf in den Nacken legen, um das kleine Leuchten über uns zu erkennen. Auch Jakob schließt auf.

»Läuft, oder?«

»Ja, hier auch. Jetzt wird's steil. Ich glaub, ich leg die Steigeisen an. Und auch den Gurt. Wenn ich ihn dann brauche, ist es zu spät zum Anziehen.«

Jakob beschließt für sich, erst mal so weiterzugehen. Martin nimmt sich auch die Zeit, seine Ausrüstung anzulegen. Das Ablegen und Aufziehen des Rucksacks mit dem sperrigen Rad darauf ist richtig mühsam. Martin hilft mir. Kurz blicke ich nach oben zum grandiosen Firmament. Also los, weiterstapfen. Treppen steigen im Schnee auf über 5000 Metern mit 23 Kilogramm auf dem Rücken. Was für ein Spaß. Der Gedanke an Sinn oder Unsinn kommt gar nicht auf. Der würde jetzt auch nicht helfen. Das erste Seilgeländer startet. In der rechten Hand halte ich beide Stöcke, links greife ich in das Fixseil. Die Stufen sind unregelmäßig und teilweise sehr hoch. Sie sind beim Absteigen entstanden und zum Bergaufgehen nicht ideal. Zwischendurch ragen Felsbrocken aus der Schneedecke, über welche ich mich mühsam am Seil drüberwuchte. Ich lege den Kopf zurück. Jakob hantiert über mir an seiner Ausrüstung. Auch er legt nun seinen Gurt und die Steigeisen an. Kurz darauf hängen wir dankend auch die Steigklemmen ins Seil. Ich möchte gar nicht sehen, wie steil es hinter und neben uns in den Abgrund geht. Einmal mehr bin ich froh über die Dunkelheit. Es wird immer steiler. Stufen über Stufen. Praktisch lotrecht ziehen die Seile mittlerweile nach oben. Eine Stufe nach oben steigen – Steigklemme nachschieben – zweiter Fuß auf die gleiche Stufe – atmen, »schschsch«. Und wieder. Endlos.

»Was meinst', wie hoch wir sind?« Wir kauern eng beieinander in der Wand und haben die Rucksäcke kurz abgelegt. Wir brauchen eine Pause. Die erste seit Stunden. Beim Ablegen mussten uns Ishaq und Martin helfen, so unhandlich sind unsere Gepäckstücke.

Ich atme schwer. »Keine Ahnung, Jakob. Aber es ist auf alle Fälle der härteste Shit, den ich seit langem mal wieder gemacht habe.« Ich muss gähnen. Trotz der ständigen Anstrengung kommt die Müdigkeit. Martin macht ein paar Aufnahmen. Ich versuche, meine Minikamera am Helm anzuschalten, um die Situation festzuhalten. Wir gönnen uns einen Riegel und etwas Tee. Die Müdigkeit und die Kälte, welche sofort unter unsere dicken Jacken kriecht, wenn wir uns nicht bewegen, lassen mich zittern. Martin schaut auf die Uhr, es ist drei Uhr morgens.

»Fertig? Gehen wir?« Ishaq will weiter. Wie gerne würde ich hier liegen bleiben. Einfach einschlafen. Der Schinderei ein augenblickliches Ende bereiten. Hilft aber nichts. Auf geht's. Ich helfe Jakob in den Rucksack. Sein Pedal verhängt sich in den Fixseilen. Er taumelt. Ich bekomme ihn grad noch zu fassen. Puh, jetzt bin ich wieder wach. Martin hilft mir mit meinem Gepäck. Weiter geht es. Mühsam suchen wir wieder unseren Rhythmus.

GONDOGORO LA

Langsam verblassen die Sterne am kalten Himmel. Die Umrisse der Berge werden deutlicher erkennbar. Wir meinen, weiter oben das Ende unseres Aufstiegs zu erahnen. Die Lungen brennen mindestens so wie die Oberschenkel. Wir müssen sehr vorsichtig steigen, da das Gestein oft nur lose im Hang liegt. Das Schwarz wird langsam zu Grau. Oben ein kleines Licht. Die ersten Träger kommen uns entgegen. Mit riesigen Lasten am Rücken wanken sie, die Fixseile fest mit beiden Händen umklammert, auf uns zu. Um sie passieren zu lassen, müssen wir uns manchmal aus den Fixseilen aushängen und hinlegen, damit wir nicht im Weg sind mit unseren sperrigen Rädern. Mühsam stehen wir wieder auf. Ishaq kommuniziert und organisiert, wer wann wohin am besten steigt. Die Pakistaner haben teilweise Socken über ihren Schuhen. Nur wenige haben Stirnlampen. Einer hat sein Mobiltelefon als Taschenlampe im Mund.

Durch die ständigen Unterbrechungen zieht sich unsere Kleingruppe auseinander, und es wird zusehends mühsamer. Ich bekomme Magenkrämpfe von der Dehydration. Ich habe über die letzten Stunden viel zu wenig getrunken. Mit zunehmender Helligkeit kommen uns immer mehr Leute entgegen. Oft stehen wir Minuten frierend im Hang und lassen sie passieren. Schrecklich. Ich halte mir den Magen und krümme mich vor Schmerzen. Trotz der Kälte öffne ich die Jacke. Die Bekleidung, der Rucksack, der Helm – alles wirkt erdrückend und beengend.

Noch zwei oder drei Seillängen. Das Gelände wird flacher. Noch trauen wir uns aber nicht, ohne die Seilsicherung zu gehen. Unsere Schritte sind lange nicht mehr so sicher wie zu Beginn. Am Boden kommen alte Seile zwischen der Schneedecke zum Vorschein. Immer wieder verhänge ich mich darin. Hinter uns küsst die aufgehende Sonne die ersten 6000 Meter hohen Gipfel. Ich blicke hoch. Jakob scheint oben zu sein. Martin ist auch schon oben, um Bilder zu machen. Ich kämpfe mich, unterstützt von Ishaq, weiter. Die letzte Seillänge. Etwa achtzig Höhenmeter unter dem Ausstieg kommt uns noch eine Gruppe Bergsteiger:innen entgegen. Wieder aushängen, zur Seite treten, warten. Ich kann fast nicht mehr aufstehen, so gebeutelt bin ich von meinen Krämpfen. Ich bin wirklich beeindruckt von Jakobs Leistung. Zugegeben hatte ich schon befürchtet, dass es wegen seines Durchfalls hier oben für ihn eventuell richtig schwer wird. Aber er steckt das locker weg. Unglaublich. Klar, ich hätte mehr trinken müssen die letzten Stunden, aber vielleicht doch auch mal ein wenig trainieren. Das tue ich daheim konsequenterweise gar nicht. Ich bewege mich gern und viel draußen, geh biken, klettern, bergsteigen, im Winter mache ich viele Skitouren. Aber ich mache immer nur das, worauf ich

Lust habe, wenn ich Lust habe. Mein Fahrrad hat keinen Tacho, und ich benutze keine anderen Aufzeichnungsgeräte. Ich bin so lange unterwegs, wie es mir Spaß macht oder ich eben grad Zeit habe. An manchen Tagen schneller, an anderen langsamer. Völlig ohne Plan und Kontrolle. Beides sind aber unverzichtbare Dinge bei einem vernünftigen Training. Es ist ja nicht so, dass ich es nicht wissen würde. In meiner Ausbildung zum Fitnesstrainer habe ich die Grundlagen für ein sinnvolles Training gelernt. Trotzdem verlasse ich mich meist auf die durch das viele Unterwegssein entstandene Grundkondition und auf meinen Kopf. Gerade Letzterer hat nach meiner Erfahrung einen sehr großen Einfluss. Wenn der Kopf nicht mitspielt, dann bringt die beste Ausdauerleistungsfähigkeit nichts. Das durfte ich früher schon oft bei geführten Touren erleben. Da waren Biker und Bikerinnen dabei, die wesentlich fitter waren als ich. Jedoch beim Anblick der endlosen Pässe des Himalajas und an den zähen, extrem langen Tagen, an welchen man wegen der Höhenanpassung auch noch langsam unterwegs sein musste, hatten schon manche einen Knoten im Kopf.

Das Fixseil ist wieder frei. Mühsam drücke ich mich nach oben. Ishaq hilft mir, indem er an meinem Rucksack schiebt wie an einem störrischen Esel. Ich hänge mich mit der Steigklemme ein und stapfe los. Endlich wird das Gelände flacher, die Seile enden. Oben stehen weitere Balti mit Lasten am Rücken und einige Bergsteiger. Keine Ahnung, ob sie mehr darüber staunen, dass wir ihnen bergauf entgegenkommen, oder über unser ungewöhnliches Gepäck. Ich zwinge mich zu einem »Hello« und einer Art Lächeln, dann laufe ich um ein rotes Zelt und lege meinen Rucksack ab. Meinen Körper lege ich erschöpft daneben. Kurze Zeit später fallen Jakob und ich uns in die Arme. Auch Ishaq gratuliert überschwänglich. Er ist sichtlich erleichtert, hier zu sein. Ich blicke zu Martin. Auch in seinem Gesicht erkennt man die Strapazen der letzten Stunden. Wir sind mehr als nur froh, endlich oben zu sein, auch wenn wir noch nicht ganz am höchsten Punkt sind. Eine Gletscherkappe führt nochmals etwa fünfzig Höhenmeter zum großen Finale. Aber wir brauchen erst mal eine Pause. Und heißen Tee.

Das zerzauste Zelt ist die Bleibe des Rettungsmannes. Ishaq scheint ihn zu kennen, da sie sich herzlich begrüßen. In seiner schmutzigen, hellblauen Wintersporthose und einem speckigen, ehemals roten Daunenparka steht er rauchend da und gratuliert auch uns. »Gute Arbeit!« Er grinst, und seine schiefen Zähne zeigen sich zwischen dem dunklen Bart. Wie wir erfahren, wohnt er abwechselnd mit einem Kollegen immer ein paar Wochen hier oben und unterstützt Träger und Wanderer. Immer wieder kommen Leute zu Fall, und Wunden müssen versorgt werden. Er ist außerdem für die Fixseile zuständig, räumt lose Felsen aus dem Weg und koordiniert, soweit möglich, die Gruppen vor dem Abstieg. Für mich völlig unverständlich, wie man es hier oben auf 5600 Metern wochenlang in einem Zelt aushalten kann. Das ist mal alles andere als ein angenehmer Job.

Zumindest die Aussicht von seinem Adlerhorst ist der Hammer. Wir blicken weit zurück ins Tal zu unserem letzten Lagerplatz, der wie wir noch im Schatten liegt. Die Pyramide des Laila Peaks sieht von hier noch immer sensationell aus, wenn auch nicht mehr so hoch. Die Hängegletscher fließen wie eine zähe Masse in den Gletschergrund, über welchen wir heute Nacht zum Einstieg der Wand gelaufen sind. Schnee, Eis, Steine. Mehr erfasst das Auge nicht. Atemberaubend ist nicht nur der Ausblick, sondern auch die dünne Luft hier oben.

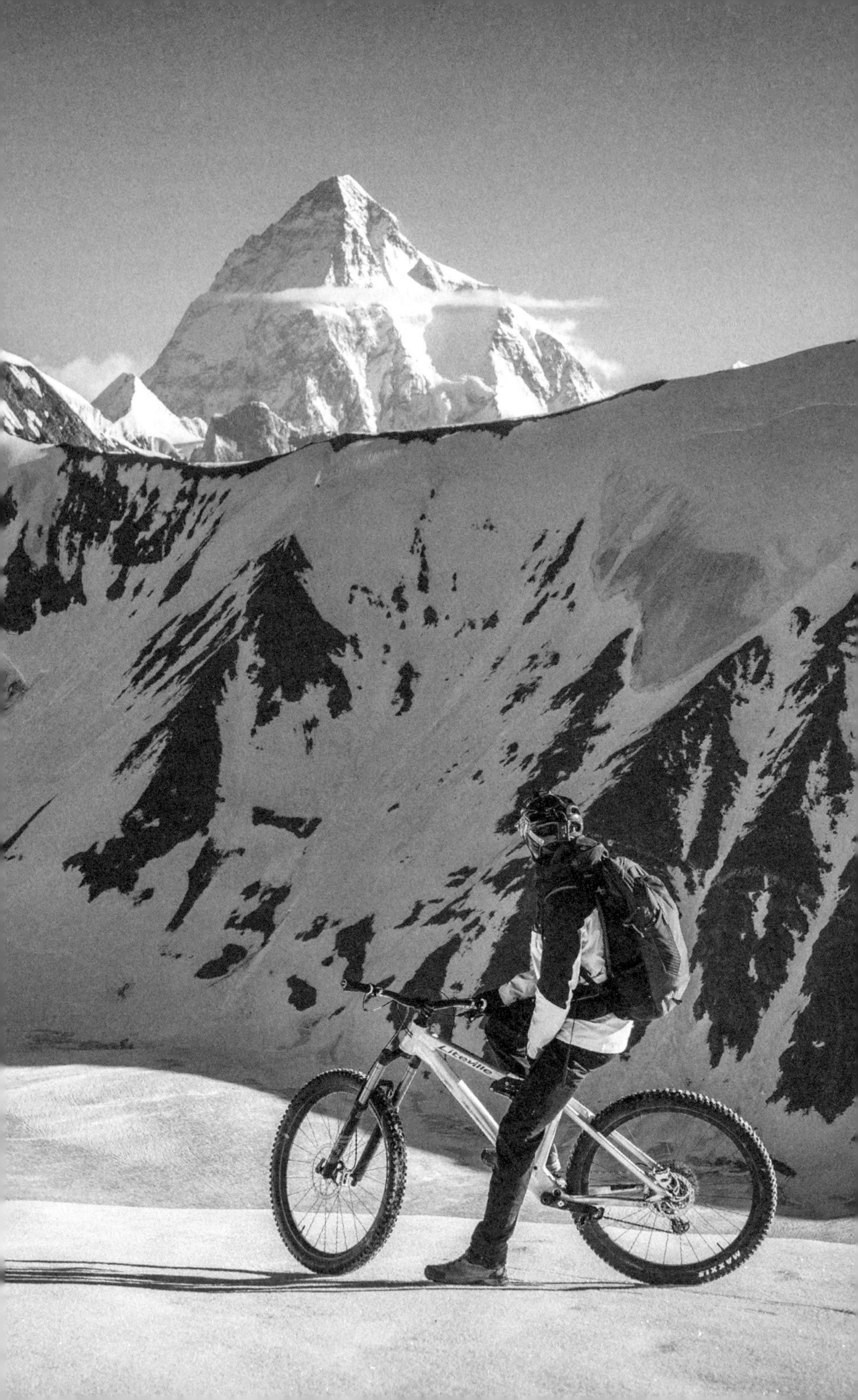
Liteville
MAXXIS

ANKOMMEN UND WEITERGEHEN

EIN JUGENDTRAUM WIRD WAHR

Wir raffen uns auf, die letzten Höhenmeter hinter uns zu bringen. Oben kitzeln die ersten Sonnenstrahlen die Schneedecke. Rund um das rote Zelt kehrt langsam wieder Ruhe ein. Die anderen Gruppen haben sich an den Abstieg gemacht. Langsam, völlig aus dem Rhythmus des Steigens gekommen, stapfen wir über den gefrorenen Schnee nach oben. Die wärmende Sonne erreicht unsere Körper, noch bevor wir am höchsten Punkt angekommen sind. Wir setzen die Sonnenbrillen auf. Und dann wird ein für mich lang ersehnter Traum endlich wahr. Auf 5650 Metern angekommen, eröffnet sich vor uns ein unvergleichliches Panorama. Schon seit meiner Jugend möchte ich den K2, den Berg der Berge, sehen. Und da steht er. Vor uns erhebt sich die wuchtige Pyramide in den makellosen blauen Himmel. Ein hauchdünner Wolkenstreifen verziert den Berg. Daneben der Broad Peak, mit 8051 Metern einer der niedrigen 8000er. Von hier wirkt der massige Bergrücken aber fast so hoch wie der K2.

Ich stehe fassungslos da und kann nur staunen. Ein unbeschreibliches Glücksgefühl überkommt mich, und ich bekomme feuchte Augen. Was für ein Geschenk, bei bestem Wetter hier oben stehen zu dürfen. Noch einmal umarmen und gratulieren wir uns. Mir fehlen die Worte. Dabei kann ich nicht einmal beschreiben, warum ich so berührt bin. Nüchtern betrachtet, stehe ich auf einem Pass in Pakistan und schaue auf schneebedeckte Berge. Punkt. Nicht mehr. Nicht weniger. Wie viele Berge habe ich schon in meinem Leben gesehen? Unzählige. In vielen verschiedenen Formen und in den unterschiedlichsten Gebirgen der Welt. Trotzdem ist das hier ein besonderer Ort. In kleinen Wellen durchfährt mich ein Kribbeln. Es fühlt sich an, als ob ich die unendliche Weite der Umgebung in mir spüren würde. Als wäre sie ein Teil von mir und ich von ihr. Ist es, weil ich schon so lange den Wunsch in mir trage, hier zu stehen? Oder ist es vielleicht die Erschöpfung? Oder hängt es wirklich mit den Bergen hier zusammen? Versprühen sie eine besondere Atmosphäre, eine Anziehungskraft? Schon viele Bergsteiger:innen haben berichtet, dass sie vom K2 regelrecht in den Bann gezogen worden sind. Nicht nur wegen der bergsteigerischen Herausforderung, sondern weil der Berg für sie etwas ausstrahlt. Kurt Diemberger ist ein Meister darin, in Worten die Magie und den Zauber der Berge im Karakorum zu beschreiben. Ich selbst kann es meinen Reisegefährten im Moment nicht näherbringen, was in mir vorgeht. Muss ich aber auch nicht. Ich genieße einfach in Stille diesen erhabenen Moment und bin dankbar, ihn erleben zu dürfen.

Die Sonne spendet angenehme Strahlungswärme im Gesicht. Es ist mittlerweile sechs Uhr geworden. Wir stecken die Laufräder in den Rahmen, in der Hoffnung, endlich wieder auf dem Rad sitzen zu können. Mit postkartenkitschigem Ausblick gibt es noch ein spärliches Frühstück aus der Micky-Maus-Brotzeitbox: eine Kartoffel und ein Stück Streichkäse. Heute mit Blick auf die glitzernde Pyramide des K2. Selten hat mir Streichkäse besser geschmeckt. Der Moment könnte nicht fulminanter sein. Trotz der Sonne fröstelt es uns bald. Wahrscheinlich, weil wir ausgelaugt und übermüdet sind. Wir haben fast alles an, was wir in unseren Rucksäcken finden konnten: die dicken Handschuhe, die Daunenjacke, eine Hardshelljacke darüber, unsere Regenhosen und die Mütze unter dem Helm.

Auf meiner Kartoffel kauend, sitze ich überwältigt da und überlege: Was haben wohl die Erstbesteiger des K2 gefühlt, als sie diesen zerklüfteten Riesen das erste Mal sahen? Bereits 1909 erfolgte unter der Leitung von Luigi Amedeo von Savoyen, dem Herzog der Abruzzen, der erste Besteigungsversuch. 330 Träger hatten sie angeheuert. Sie erkannten im Südostsporn, heute die meistbegangene Route – der Abruzzi-Sporn, die beste Aufstiegsroute und kamen auf etwa 6000 Meter. 1954 gelang einer italienischen Großexpedition, die mit sechzehn Tonnen Material angerückt war, die Erstbesteigung über den Abruzzi-Sporn. Bis zu einem zweiten Gipfelerfolg sollten ganze 23 Jahre vergehen: Drei weitere Expeditionen scheiterten, dann wurden die Berge im Karakorum während der politisch-kriegerischen Auseinandersetzungen zwischen 1960 und 1975 gesperrt. 1977 folgte die nächste Belagerung des Berges durch über vierzig japanische Bergsteiger, die von 1500 Trägern begleitet wurden. Erfolgreich gelangten sechs der Japaner und der Pakistaner Ashraf Aman auf den Gipfel. 1978 dann die erste Besteigung ohne künstlichen Sauerstoff durch eine amerikanische Mannschaft. Bis 1986 war der zweithöchste Punkt der Erde eine Männerdomäne. In diesem Jahr erreichten Wanda Rutkiewicz und Liliane Barrard als erste Frauen den Gipfel. Obwohl der K2 »nur« der zweithöchste Berg unseres Planeten ist, ist er doch viel schwerer zu besteigen als der höchste Punkt, der Mount Everest. Das schlägt sich auch in den Zahlen der erfolgreichen Besteigungen nieder. Während am K2 bisher lediglich 302 erfolgreiche Besteigungen gezählt wurden, waren am höchsten Berg der Erde bereits über 6000 Menschen am Gipfel. Manche von ihnen sogar mehrmals.

Auch Mountainbiker waren schon in wesentlich größeren Höhen unterwegs als wir am Gondogoro La. Bruno Sulcs schleppte 2008 sein abgespecktes Mountainbike auf den 7546 Meter hohen Muztagh Ata, der im Pamir-Gebirge in der Volksrepublik China liegt. Soweit mir bekannt, ist das die größte Höhe, die je mit einem Mountainbike erreicht worden ist. Wie viel er von den Tiefenmetern auf dem vergletscherten Berg, der ein ideales Skitourenziel darstellt, gefahren ist, lässt sich anhand seiner Aufzeichnungen leider nicht nachvollziehen.

»Gehen wir. Too whum.« Ishaq holt mich aus meinen Gedanken zurück in das Jetzt und Hier. Ich verstaue meine Brotzeitbox und schnalle mir den Rucksack um. Jakob und ich klatschen ab und rollen los. Der Schnee ist noch hartgefroren und griffig. Nach wenigen Metern ist der Spaß schon wieder vorbei. Die Eiskappe wird so steil, dass wieder ein Seilgeländer den Abstieg sichert.

»Nicht wahr«, platzt es aus mir raus. Jakob stöhnt nur und verdreht die Augen. Also wieder absteigen. Schieben. Die Steigeisen haben wir eh noch an den Schuhen. Bedächtig folgen wir den Steigspuren am Seil entlang bergab. Riesige Gletscherspalten öffnen sich. Durch meterhohe Abbrüche führt der Weg nach unten. Zwischendurch steigen wir aufs Bike und rollen ein paar Meter. Eine der skurrilsten Kulissen, in welchen ich je Rad gefahren bin. Martin macht begeistert Bilder. Bald wird das Gelände so steil, dass wir uns am Seil einhalten müssen. Das Fahrrad baumelt in der linken Hand über dem Abgrund. So arbeiten wir uns vorsichtig nach unten. Die letzten hundert Höhenmeter wollen wir nochmals fahren. Wir steigen auf die Bikes und schlittern los. Von kontrolliert kann keine Rede sein, aber es ist ein Riesenspaß. Da es hier keine Spalten mehr gibt und das Gelände flach in das große Gletscherbecken ausläuft, halten wir das Risiko aber für abschätzbar. Jakob ist etwa hundert Meter vor mir, als sein Vorderrad abrupt im Schnee versinkt. Das Rad bleibt augenblicklich stehen. Er rettet sich elegant mit einem Bocksprung vom Bike. Vorbereitet auf den weichen Schnee, versackt mir zwar das Vorderrad, aber ich schaffe es rechtzeitig, mich nach hinten vom Bike zu lösen. Nicht ganz so elegant wie Jakob. Wir stehen jetzt auf dem West-Vigne-Gletscher, der hier oben entspringt. Nach Westen hin ist das Tal vom 6011 Meter hohen Ihakora und den fast gleich hohen Nebengipfeln versperrt. Nach Osten führt der Gletscher hinaus und vereinigt sich mit dem östlichen Teil des Gletscherursprungs zum Vigne-Gletscher. Überragt wird der Blick Richtung Osten von der mächtigen Chogolisa. Ein 7668 Meter hoher, prachtvoller Berg, dessen Name, genau genommen, die ganze von Steinböcken bewohnte, hoch liegende Wildnis bezeichnet: »großer Jagdgrund« – »Chogo« (groß), »ling« (Jagd) und »sa« (Grund). An ihm stürzte der weltbekannte Bergsteiger Hermann Buhl 1957 bei einem Wechtenbruch in den Tod, nachdem er kurz davor in einer kleinen Mannschaft den Broad Peak erstbestiegen hatte. Damit sind er und Kurt Diemberger, der auch am Broad Peak und der Chogolisa dabei war, die einzigen Bergsteiger, welche zwei 8000er erstbestiegen haben. 1953 hatte Buhl in einem berühmten Alleingang den Gipfel des 8125 Meter hohen Nanga Parbat erreicht, welcher auch in Pakistan steht.

EINE TASSE SUPPE

Die Sonne wird in dem hell erleuchteten Gletscherbecken stark reflektiert. Die Berge schirmen jeglichen Windhauch ab. Die Temperatur ist gefühlt doppelt so hoch wie am Gondogoro La. Wir ziehen Jacken und Überhosen aus und verstauen sie in den Rucksäcken. Das Hauptproblem für uns an der Wärme ist aber nicht, dass wir schwitzen, sondern dass die Schneedecke minütlich weicher wird. An Fahren ist schon lange nicht mehr zu denken. Aber auch das Schieben erweist sich als Kraftakt, da das Bike nicht rollt. Die Oberfläche des Schnees hat die Form einer umgedrehten Eierschachtel. Äußerst mühsam geht es voran. Ishaq deutet uns an, dass wir das ganze Tal durchqueren müssen, bis auf die andere Seite. Immer wieder brechen wir in die Schneedecke ein. Zuerst nur mit den Schuhen, dann immer öfter bis zum Knie. Völlig unerwartet stolpern wir, werfen das Bike zur Seite, rappeln uns wieder auf. Ich komme mir vor, als wenn ich stark betrunken wäre. Nicht dass ich wüsste, wie sich das anfühlt. Da ich keinen Alkohol trinke, war ich auch noch nie besoffen. Aber zumindest stelle ich mir es so vor.

Das beschwerliche Vorwärtskommen zehrt an den Nerven. So schön es auch ist, die Landschaft ist wirklich einmalig, jetzt könnte es schon mal vorangehen. Martin hat mit Ishaq schon die andere Talseite erreicht, während Jakob und ich noch mit den Bikes im Bruchharsch stolpern. Entnervt treffen wir die beiden eine halbe Ewigkeit später auf einer eisfreien Schotterinsel.

»Boah, des ist ja echt übel!« Ich setze mich auf die Steine. Mein Herz rast. Mit schnellen Atemzügen pumpe ich die dünne Luft in meine Lungen.

Jakob legt das Bike zur Seite. »Das ist anstrengender als den Pass hoch.« Er kramt nach seiner Sonnencreme. Nachdem er sich eingeschmiert hat, geht sie reihum. Nur Ishaq braucht sie nicht. »Bis zum Camp ist es nur noch gerade«, versucht er uns zu motivieren. »Auf den Steinen bleiben, da sinkt man nicht ein.« *Guter Tipp!*

Die Luft flimmert von der Hitze, die mittlerweile Einzug in den Talkessel erhalten hat. Gegen elf Uhr schlurfe ich als Letzter auf die wenigen Zelte zu, welche links am Gletscherrand stehen: das Ali Camp. Großes Hallo von unseren Trägern. Sie begleiten mich in eine kleine Steinbaracke. Drinnen sitzen Martin und Jakob bereits auf dem Boden und trinken Tee.

»Endlich! Der Wahnsinn!« Ich lasse mich auch auf den Boden fallen. »Heiß ist das hier, unglaublich.« Ich ziehe die Schuhe aus.

Ahmed kommt strahlend herein und reicht uns einen Becher voll Nudelsuppe, dazu Popcorn. Richtig Hunger verspüren wir nicht, dazu sind wir viel zu erschöpft. Aber uns ist natürlich klar, dass wir viel Energie verbraucht haben und Nahrung brauchen. Er erkundigt sich sogleich, ob wir zum nächsten Camp weiterwollen. Sie würden gerne noch heute den Concordiaplatz erreichen. Wir schauen uns verdutzt an. So richtig kann keiner was mit der Idee anfangen, sind wir doch erst mal froh, ein wenig rasten zu können. Ich bitte Ishaq, uns eine Pause zu gönnen und in einer halben Stunde noch mal zu fragen. Wir wollen uns kurz beraten. Dazu kommt es jedoch nicht. Nachdem wir unsere Tasse geleert haben, dösen wir apathisch vor uns hin. Keiner sagt einen Ton. Kein Gedanke regt sich in meinem Hirn. Ich hatte gehofft, etwas schlafen zu können, aber es gelingt nicht. Die Ereignisse der letzten vierzehn Stunden halten mich wach, trotz der Erschöpfung.

Das Camp liegt auf dem einzigen schnee- und eisfreien Fleck weit und breit. Es ist wüstenartig hier oben auf 4960 Metern. Steile Wände kesseln den Vigne-Gletscher ein. Abertausende Tonnen von Eis bilden riesige Balkone an den Flanken. Die Hitze lässt das Eis gemächlich schmelzen. Auch hier hört man von allen Seiten immer wieder Lawinen ins Tal rauschen, wenn Séracs in sich zusammenstürzen. Dazwischen ist es absolut still. Kein Wind, kein Vogel, nichts. Ab und zu hört man einen Balti murmeln. Sie haben sich in den spärlich vorhandenen Schatten hinter kleinen Steinmauern verkrochen. Wahrlich kein schöner Platz, um lange zu bleiben.

Da ich nicht schlafen kann, trete ich vors Zelt und inspiziere die faszinierende, aber auch trostlose Umgebung. Nicht auszumalen, was hier los ist, wenn es schlechtes Wetter hat. Ishaq kommt auf mich zu. Ich frage ihn, wie die Berge gegenüber heißen. Er zuckt nur mit den Schultern. »Die sind nur 6000 Meter. Nichts Besonderes. Die haben keine Namen.« Aha, 6000er sind also nichts Besonderes? Gut, es stehen hier auch Hunderte davon auf engstem Raum beieinander, da gibt man vielleicht nicht jedem Zacken einen Namen. Martin und Jakob schleichen aus dem Steinhäuschen und zwicken die Augen zu. Ohne Sonnenbrille geht hier gar nichts.

»Was machen wir? Wie geht es euch?«, möchte Ishaq wissen.

»Ja, geht. Platt bin ich. Aber noch mal aufbrechen? Puh, des wird echt hart.« Jakob verstaut seine Jacke im Rucksack.

»Ishaq meint, es sind nur vier Stunden und man kann viel fahren. Aber ich bin auch nudelfertig.« Ich hatte mich erkundigt, wie er die Etappe zum Concordiaplatz einschätzt.

Martin grübelt. »Trägerspeed? Oder Tempo für ausgebrannte Touristen? Das wird hart, aber dann haben wir es hinter uns.« Er schaut auf die Uhr. »Halb eins. Den ganzen Tag hier in der Hitze rumzuhängen ist auch nicht berauschend.«

Tatsächlich finde ich die Vorstellung, hier den ganzen Tag zu vertrödeln, auch nicht erfrischend. Ich kann unsere Begleiter gut verstehen, dass sie weiterwollen. Auch erwarten uns am Concordiaplatz frische Lebensmittel, ein Küchenzelt und mehr Sauerstoff, da er weiter unten gelegen ist. Das heißt, wir werden sicher auch besser schlafen als hier oben. Wir trommeln die ganze Mannschaft zusammen und schauen in die Runde. Es ist in den Gesichtern abzulesen, dass keiner hier oben bleiben will.

»Also gut, wir haben ja noch Zeit. Ganz gemütlich. Auf zum Concordiaplatz!« Ich bitte Ishaq, die frohe Botschaft zu verkünden. Die Freude ist groß. Wir können gar nicht so schnell schauen, wie sich die Gepäckstücke auf den Rücken befinden und die Träger sich in schnellen Schritten vom Camp entfernen. Man spürt regelrecht die Erleichterung in der Gruppe. Es hat fast den Anschein einer Flucht. Überrascht schauen wir den davontrabenden Gepäckstücken hinterher. Wir sind nicht ganz so schnell. Jeder wurstelt noch halb motiviert an seiner Ausrüstung rum. Ich komme mir vor, als wenn ich in einem Wattebausch wäre, alles ist irgendwie dumpf. Meine Gedanken sind gleich langsam wie meine Bewegungen. Wir füllen noch Wasser auf. Dann starten wir gegen dreizehn Uhr zum Nachmittagsprogramm, nicht aber, ohne uns davor einzureden, dass es ja nur noch ein Spaziergang bergab ist. *Wir werden sehen.*

DER THRONSAAL DER BERGGÖTTER

Kurz unter dem Camp betreten wir wieder den Vigne-Gletscher. Der Engländer Godfrey Thomas Vigne war der erste Europäer, welcher Baltistan besucht hatte und einen Blick auf den Karakorum erhaschen konnte. Am 6. September 1835 stand er auf 5182 Metern Höhe überwältigt am Rand der Deosai-Ebene und blickte auf die Berge: »Wohin auch immer das Auge schweifen konnte, erhob sich mit unvergleichlicher Majestät die unendliche Zahl der riesigen Gipfel.«

Zu unserer Überraschung ist der Gletscher hier völlig schneefrei. Das gräulich schimmernde Eis knirscht bei jedem Schritt. Wir starten vorsichtig einen Fahrversuch. Es geht besser als erwartet. Die Reifen haben guten Grip. Endlich befinden wir uns wieder mal auf den Fahrrädern und nicht andersherum. Eine mehrere hundert Meter breite Autobahn aus uraltem Eis führt durch die mächtige Berglandschaft. Ein kristallklarer Bach mäandert in einer Bobbahn im Gletscher neben uns her. Das Plätschern und Gurgeln nimmt der Szenerie das Wüstenartige und lässt alles lebendiger erscheinen. Anders als auf der anderen Seite des Gondogoro La liegen hier nur wenige Steine auf dem Gletscher. Ihnen auszuweichen ist leichter als mancher Gletscherspalte. Diese sind zwar nicht tief, aber die Reifen würden darin stecken bleiben. Vorsichtig rollen wir abwärts. Wir hoffen, dass es noch lange so weitergeht. Bald taucht vor uns wieder die wuchtige Pyramide des K2 auf. Da der Himmel inzwischen wolkenverhangen ist, reicht der Blick leider nicht bis zum Gipfel. Wenigstens ist es dadurch nicht mehr so heiß.

Ein paar Bergsteiger steuern auf uns zu und machen Bilder. Sie haben wohl kaum damit gerechnet, hier auf Mountainbiker zu treffen. Leider hat der Spaß am Fahren ein Ende, als wir auf den Upper-Baltoro-Gletscher treffen. Dieser ist wieder übersät mit Steinbrocken in allen erdenklichen Formen und Farben. Wir versuchen, noch einer Linie von steinfreiem Eis zu folgen, bis diese in einem größeren Bach endet. Schieben ist wieder angesagt. Vor uns taucht ein riesiges Atrium aus Fels und Eis auf: der Concordiaplatz. Sicher scheint zu sein, dass der Name Concordiaplatz aus dem Munde des britischen Bergsteigers William Martin Conway stammt, welcher bei seiner Karakorum-Expedition 1892 diesen Platz betrat, an welchem der Baltoro- und der Godwin-Austen-Gletscher zusammenfließen. Damit war er der Erste, der den gesamten Baltoro-Gletscher bewältigte. Eine Herleitung besagt, er habe sich an den »Place de la Concorde« in Paris erinnert gefühlt. Andere behaupten, seine Erinnerung galt dem Konkordiaplatz im Wallis in der Schweiz, wo sich ebenfalls zwei große Eisströme vereinigen und welchen er bei einer früheren Bergfahrt besucht hatte.

Vor ihm war 1887 ein anderer Brite dem K2 so nahe gekommen wie kein Europäer zuvor: Francis Younghusband. Der ausgezeichnete Leichtathlet war zu Beginn des 20. Jahrhunderts einer der bekanntesten Forschungsreisenden Großbritanniens. Francis wurde mit der Goldmedaille der angesehenen »Royal Geographical Society« für seine Durchquerung der Wüste Gobi und seine Überquerung des Karakorum-Gebirges über den Muztagh-Pass ausgezeichnet. Er beschrieb den K2 mit folgenden Worten: »Ein Berg von phänomenalen Dimensionen. Er scheint sich zu erheben wie ein perfekter Kegel von unglaublicher Größe.«

Galen Rowell, Fotograf und Schriftsteller, nannte den Platz in seinem 1977 erschienenen Buch »In the Throne Room of the Mountain Gods« über die Geschichte des Bergsteigens am K2 »Thronsaal der Berggötter«. Diesen Titel finde ich persönlich sehr passend. Es gibt wohl kaum einen Ort auf der Welt, wo man auf 360 Grad ein so gewaltiges Bergpanorama hat wie hier.

In einem ständigen Wechsel von Fahren und Schieben erreichen wir gegen achtzehn Uhr ausgelaugt die Zelte. 21 Stunden zuvor sind wir gestartet. Einer der anstrengendsten und längsten Tage unseres Lebens neigt sich dem Ende zu. Jetzt endlich müssen wir nicht mehr laufen, schieben oder fahren. Wir klatschen ab, bedanken uns bei Ishaq und sind froh, die Räder beiseitelegen zu können. Der Rest der Mannschaft ist schon lange hier und sichtlich besser gelaunt als im Ali Camp. Großes Hallo.

Mit der ersten Tasse Kaffee in der Hand erinnere ich mich zurück. Noch länger am Stück war ich einmal in Nordindien unterwegs. Ich habe als Reiseleiter einer Mountainbikegruppe den Himalaja auf einer der höchstgelegenen Passstraßen der Welt von Manali nach Leh überquert. Am Ende der Tour gab es noch einen Tag zur freien Verfügung für die Teilnehmenden. Da ich schon öfters in Leh zu Besuch war, hatte ich keine Motivation, mir die Stadt anzusehen. Mich reizte ein anderes Ziel. Gegenüber der Stadt ragt der 6153 Meter hohe Stok Kangri als höchster Berg der Stok-Kette in den Himmel. Da Leh bereits auf einer Höhe von 3500 Metern liegt, dachte ich mir, das wäre doch an einem langen Tag machbar. Als ich meine Gruppe für den nächsten Tag gut versorgt wusste, ließ ich mich am späten Nachmittag zum Ausgangspunkt der Besteigung fahren und lief strammen Schrittes los. Das Internet war zu dieser Zeit noch nicht so weit entwickelt wie heute. Daher war die einzige Karte, welche ich auf die Schnelle auftreiben konnte, eine Zeichnung unseres Guides. Ich wanderte bis zum frühen Morgen, bevor ich unter einem großen Felsen eine Stunde Rast machte. Dann zogen die Wolken herein und ich verstieg mich anschließend völlig. Ich lief den ganzen Tag, kletterte über Grate, über Felstürme hinauf und hinunter, querte endlose Schotterhänge. Vergebens, ich fand den Weg auf den Gipfel nicht. Auf etwas über 6000 Metern gab ich auf, da die Zeit drängte. Schließlich kehrte ich um neunzehn Uhr wieder mit dem Taxi zurück zum vereinbarten Treffpunkt. Ich hatte keine Ahnung, wo ich rumgeklettert war. Erst viele Jahre später, als ich bei bester Sicht als Reiseleiter mit einer Bergsteigergruppe am Berg erfolgreich war, wurde mir klar, dass ich auf einem Geröllfeld in die falsche Wand eingestiegen war.

CAMPINGPLATZIDYLLE ZWISCHEN 8000ERN

Gefühlt beginnt für uns hier der zweite Teil der Reise. Schon bei unserer Ankunft merken wir einen deutlichen Unterschied im Komfort. Da wir mit nur wenig Ausrüstung und auch Nahrung von Hushe aus über den Pass gestartet sind, ist uns eine dreiköpfige Gruppe mit weiteren Nahrungsmitteln und weiterer Ausrüstung von Askole aus den Baltoro-Gletscher hinauf entgegengelaufen. Jetzt haben wir, wie die anderen Trekkinggruppen und Expeditionen, sogar ein Essenszelt mit Tisch und Stühlen. Vorbei ist der »Alpine Style«, wie Ishaq ihn nannte. Daneben freut sich Ahmed über ein eigenes Küchenzelt, einen zweiten Kerosinkocher und einen jungen Helfer. Zwei Maultiere haben die Lasten hierhergebracht. Anders als in anderen großen Camps, zum Beispiel im Everest-Basecamp auf tibetischer Seite, welches ich bereits dreimal mit dem Fahrrad besucht habe, ist der Lagerplatz hier sehr weit verstreut. Jede Mannschaft versucht einen möglichst ebenen Fleck auf dem aufgeworfenen Eis zu finden. Zwischen den einzelnen Lagern befinden sich Gletscherspalten, kleine Seen oder auch Bäche. Erwartet hatte ich eher eine große Zeltstadt. Aber unmittelbar neben unseren Zelten sind nur drei weitere zu sehen.

Wir begrüßen die neuen Mitglieder unserer Gruppe. Ein wenig seltsam fühlt es sich an, nachdem unser kleines Team ein richtig eingeschworener Haufen geworden ist. Aber auch sie machen einen freundlichen Eindruck auf uns. Der junge Hilfskoch spricht sogar erstaunlich gut Englisch. Nachdem wir unsere Rucksäcke verstaut haben, treffen wir uns im Essenszelt und nehmen auf Campingstühlen Platz. Verrückt, wir sitzen auf Stühlen! Die letzten Tage haben wir ausschließlich auf dem Boden verbracht: Wir sind auf ihm gelaufen, haben auf ihm gesessen und gegessen und auf einer dünnen Matte auf ihm geschlafen. Vor vier Tagen saßen wir das letzte Mal auf einem Stuhl. Das jetzige Aufgebot hat eher den Charme einer Campingplatzidylle an einem der wildesten Orte der Erde. Ahmed hat sich mächtig ins Zeug gelegt und fährt ein Drei-Gänge-Menü auf: Gemüsesuppe, geröstete Kartoffeln, Ziegenfleisch und sogar einen kleinen Kuchen zum Nachtisch. Wir sind zwar müde und ausgelaugt, erstaunlicherweise aber nicht so unendlich fertig, wie wir es rein von den Fakten der Etappe her erwarten würden. Wer weiß, vielleicht geben uns die Berge ja eine besondere Energie? Wir sitzen noch eine Weile und freuen uns, dass wir uns dazu entschieden haben, hierherzugehen. Keiner möchte jetzt noch im Ali Camp schmoren. Das gibt uns auch die Möglichkeit, morgen einen Ruhetag einzulegen. Daher machen wir ausnahmsweise auch keine Uhrzeit für den Aufbruch am nächsten Tag aus. Gut gesättigt, ziehen wir uns in die Zelte zurück. Ich bleibe noch kurz vor dem Zelt stehen und betrachte andächtig die umherziehenden Wolken. Sanft schmiegen sie sich an die Gipfel, verändern ihre Form und Farbe. Auf der einen Seite verschwinden sie, um kurz darauf an anderer Stelle wieder in die Höhe zu wachsen. Als Kind habe ich oft die Wolken bestaunt. Heute, im geschäftigen Alltag, kommt diese unterhaltsame Beobachtung leider oft viel zu kurz. Ich nehme mir vor, in Zukunft wieder öfters das Spiel der Wolken zu beobachten. Die beiden Maultiere heben sich wie Scherenschnitte vom Himmel ab. Um ihre Köpfe wurden kleine Taschen voll mit Futter gehängt, welches sie nun sichtlich genussvoll verspeisen. Der Anblick der Tiere erinnert mich an meine Tour in Tibet, auf welcher wir über sechs Tage, begleitet von Tragtieren, auf einem Pilgerpfad unterwegs waren.

OSTTIBET 2015

Der noch immer unbestiegene Khawa Karpo ragt satte 6740 Meter in den Himmel der chinesischen Provinz Yunnan (deutsch: Jünnan). Damit ist er der höchste Berg in der Region und die Spitze der Meili-Schneeberge, wie das Gebirge im Südosten des tibetischen Hochlandes heißt. Seit 2001 ist die Besteigung aus kulturellen und religiösen Gründen verboten. Die Umrundung des Berges auf einer Pilgerroute, einer sogenannten Kora, ist aber noch erlaubt. Für die Buddhisten ist diese eine rituelle Handlung, um Buddha und der Erleuchtung näher zu kommen. Für sie stellt der Berg die Manifestation des Geistes Buddhas dar.

Mit dem »Liteville Enduro Team China« waren Martin als Fotograf, Sebastian als Filmer und ich von Peking nach Lijiang geflogen. Gemeinsam mit Kevin, You und Arsenal hatten wir den Plan gesponnen, den südöstlichen Teil der Kora mit unseren Mountainbikes zu bewältigen. Viel Informationen über die Befahrbarkeit des Pfades hatten wir im Vorfeld nicht gefunden. Da Europäer:innen nur selten die Region besuchen, die Permits sind schwer zu bekommen, gab es fast keine brauchbaren Informationen über diesen Teil der Strecke. Dementsprechend gespannt waren wir, was uns erwarten würde. Zwei Tage benötigten wir für die Fahrt in unserem gemieteten Minibus, um unseren Ausgangspunkt bei Deqin zu erreichen. Ein Großeinkauf für die nächsten sechs Tage stand an. Am Markt füllten wir große weiße Säcke mit Gemüse, Keksen und Nudeln. Bevor unser tibetischer Begleiter mit seinen zwei Pferden aber losziehen wollte, mussten wir alle noch einen Vertrag über die Leistungen und die vereinbarte Geldsumme »unterzeichnen«. Das geschah mittels eines Abdrucks des Daumens, welchen wir zuvor über ein Stempelkissen gerollt hatten. Erst als alle Fingerabdrücke in seinem kleinen Notizbuch leuchteten, ging es los. Eine kleine Straße führte auf den ersten Pass. Unsere Pferde waren mit den Einkäufen und unserem Gepäck bereits vorausgegangen. Unsere Spannung war zum Zerreißen: Wie wird der Weg sein? Können wir fahren, oder werden wir nur schieben? Wie werden die Lager sein? Fragen über Fragen.

Die auf allen Pässen und an besonderen Orten festgebundenen tibetischen Gebetsfahnen flatterten im Wind. Wir klatschten ab und traten in die Pedale. Augenblicklich fuhren wir in einen Tunnel aus Gebetsfahnen. Der Trail war platt getreten, etwa hüftbreit und lud zu

Müde, aber auch voller Vorfreude betreten wir das Rollfeld von Skardu. Der Flughafen liegt umringt von steilen Bergketten achtzehn Kilometer außerhalb der Stadt.

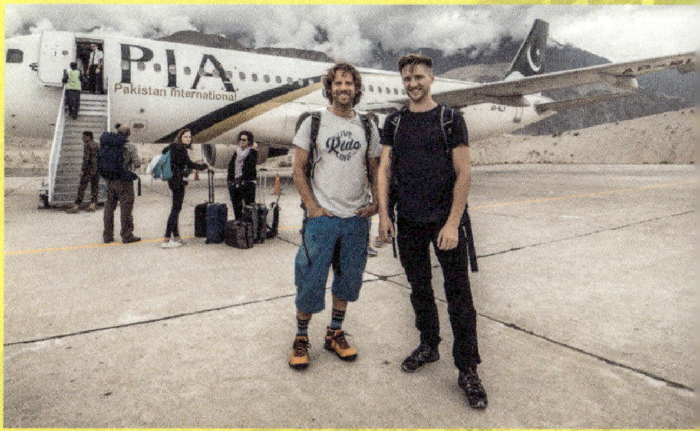

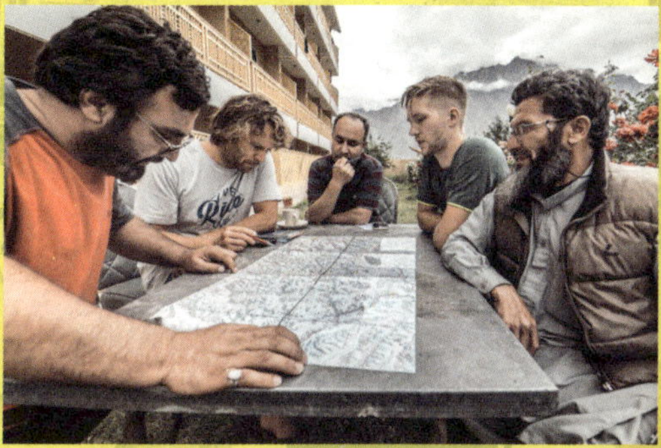

In allen Einzelheiten besprechen wir die geplanten Teilstrecken mit der Agentur und unserem Guide Ishaq. Ob und wie viel wir Rad fahren können, weiß niemand. Auch sie haben noch nie Mountainbiker:innen am Gletscher gesehen.

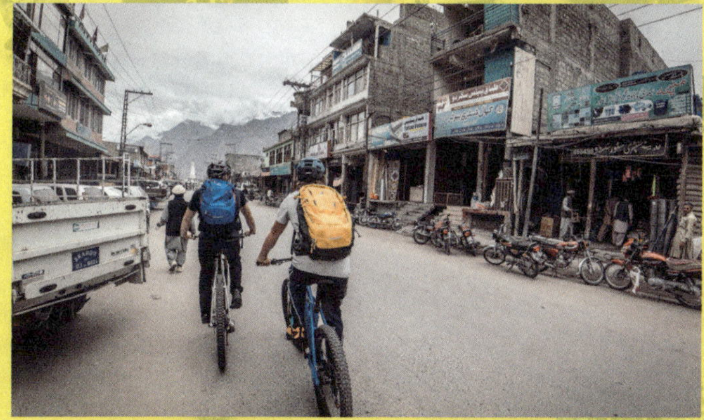

Wir sind die einzigen Radfahrer auf der Hauptstraße von Skardu und fallen mit unserer Hightech-Ausrüstung auf wie bunte Hunde. Die Ortschaft ist der Ausgangspunkt für praktisch alle bergsteigerischen Aktivitäten in der Region.

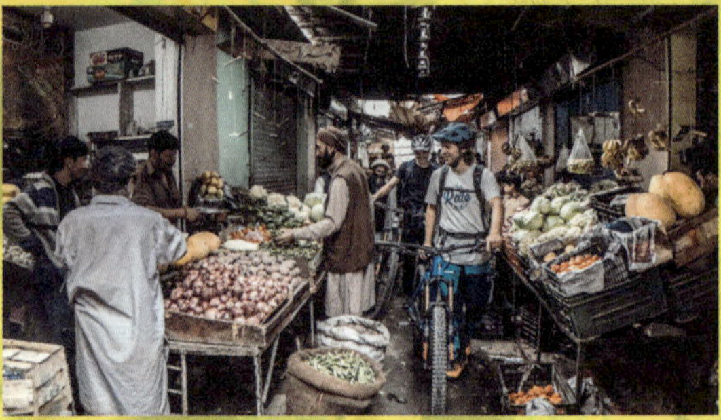

Die Märkte in Skardu sind die wichtigsten Umschlagplätze für Waren in der Region Baltistan. Darüber hinaus werden Nachrichten und Neuigkeiten aus anderen Gegenden verteilt. Es sind Orte der Begegnung und des Austausches.

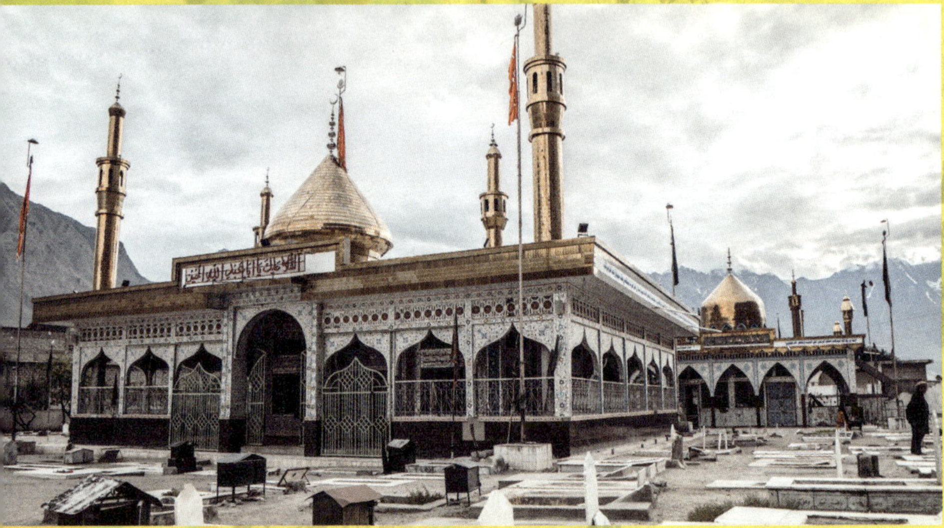

Der Friedhofskomplex im Bezirk Qatal Gah wird überragt von den prunkvollen Grabmonumenten, sogenannter Astanas, des Imam Mahdi und des Imam Husain. Der traditionelle Baustil ist schon viele Jahrhunderte alt.

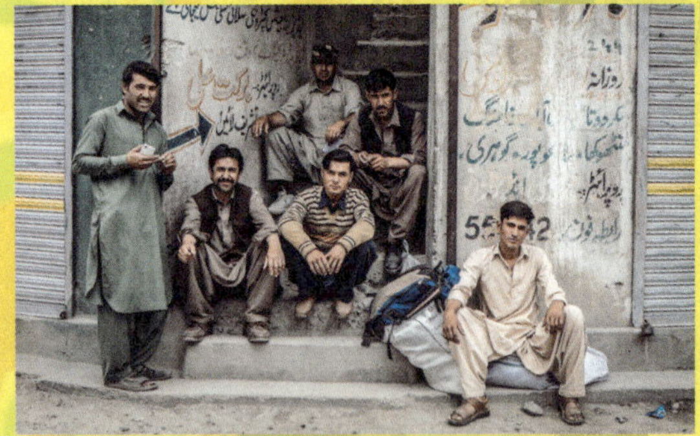

Ob alt oder jung: Der Salwar Kameez ist die typische Bekleidung. Der Salwar ist eine weite Bundfaltenhose. Der Kameez ist ein langes Hemd, welches bis zu den Oberschenkeln reicht. Auch auf den Trekkingtouren tragen die Herren oft das bequeme Gewand.

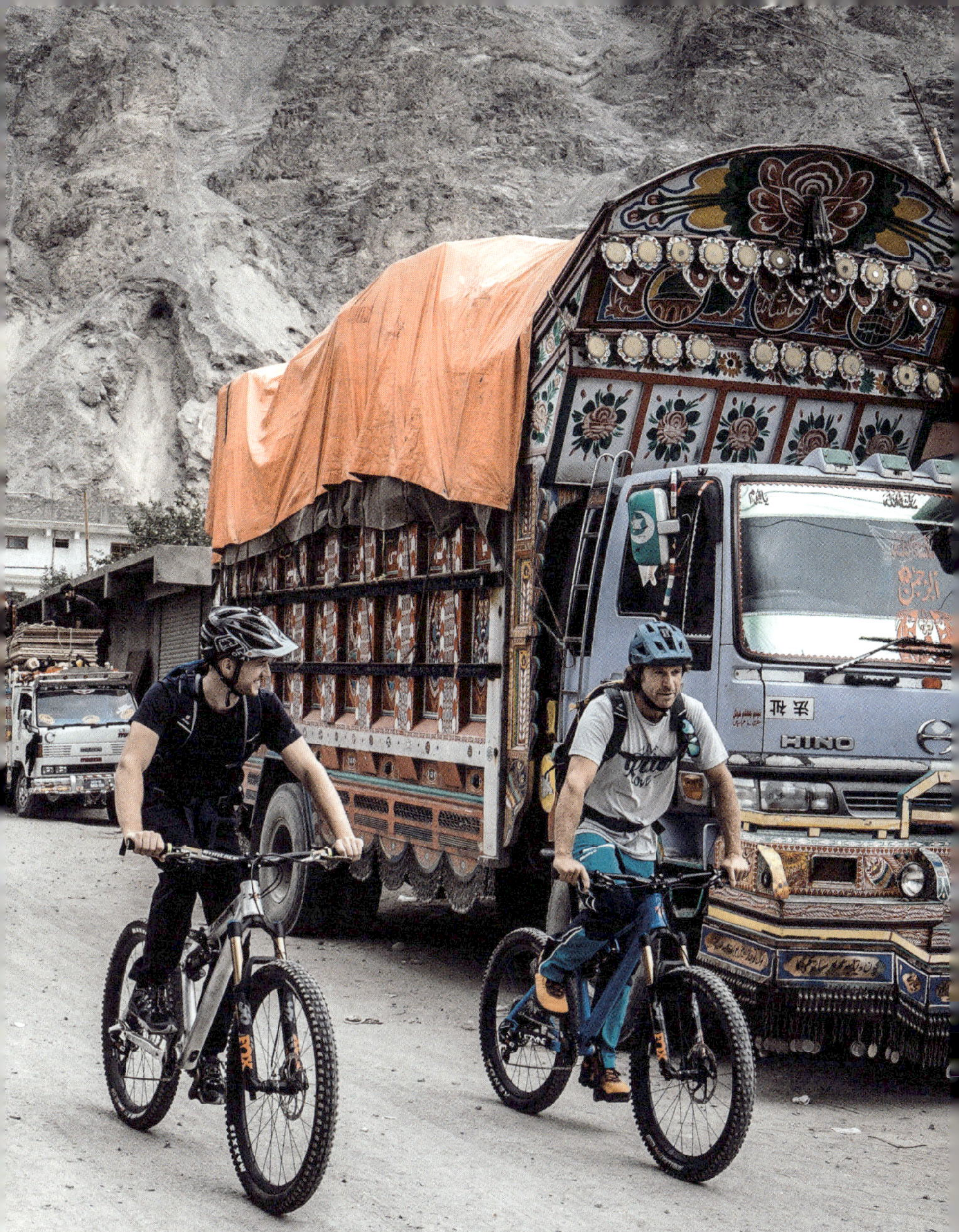
HINO

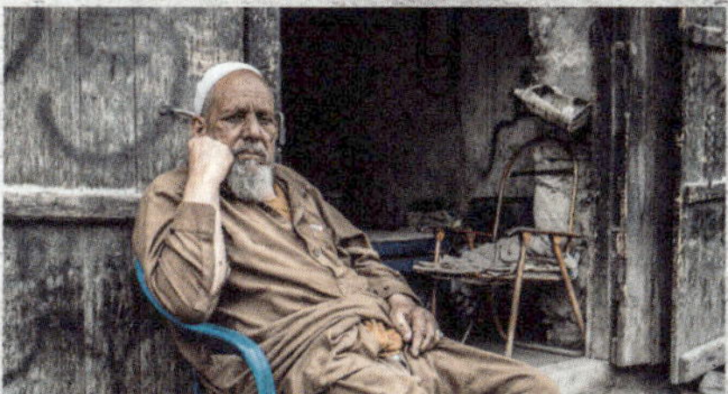

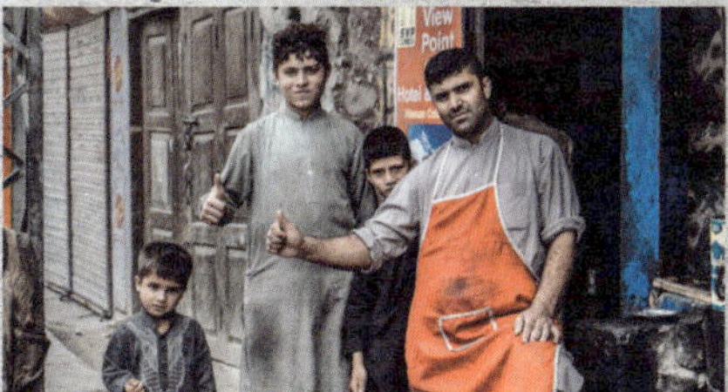
View
Point

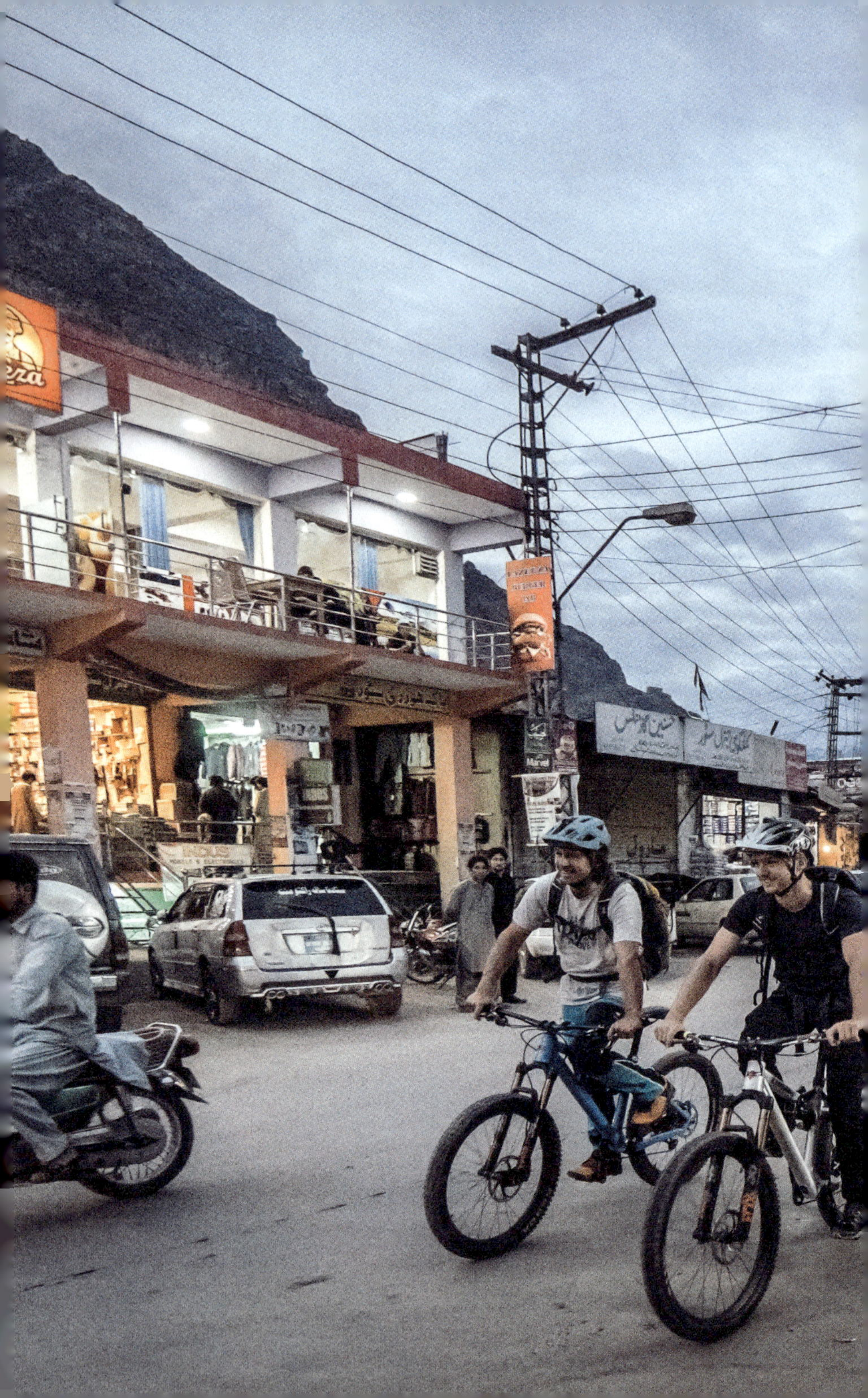

Machmal habe ich das Gefühl, ein Fahrrad ist wie ein Zauberstab, der Sprachbarrieren und Berührungsängste einfach in Luft auflöst. Jedes der Kinder möchte auf unseren Bikes fahren.

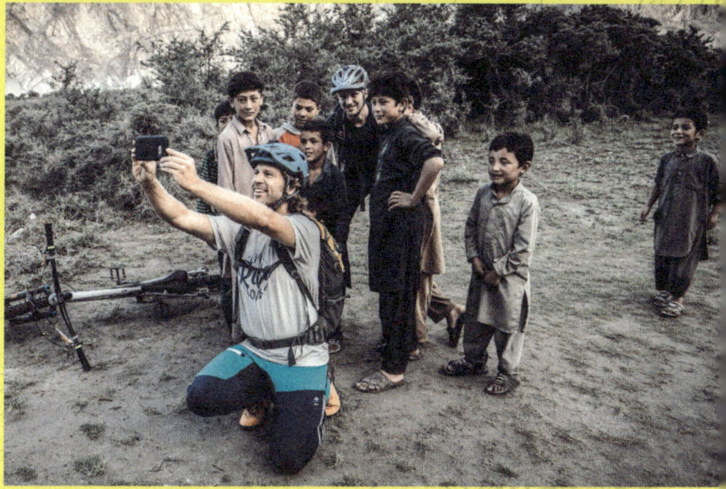

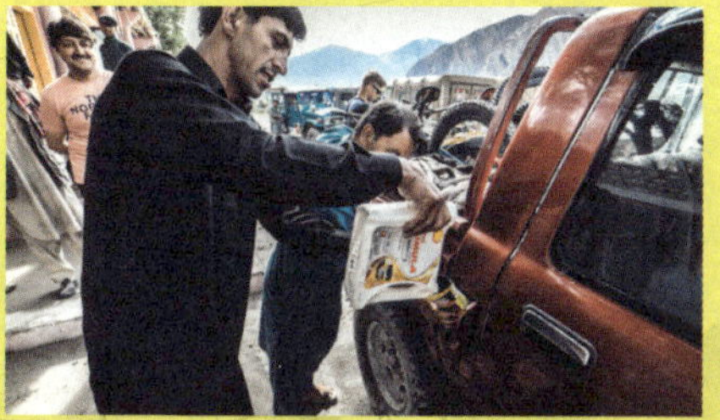

Die Tankstelle hat keinen Diesel? Kein Problem! Mit einem Schlauch wird Diesel aus einem anderen Jeep gesaugt und mit einem abgeschnittenen Plastikkanister in unseren eingefüllt.

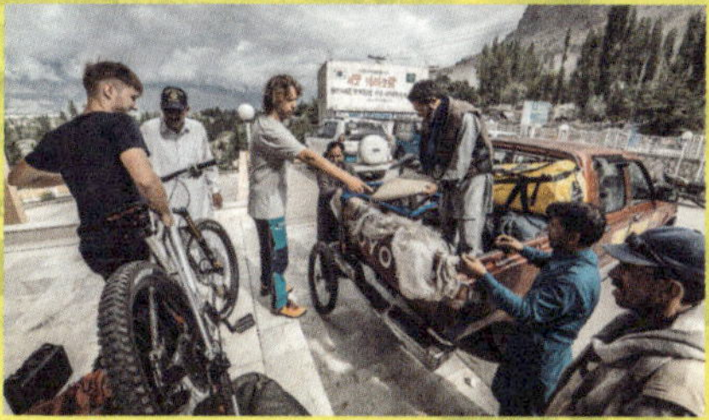

Sitzkissen aus dem Hotel polstern die Heckklappe, damit unsere Bikes nicht verkratzen. Ishaq meint, das sei kein Problem. Der Fahrer bringt sie später einfach wieder zurück.

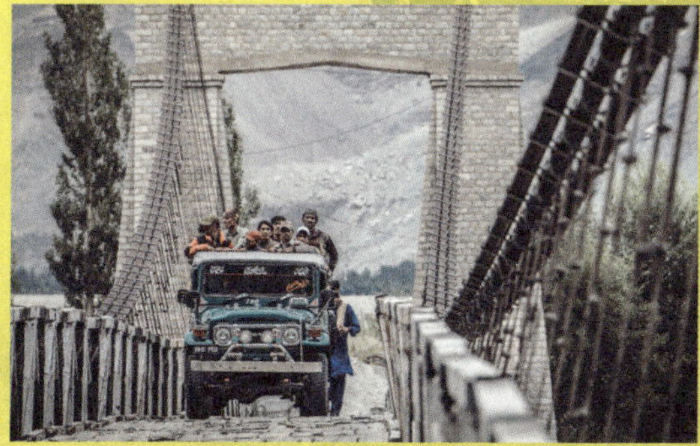

Eine gigantische Hängebrücke führt über den Shyok in das Tal von Hushe. Allradfahrzeuge übernehmen in den schroffen Tälern den Personennahverkehr. Aufgestiegen wird, solange es auf der Ladefläche noch Platz hat.

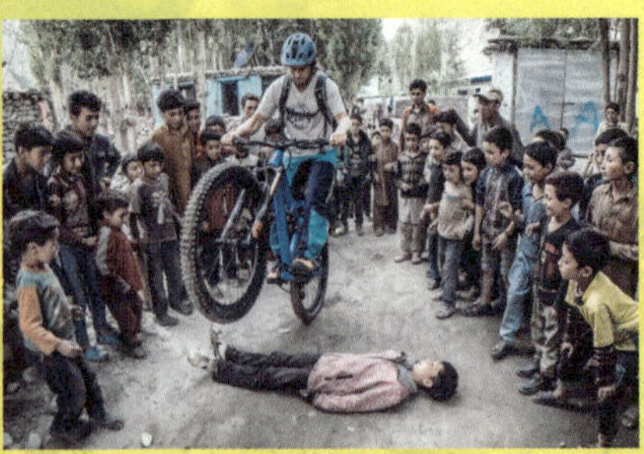

Innerhalb weniger Minuten in Hushe folgt mir eine Schar von Kindern. Da kann ich mir ein paar Kunststücke nicht verkneifen. Die begeisterten Kinder mit ihren strahlenden Augen sind eines der größten Geschenke auf der Reise.

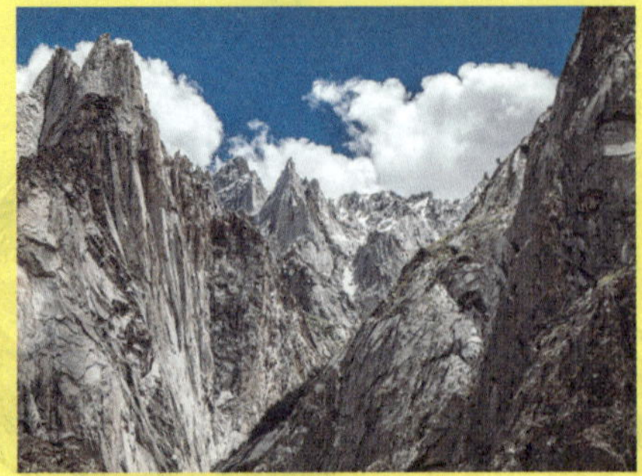

Die imposanten Wände des Charakusa-Tals sind so steil, dass sich nur in den obersten Regionen der Schnee halten kann. Die höchsten Gipfel reichen auf über 7000 Meter.

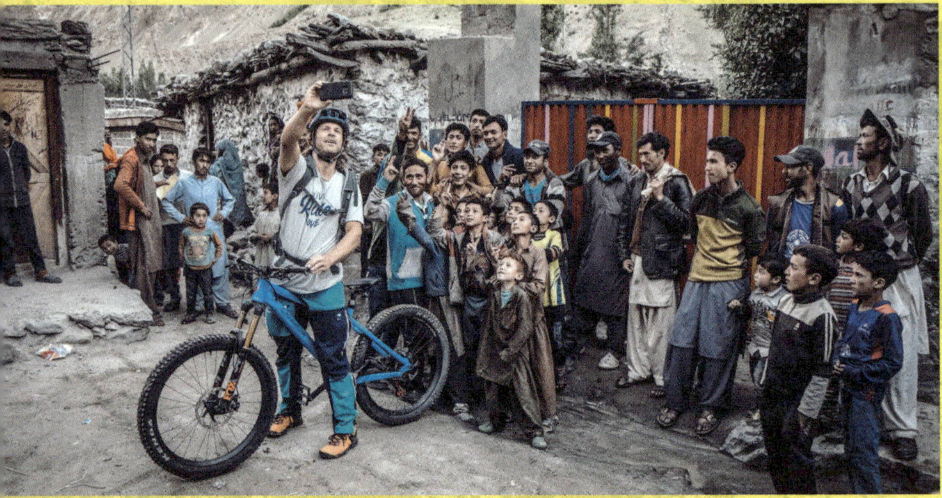

Die Stimmung am Dorfplatz in Hushe bei meiner kleinen Trial-Show ist unbeschreiblich. Bereits nach wenigen Minuten bin ich in der ungewohnt dünnen Luft auf 3200 Metern völlig außer Puste.

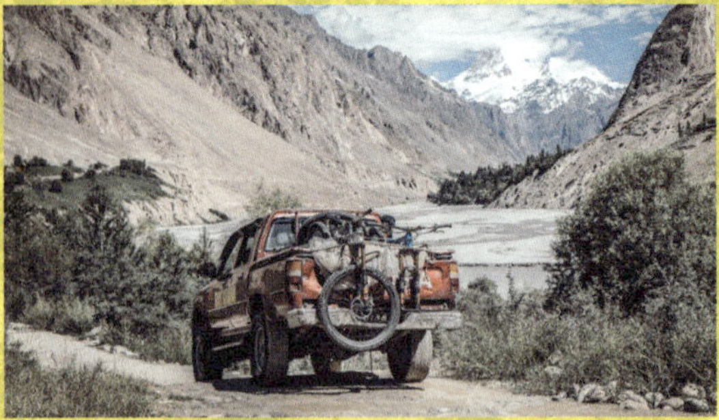

Immer tiefer fahren wir in das enger werdende Hushe-Tal. Im Hintergrund thront der 7821 Meter hohe Masherbrum.

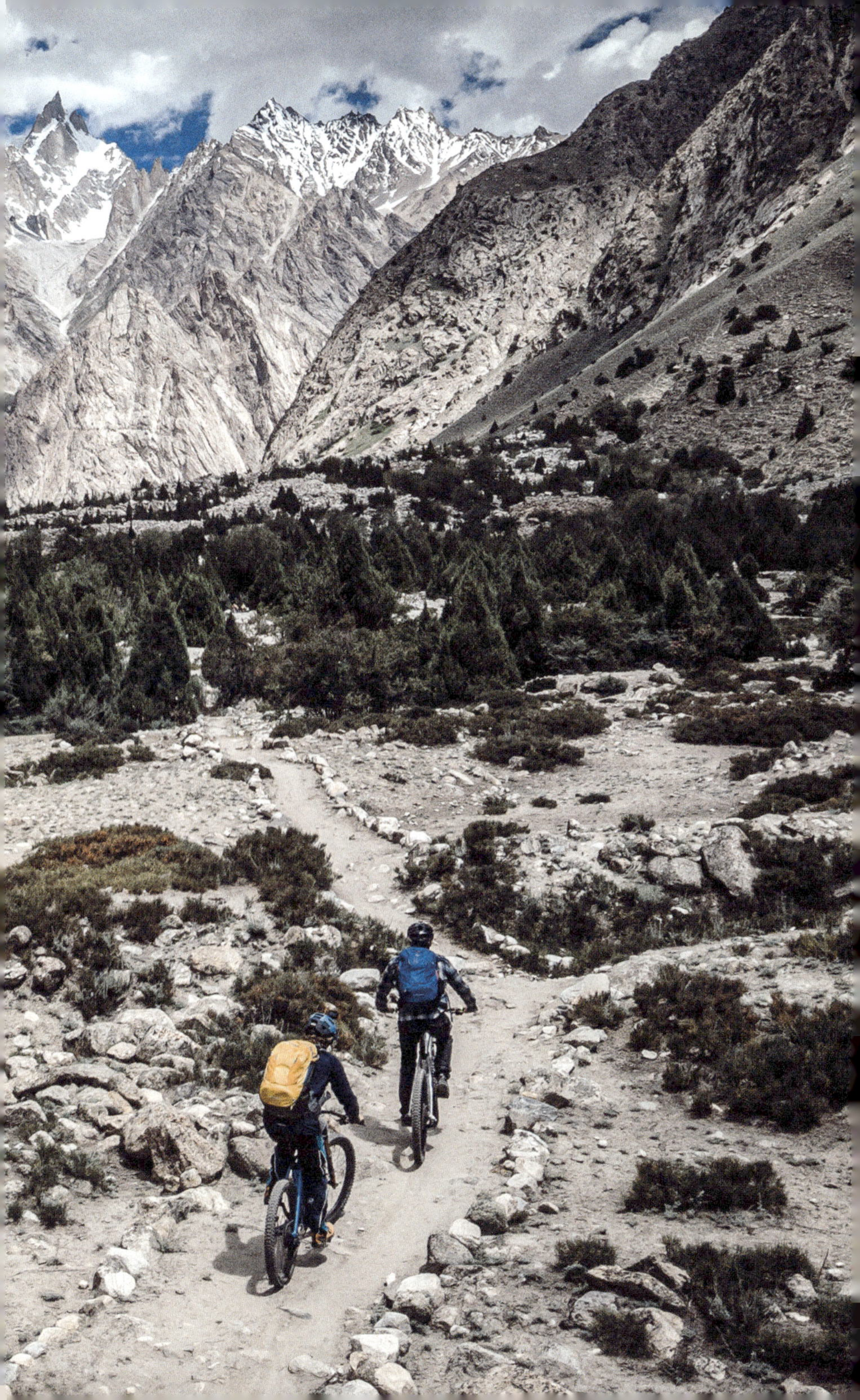

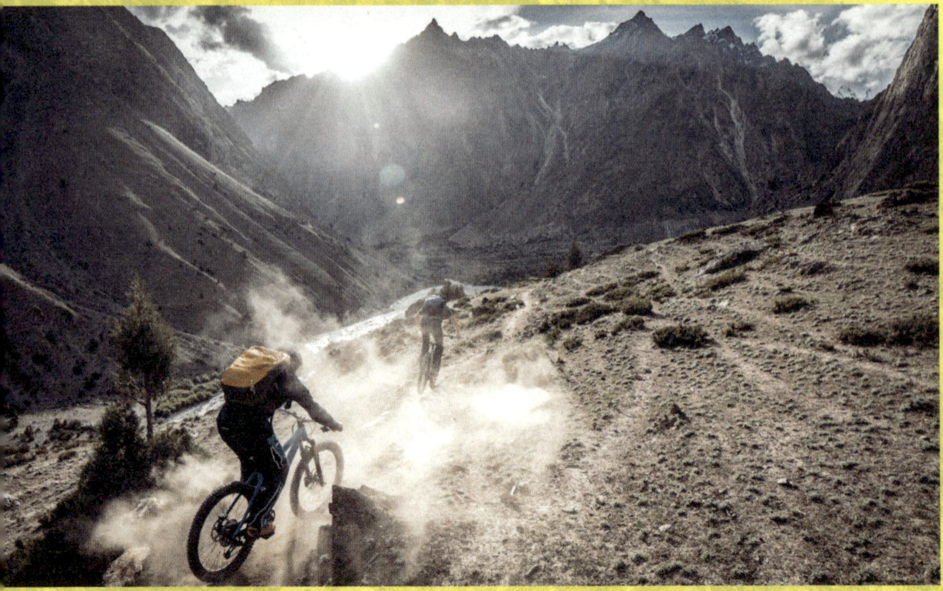

Unsere erste Singletrailabfahrt in Pakistan! Was wir hier noch nicht wissen: Nur noch selten werden wir in den nächsten Tagen so schnell auf den Bikes unterwegs sein.

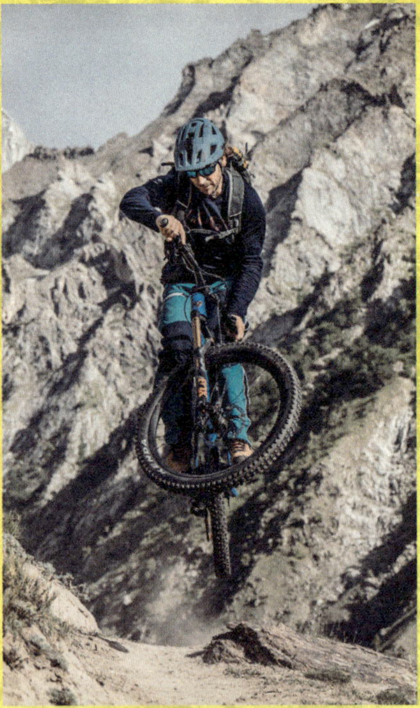

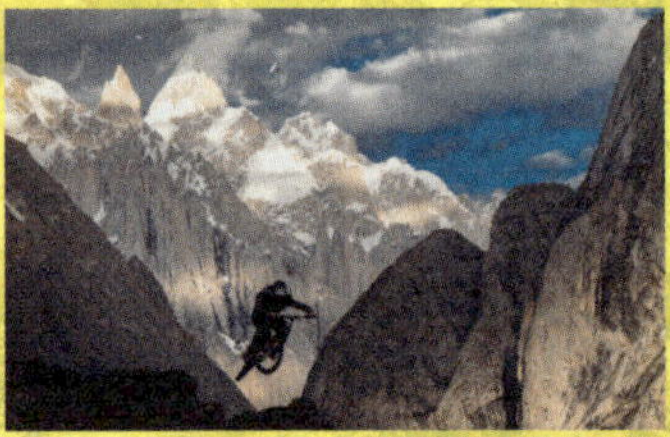

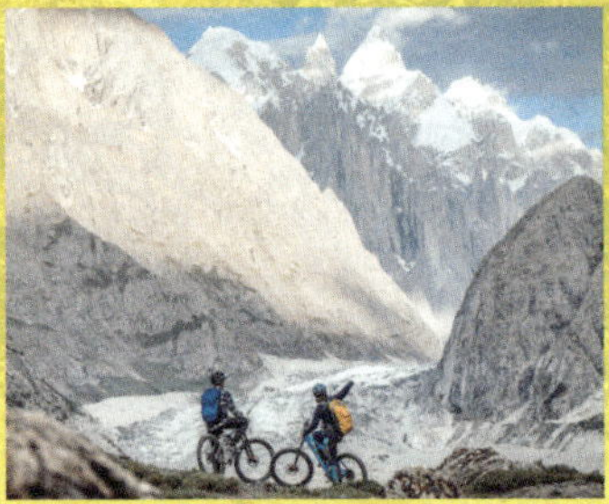

Fahrspaß vor der unglaublichen Kulisse des Charakusa-Tals. Martin fängt mit seiner Kamera diese einmaligen Momente ein. Unser Akklimatisationstag ist ein wahrer Genuss.

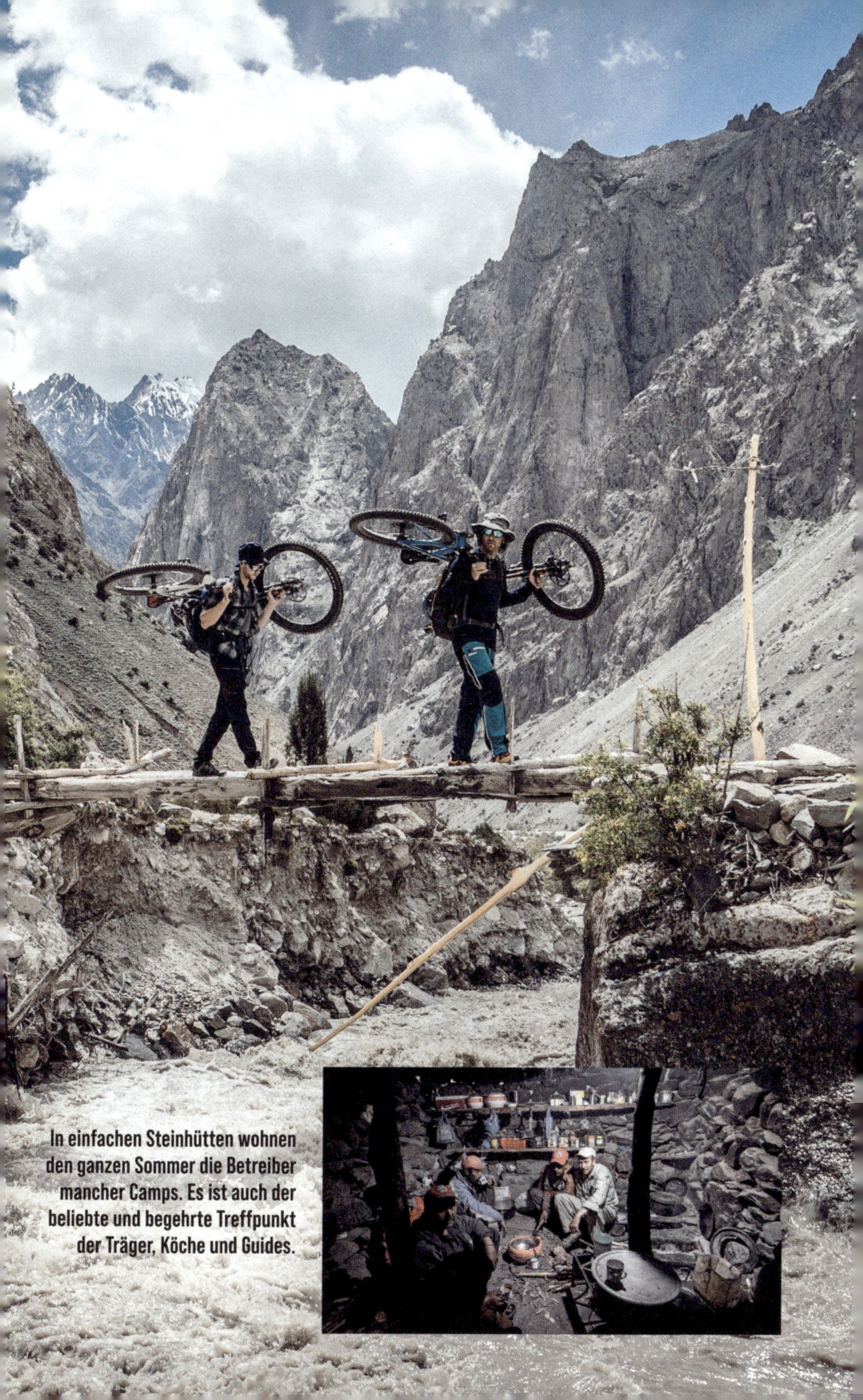

In einfachen Steinhütten wohnen den ganzen Sommer die Betreiber mancher Camps. Es ist auch der beliebte und begehrte Treffpunkt der Träger, Köche und Guides.

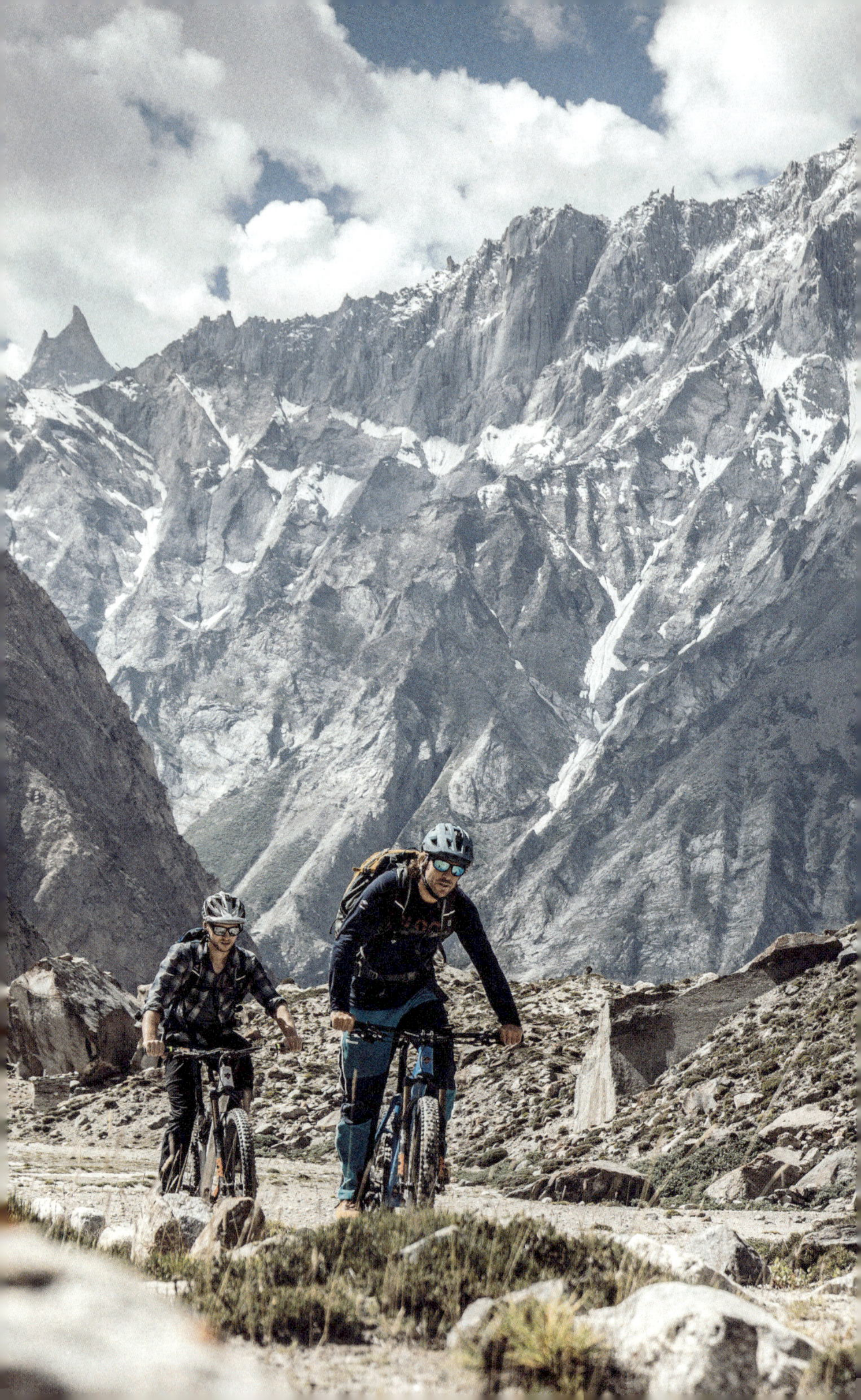

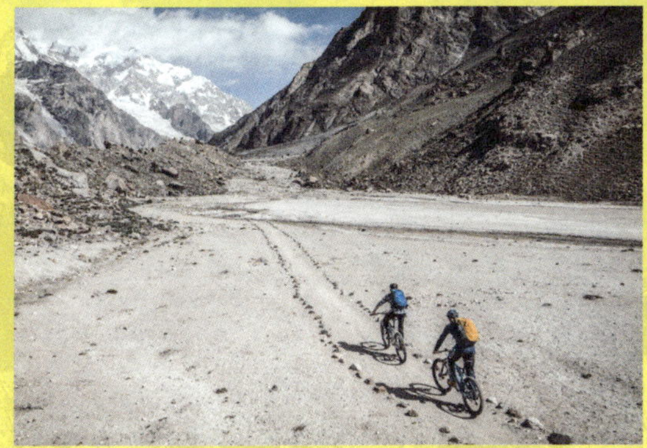

Auf der Moräne des Gondogoro-Gletschers kommen wir uns winzig vor. An die Dimensionen der Berge müssen wir uns erst gewöhnen – wie auch an die dünne Luft auf fast 4000 Metern.

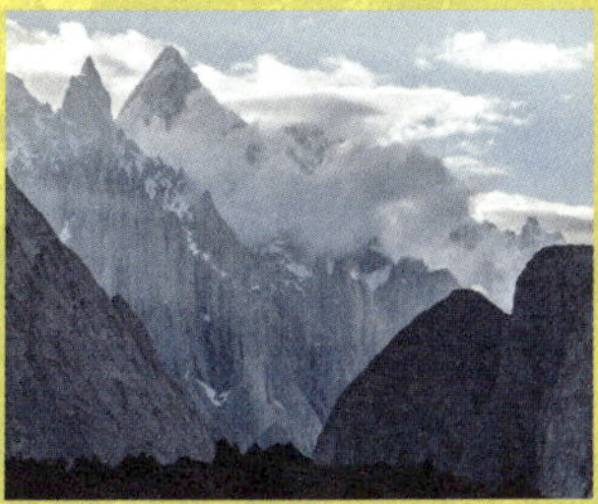

Vor rund vierzig Millionen Jahren kollidierte die nordwärts wandernde indische Platte mit der eurasischen Platte und formte sowohl den Himalaja wie auch den Karakorum. Erdgeschichtlich gesehen ist er daher ein junges Faltengebirge.

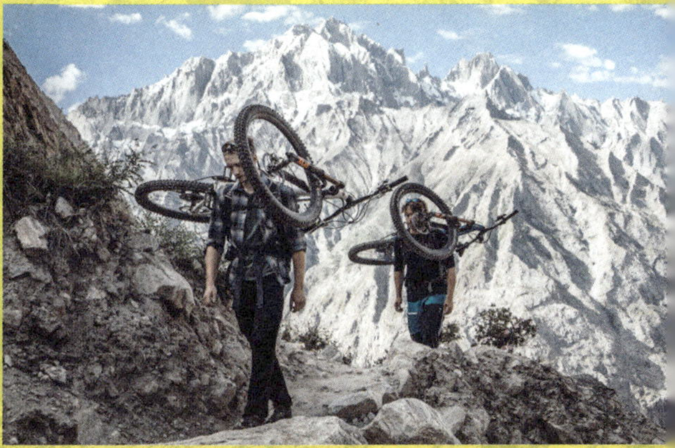

Das Tragen der Bikes wird zur täglichen Routine. Auf dem Rucksack liegen sie gut ausbalanciert. Mit dem Tagesgepäck hat so jeder von uns achtzehn bis zwanzig Kilogramm auf dem Rücken.

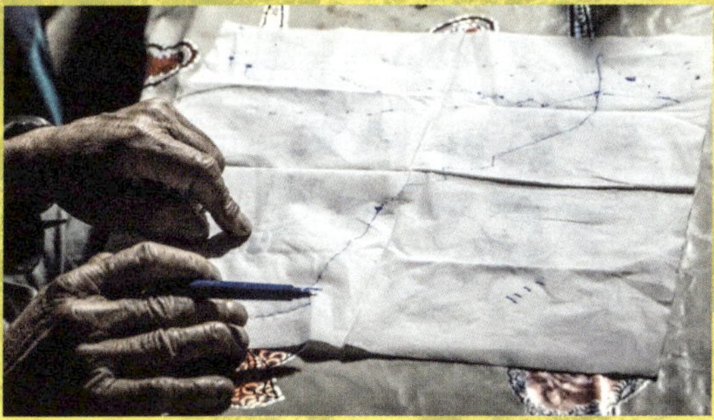

Ishaq zeichnet uns eine Karte vom Aufstieg zum Gondogoro-Pass. Er kennt praktisch jeden Stein auf dem Weg. Eine gedruckte Karte ist ihm aber fremd.

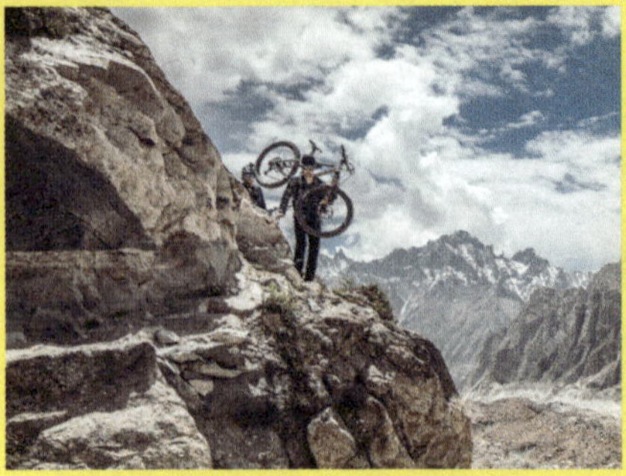
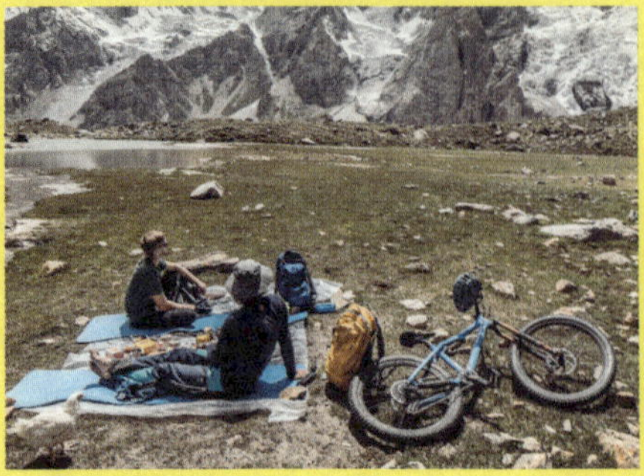

Der Weg zum Camp Dalsampa führt seilversichert hoch über dem schuttbedeckten Gondogoro-Gletscher entlang. Gut, dass wir schwindelfrei sind.

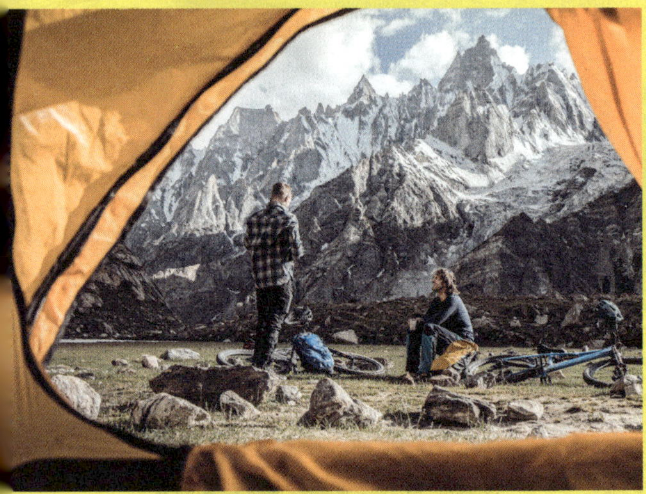

Auf 4100 Metern liegt der spektakuläre Lagerplatz Dalsampa. Weder mit Camping im Grünen noch mit Temperaturen von über zwanzig Grad haben wir hier oben gerechnet.

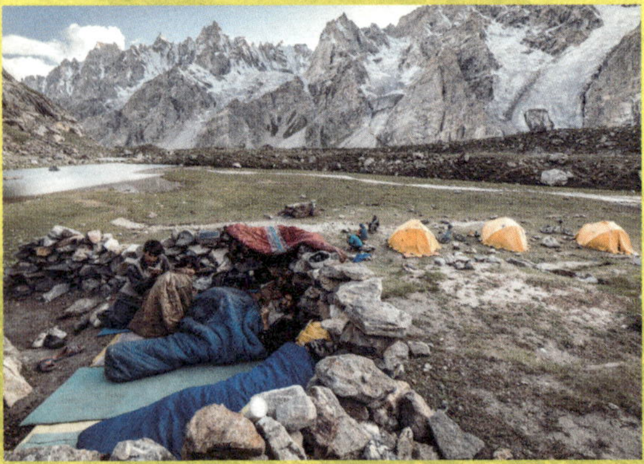

Während wir komfortabel im Zelt übernachten, legen sich unsere Begleiter einfach hinter Steinmauern, die den Wind abhalten. Wenn es regnet, kommt eine Plane zum Schutz darüber.

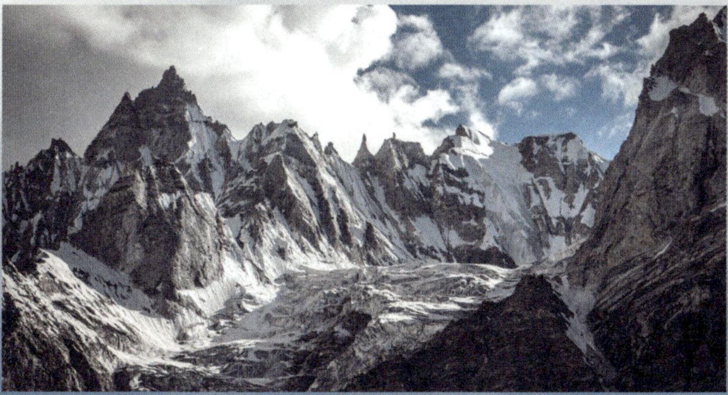

Viele der Gipfel im Karakorum liegen in einer abgeschiedenen Welt aus Fels, Eis und Schnee. Unzählige Bergspitzen ragen in den Himmel, welche noch nie ein Mensch betreten hat. Die meisten davon tragen nicht mal einen Namen.

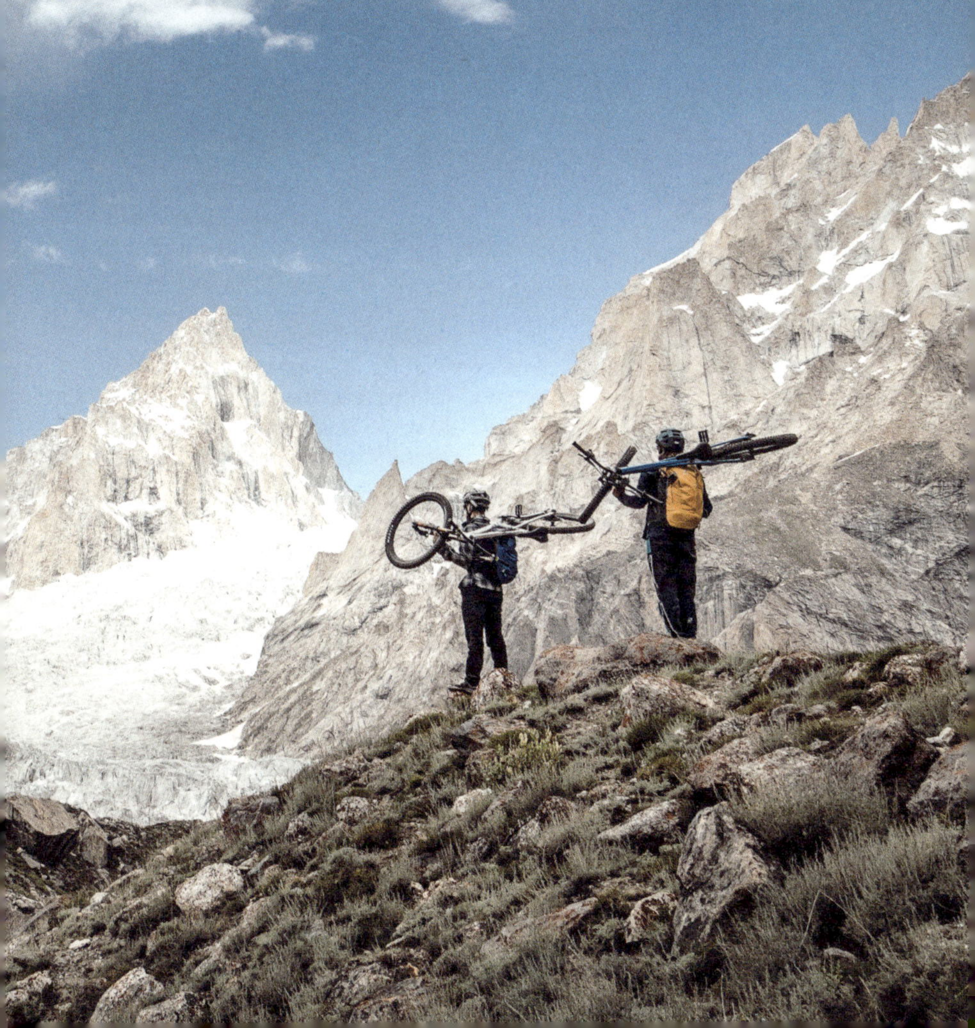

Kann es einen imposanteren Waschplatz geben? Die Masherbrum-Gruppe spiegelt sich im klaren Wasser. Am Tag vorher bin ich hier noch ein paar Meter im kalten Nass geschwommen. Ein einmaliges Erlebnis!

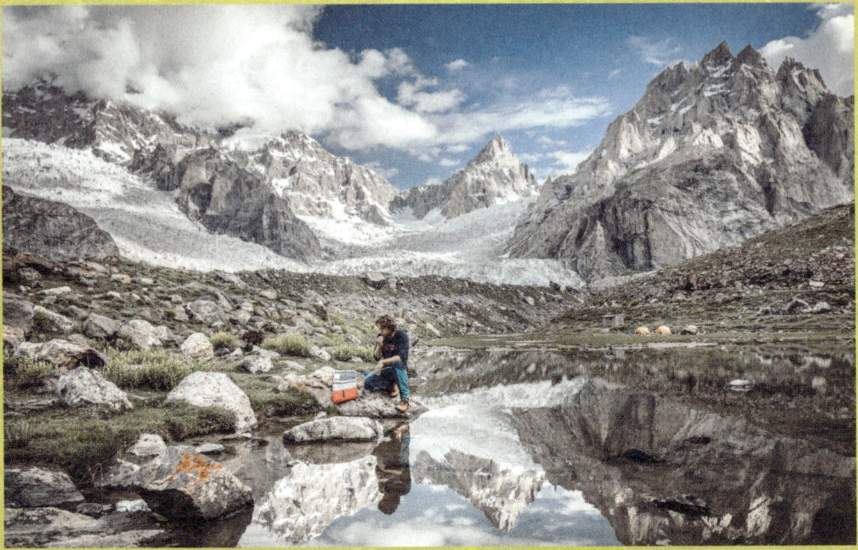

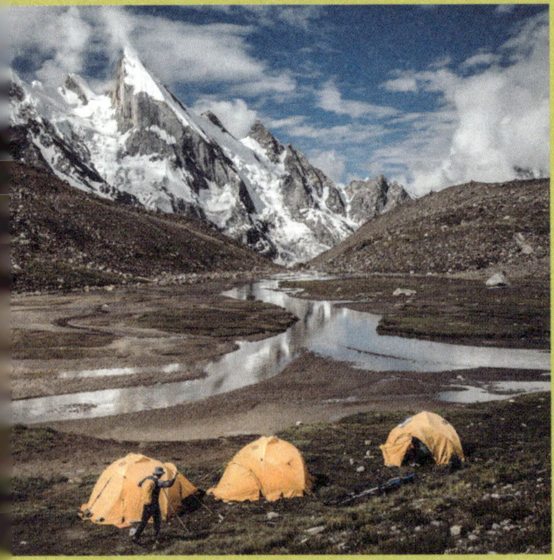

Im Ranking »der schönsten Lagerplätze, die ich je gesehen habe«, liegt Khuispang weit vorne. Die markante Fels- und Eispyramide des Laila Peak thront gewaltig über den Zelten.

Die riesigen Gletschertische sind instabile Gestalten. Nicht vorhersehbar können sie jederzeit einbrechen. Das Eis unter den Steinen ist von der Sonne geschützt und taut daher langsamer ab. So entstehen diese Skulpturen.

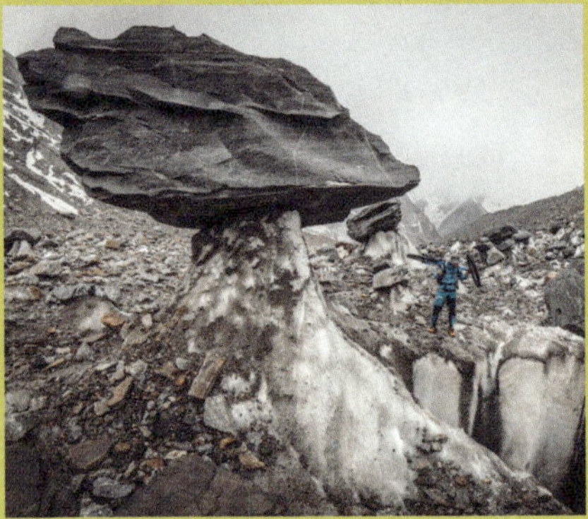

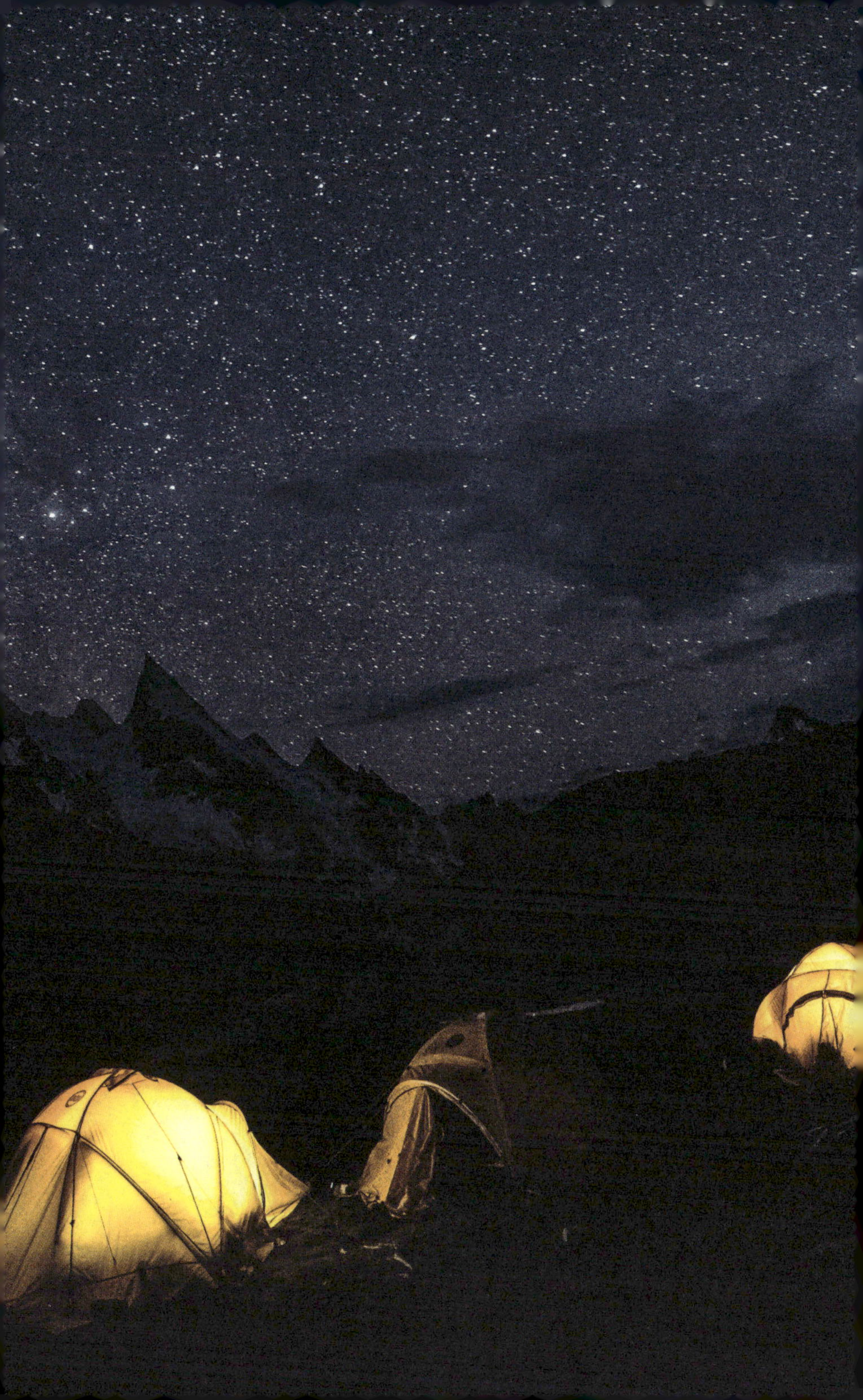

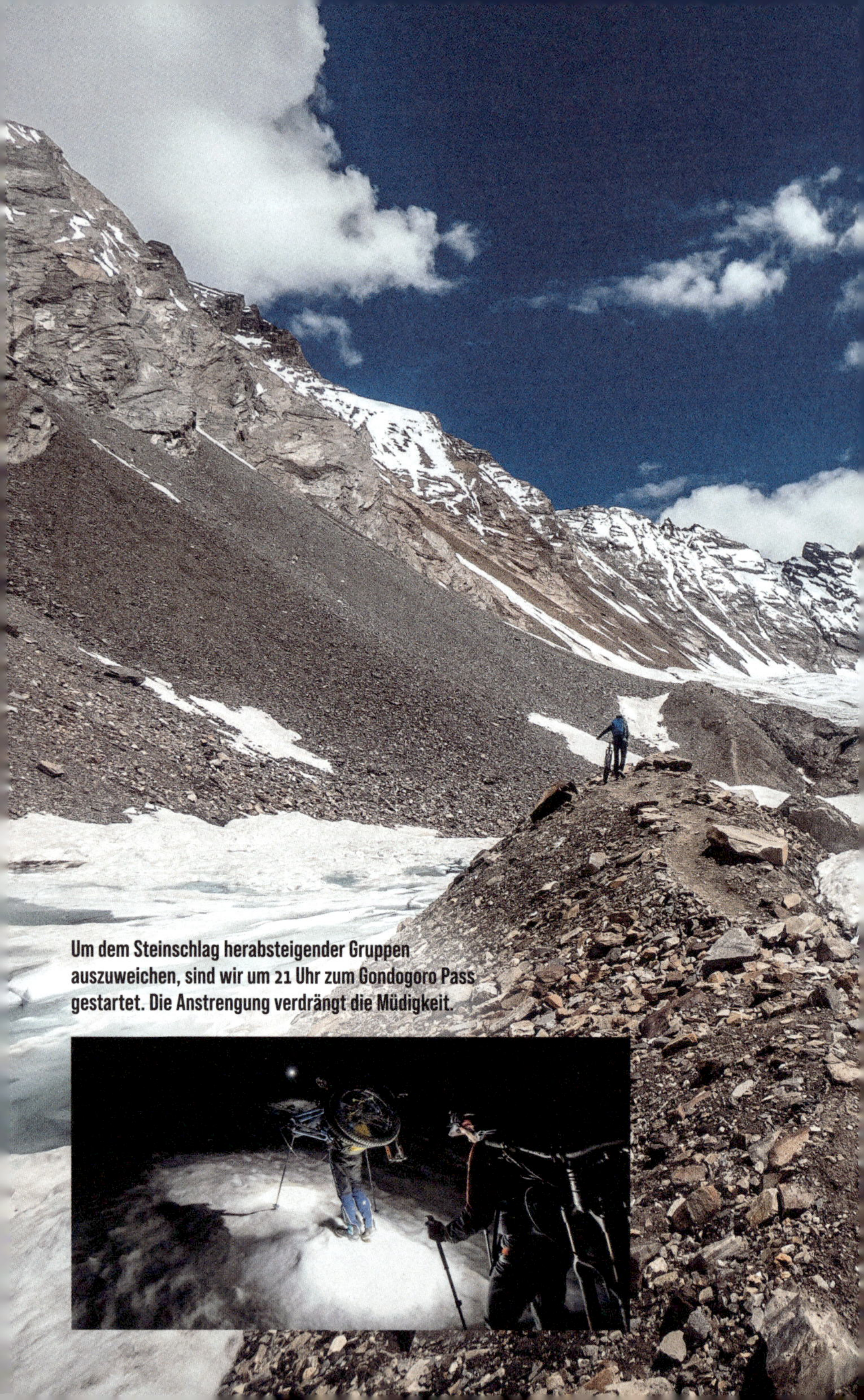

Um dem Steinschlag herabsteigender Gruppen auszuweichen, sind wir um 21 Uhr zum Gondogoro Pass gestartet. Die Anstrengung verdrängt die Müdigkeit.

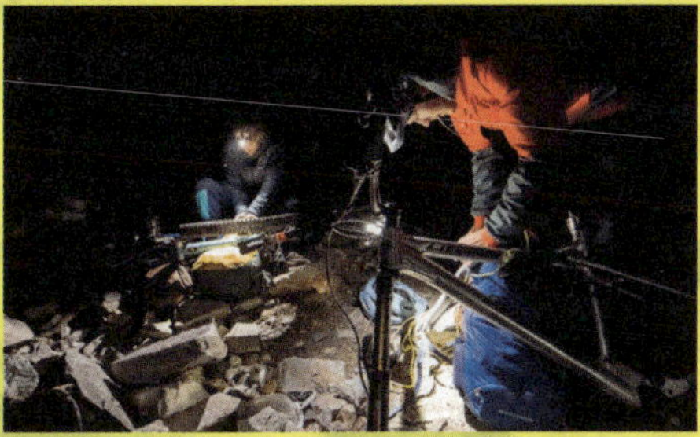

Neun Kilogramm Gepäck plus vierzehn Kilogramm Fahrrad hat jeder von uns zu tragen. Wir fixieren die Bikes fest an den Rucksäcken, weil wir uns sicher sind, dass wir sie in den nächsten Stunden auf keinen Fall benötigen werden.

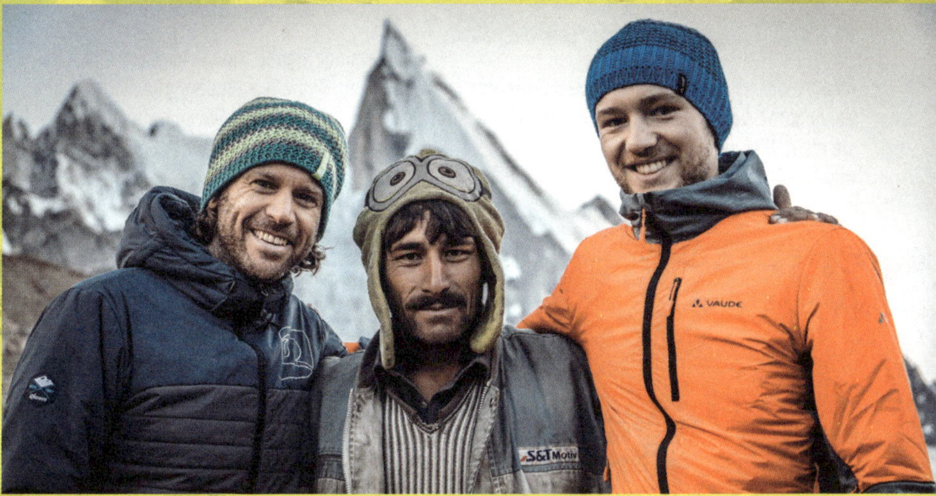

Trotz der Sprachbarrieren – wir können kein Balti sprechen, die Träger kein Englisch – haben wir ein freundschaftliches Verhältnis. Mit Händen und Füßen verständigen wir uns, und wir sind unendlich dankbar für die großartige Mannschaft.

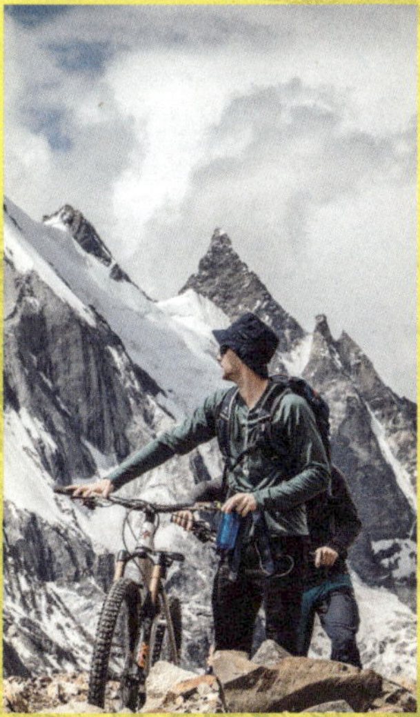

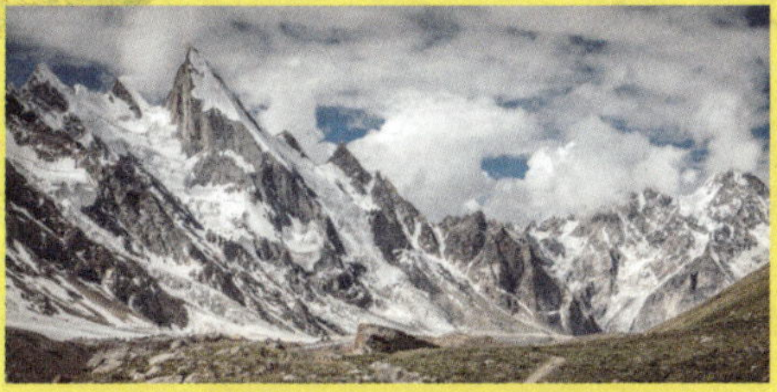

Die Erstbesteigung des formvollendeten Laila Peak, 6069 Meter, erfolgte 1987 durch Briten. Im Sommer 2005 wurde die erste Skibefahrung der Nordwestflanke realisiert.

Langsam und schwer atmend schieben Jakob und ich unsere Bikes auf über 5000 Meter zum Bikedepot vor dem Passübergang. An Fahren ist in dem Geröll und der dünnen Luft schon lange nicht mehr zu denken.

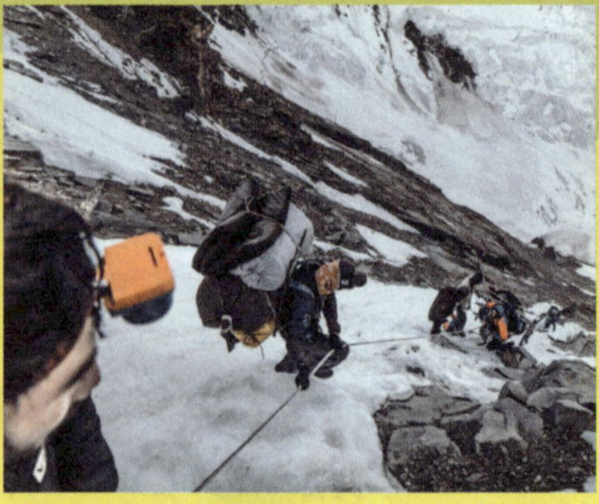

Im ersten Morgenlicht kommen uns Träger am Gondogoro La entgegen. Steigeisen wie wir haben sie nicht. Über den einfachen Schuhen tragen manche Wollsocken, um nicht auszurutschen.

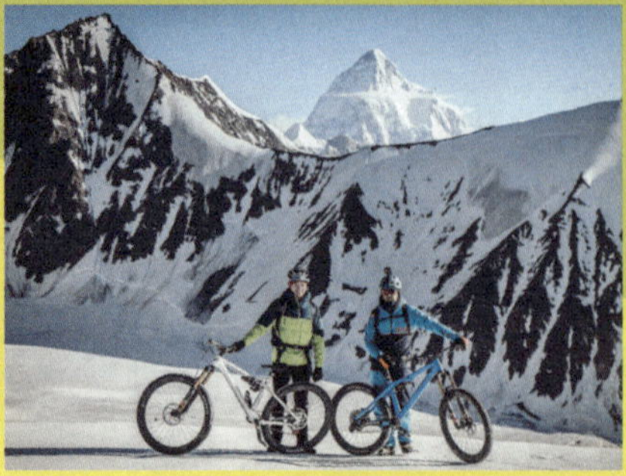

Seit meiner Jugend träume ich davon, den K2 zu sehen. Hier oben auf über 5600 Metern hat sich der Traum erfüllt. Die gigantische Pyramide des zweithöchsten Berges der Erde, 8611 Meter, strahlt im Morgenlicht.

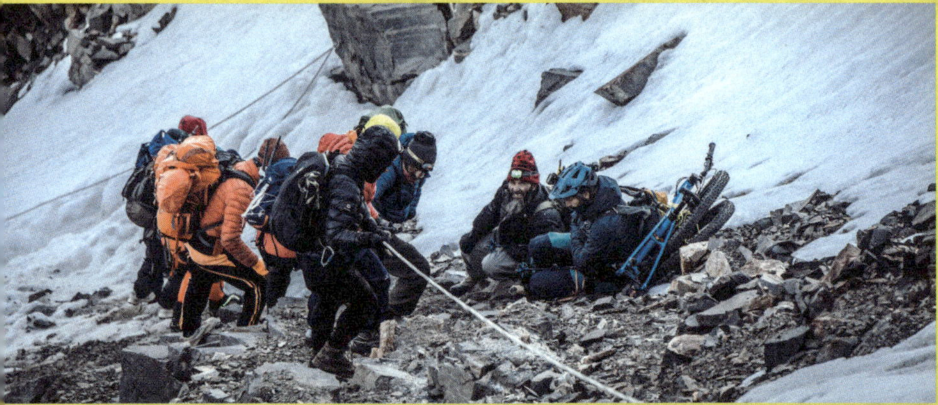

Immer wieder kommen uns Bergsteiger:innen an den Fixseilen entgegen. Wir müssen uns aushängen, zur Seite gehen und frierend warten, bis die Seile wieder frei sind. Auch Ishaq sieht man die Anstrengung an.

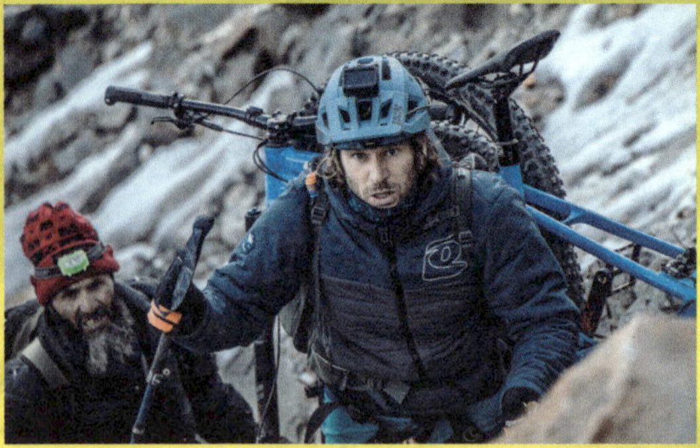

Die letzten Höhenmeter auf den Pass zählen zu den härtesten meines Lebens. Aufgrund von Dehydration, ich habe viel zu wenig getrunken, werde ich von Magenkrämpfen geschüttelt. Ich sehne mich danach, endlich oben zu sein.

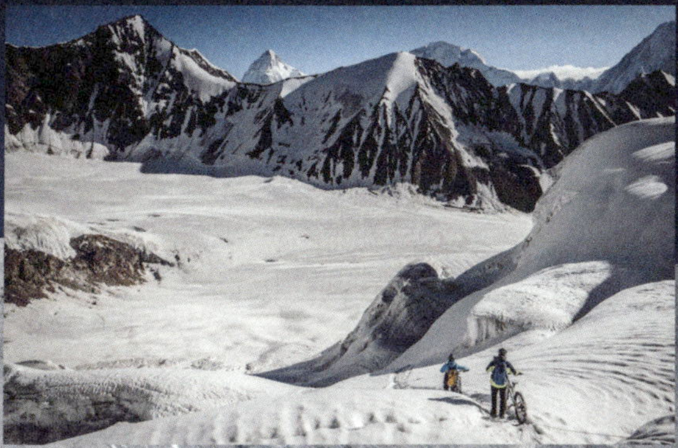

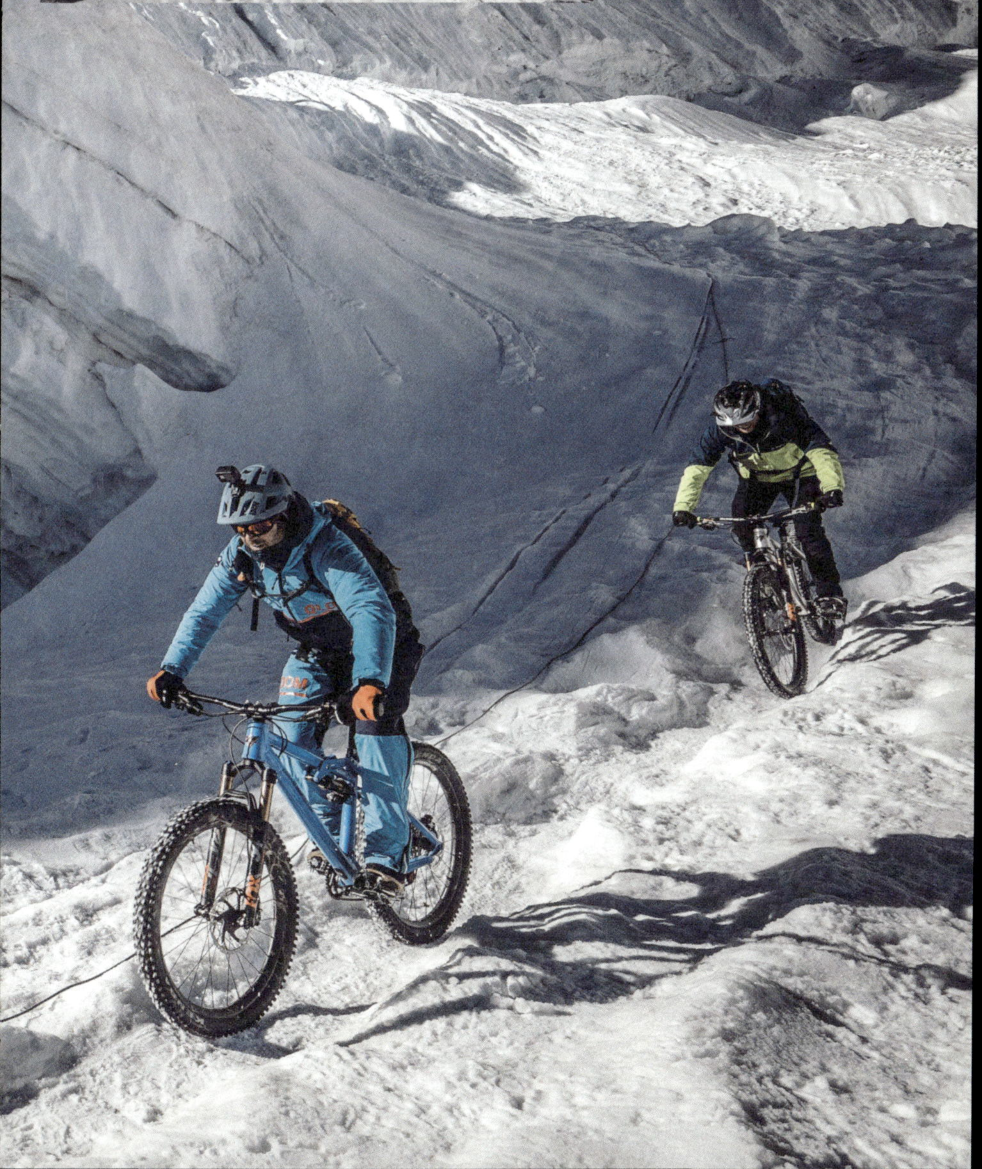

Wir haben gehofft, vom Gondogoro La abfahren zu können. Die Schneedecke ist aber zu weich, der seilversicherte Weg durch die Gletscherspalten zu gefährlich. Unter uns liegt der West-Vigne-Gletscher, welcher nach dem Forschungsreisenden Godfrey Thomas Vigne benannt ist.

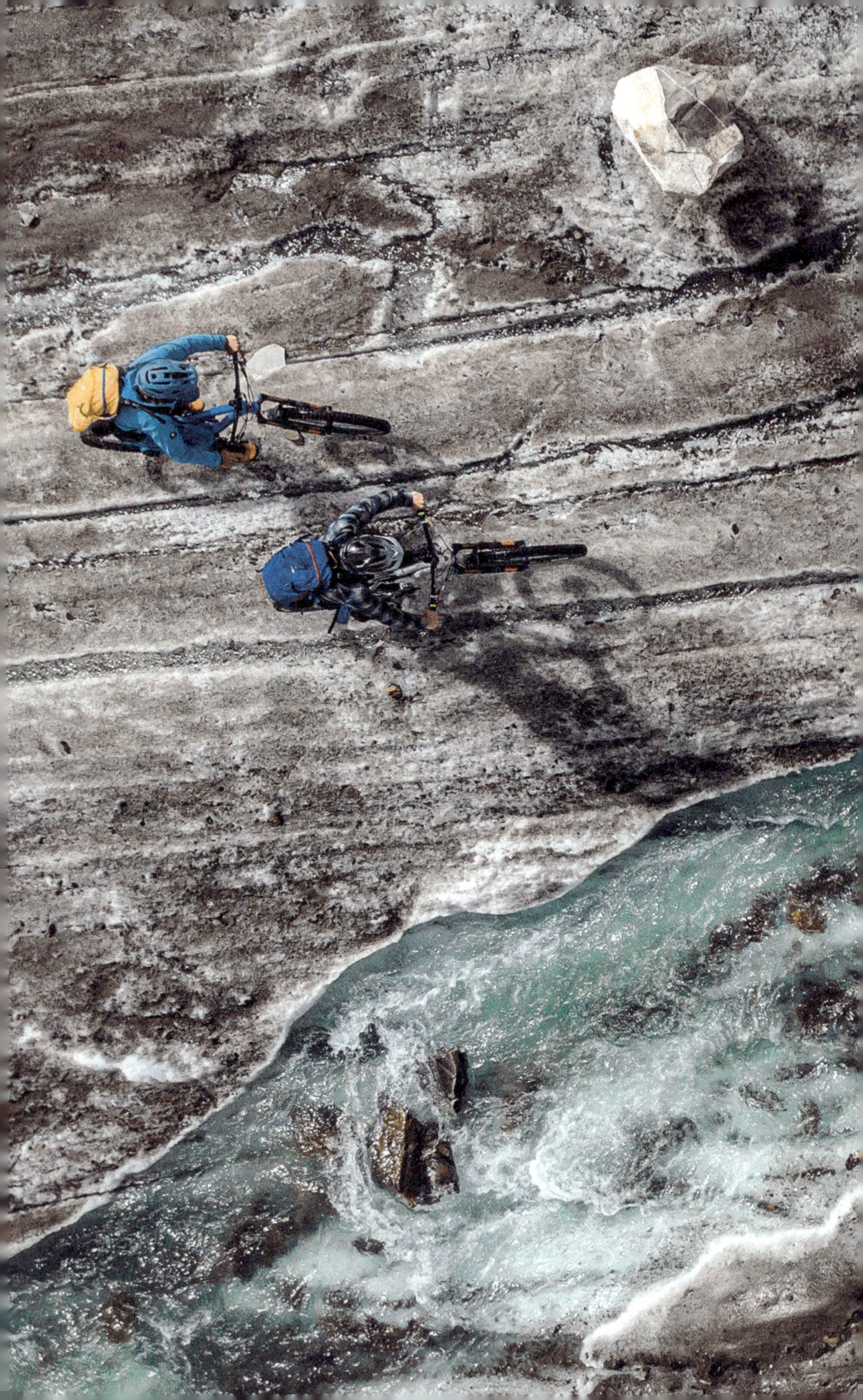

Auf dem Upper-Baltoro-Gletscher rollen wir dem Concordiaplatz entgegen. Das zerfurchte Eis bietet guten Grip. Wir müssen nur aufpassen, nicht mit den Rädern in einer der Gletscherspalten hängen zu bleiben.

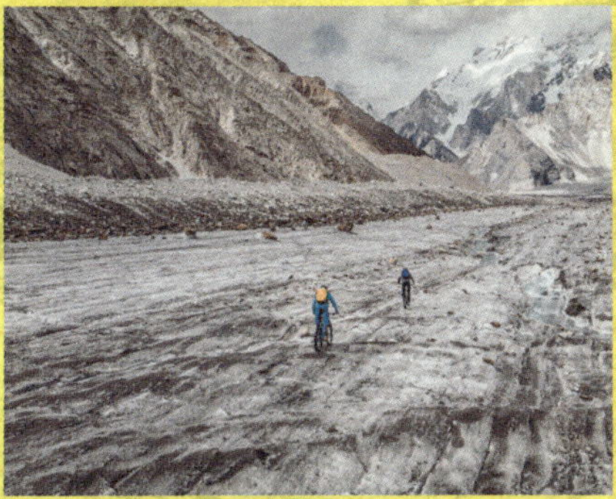

Endlich sind wir mal wieder auf und nicht unter unseren Rädern unterwegs. Umringt von 7000 Meter hohen Bergen auf uraltem, knirschendem Eis Rad zu fahren, ist ein unvergessliches Erlebnis.

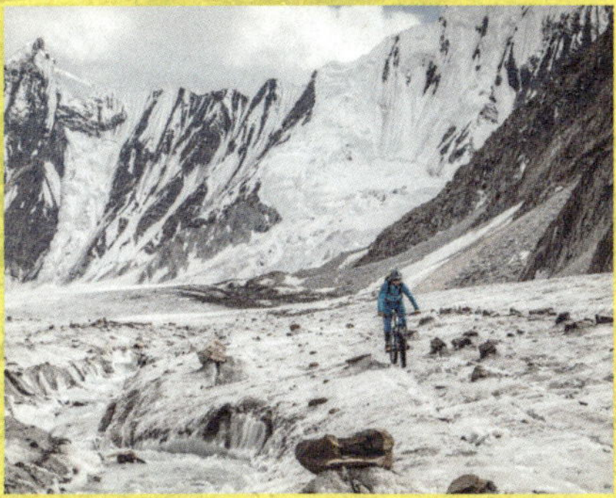

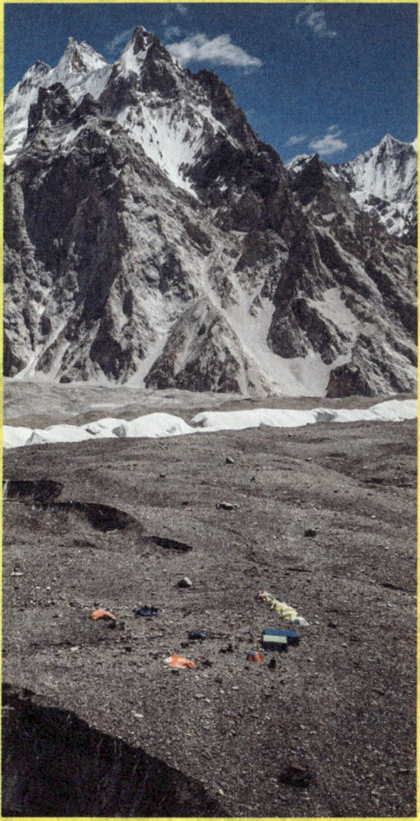

Das eiskalte Schmelzwasser fließt in einem Bachbett aus Gletschereis von der Gasherbrum-Gruppe hinab. Wir nutzen unseren Ruhetag am Concordiaplatz, um uns den Dreck und die Anstrengung der letzten Tage abzuwaschen.

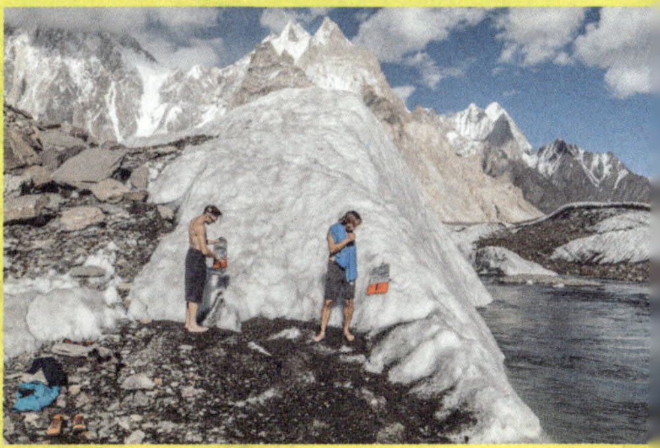

Der aus Kalifornien stammende Schriftsteller und Fotograf Galen Rowell taufte den Concordiaplatz auf den Namen »Thronsaal der Berggötter«. Hier im Herzen des Karakorums vereinen sich verschiedene Gletscher zu einem der größten Talgletscher der Welt: dem Baltoro-Gletscher.

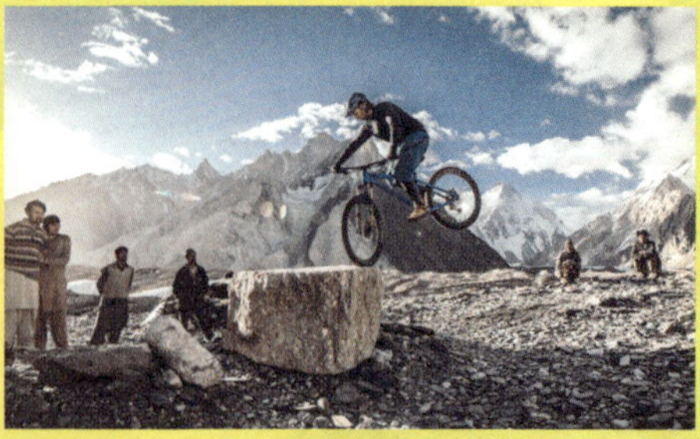

Bilder wie dieses sind einmalig auf der Welt: Fahrradakrobaten vor der Kulisse des K2. Mit einem kleinen, selbstgebauten Absprung katapultieren wir uns auf den glatten Felsentisch und leben unseren Spieltrieb aus.

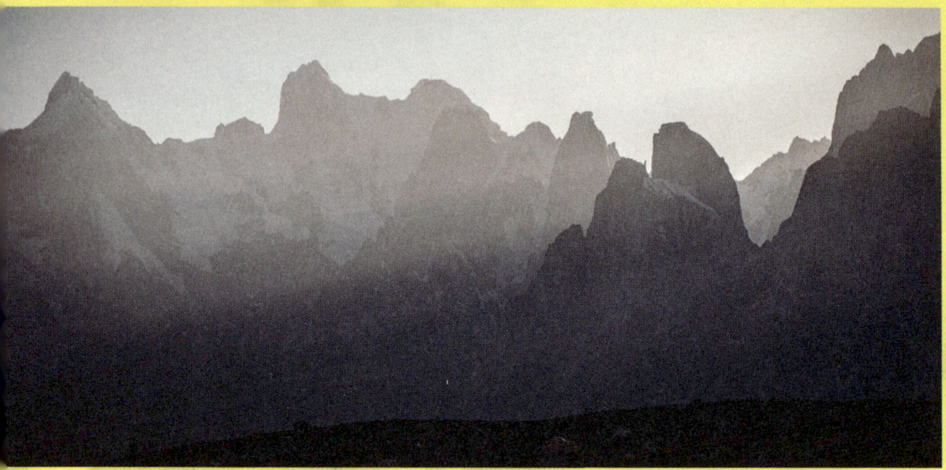

Es gibt keinen Ort auf der Welt, wo mehr 7000 und 8000 Meter hohe Berge auf so engem Raum zusammenstehen wie im Karakorum. Die steilen Felskathedralen sind Herausforderungen für Alpinist:innen und Kletter:innen aus der ganzen Welt.

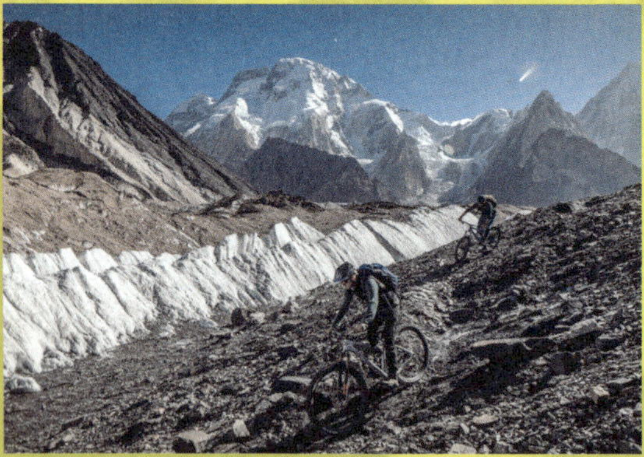

Der Broad Peak im Hintergrund, 8051 Meter, wurde am 9. Juni 1957 von vier Österreichern erstbestiegen. Darunter waren die Bergsteigerlegenden Hermann Buhl und Kurt Diemberger. Der Normalweg geht auf der von hier aus gesehen rechten Schulter auf den Gipfel.

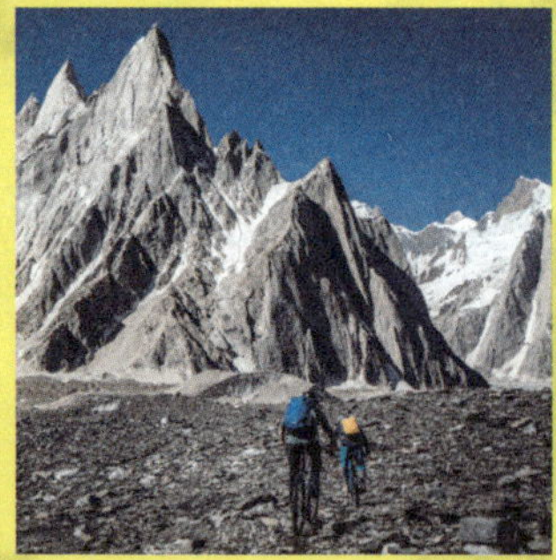

Mit 6025 Metern ist der Mitre Peak im Vergleich zu vielen umliegenden Bergriesen geradezu winzig, seine Formen und Strukturen aber nicht weniger beeindruckend. Genau so habe ich als Kind Berge gemalt: spitz zulaufende Zacken.

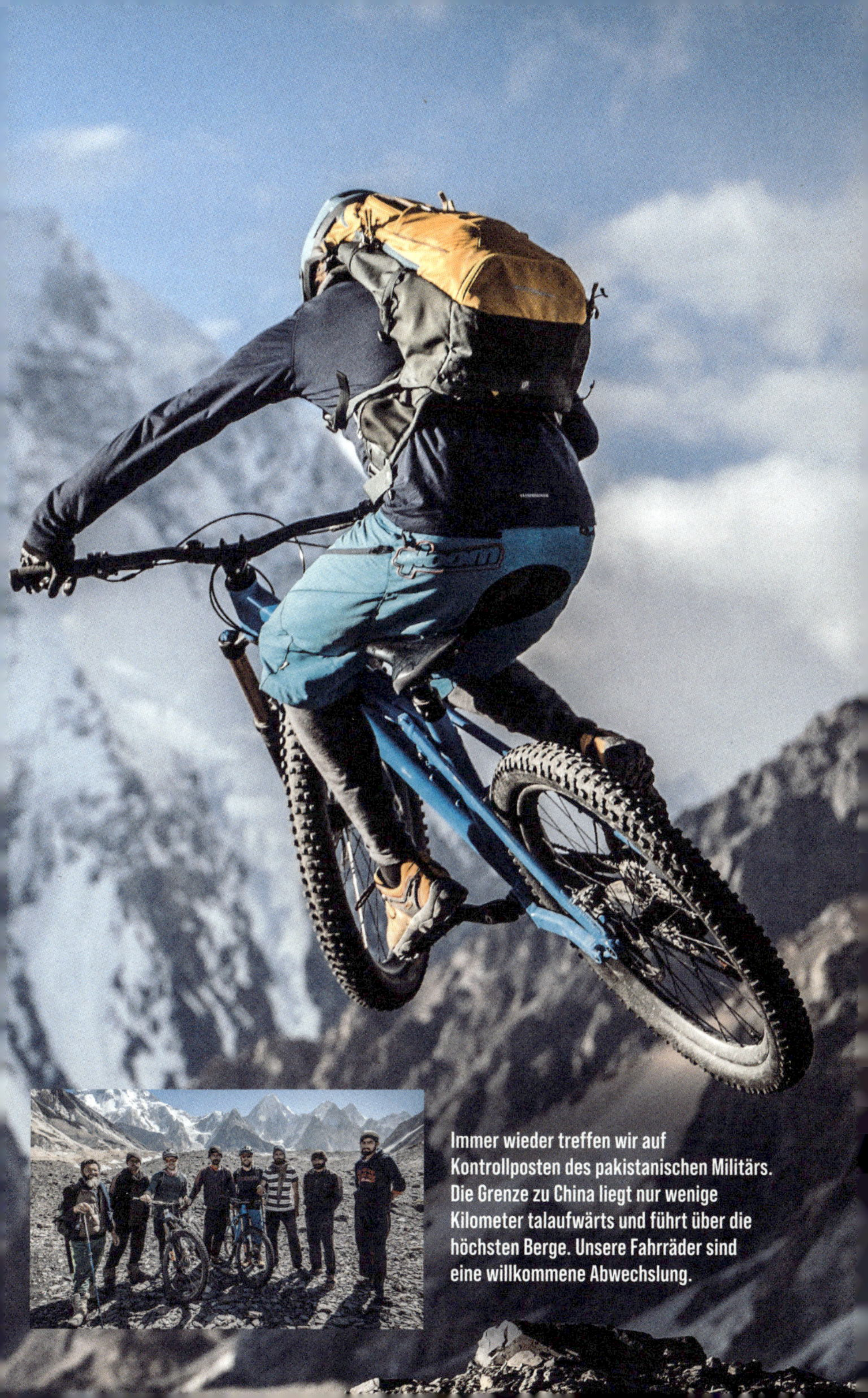

Immer wieder treffen wir auf Kontrollposten des pakistanischen Militärs. Die Grenze zu China liegt nur wenige Kilometer talaufwärts und führt über die höchsten Berge. Unsere Fahrräder sind eine willkommene Abwechslung.

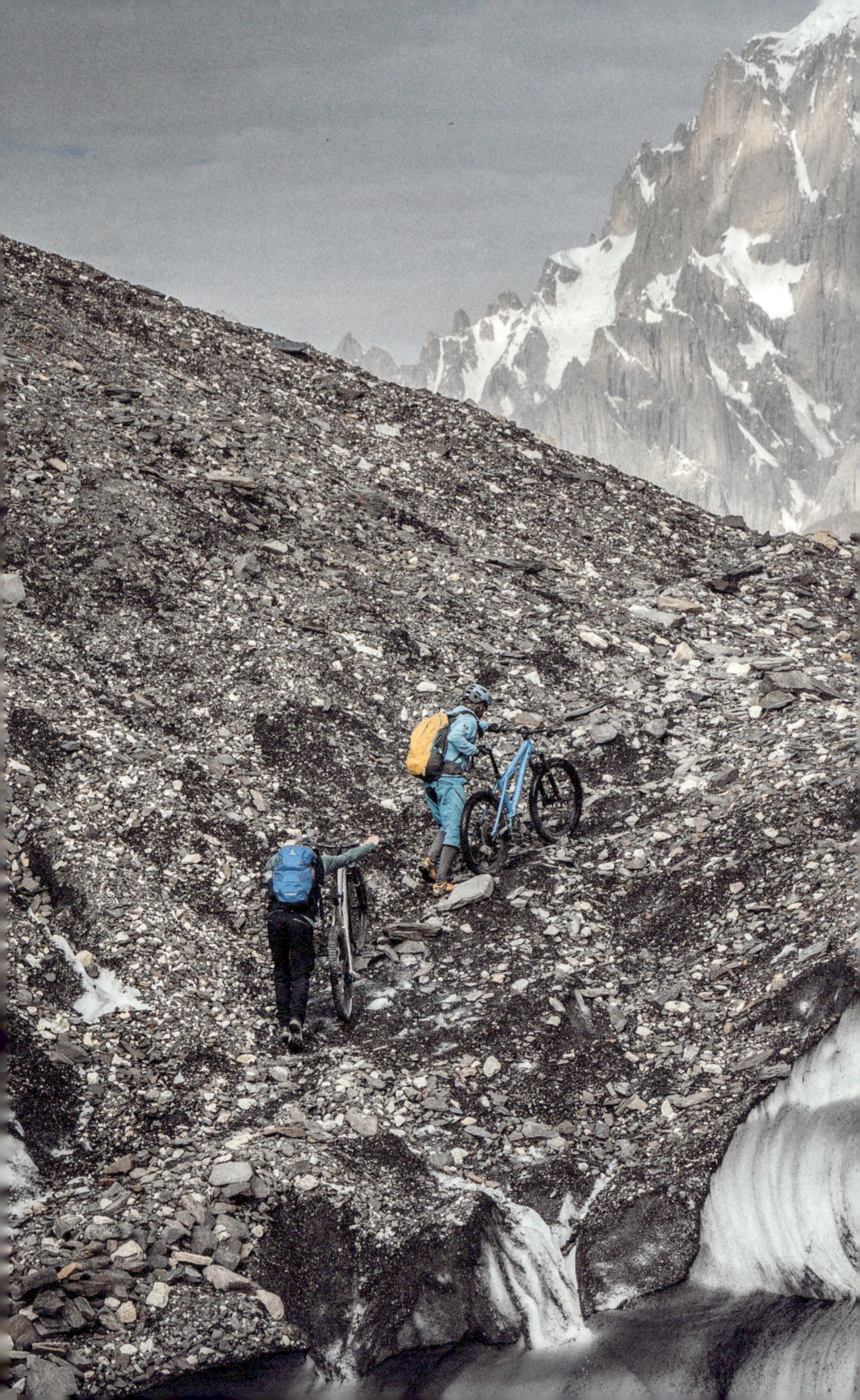

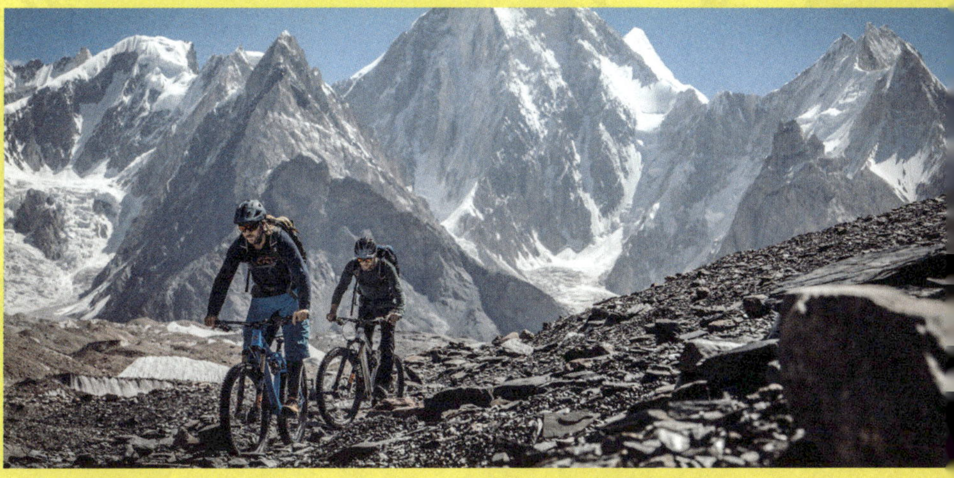

Ohne Ishaq würden wir wahrscheinlich orientierungslos im Zickzack über den schuttbedeckten Gletscher irren. Der Weg ist oft nicht zu erkennen. Dort, wo es eben ist, können wir immer wieder fahren.

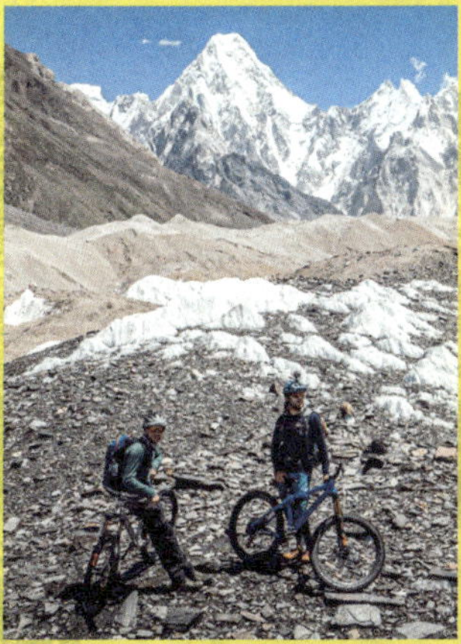

Majestätisch steht die Pyramide des Gasherbrum IV im gleißenden Licht. Wir haben ein Riesenglück mit dem guten Wetter. Oft sieht man tagelang keinen Berg hinter den Wolken. Wir können die grandiose Aussicht lange Zeit genießen.

Das Fahren in dem groben Geröll, welches den Gletscher fast überall bedeckt, ist eine echte Herausforderung. Wenn man nur eine Sekunde unaufmerksam ist, dann hängt schon das Rad irgendwo fest. So kommen wir nur langsam voran. Aber zumindest rollt es ab und zu.

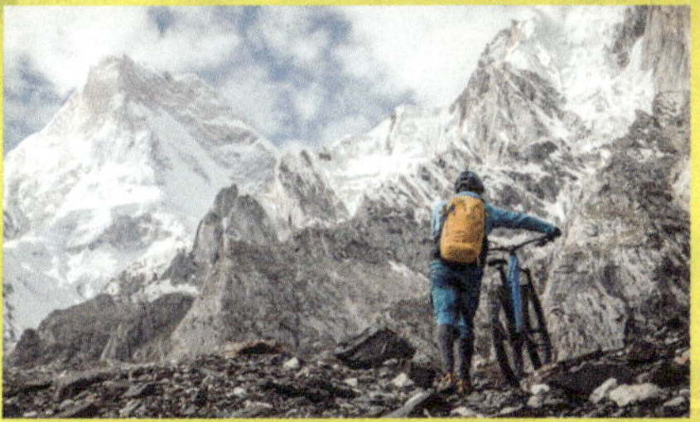

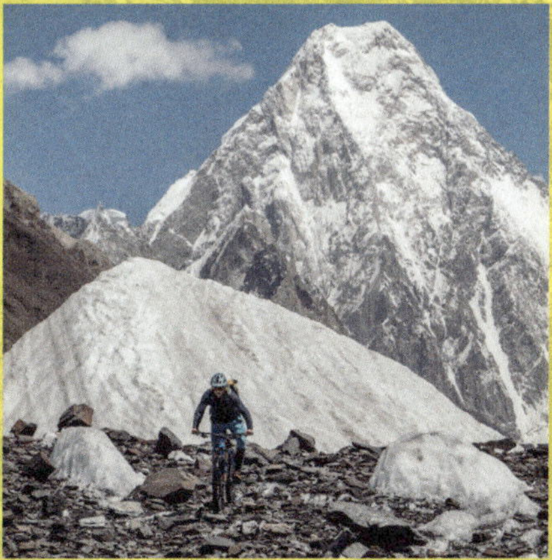

Der Untergrund ist aufgeworfen wie das zerbeulte Blech eines Autos nach einem Unfall. Unendlich oft rollen wir in Mulden und schieben auf der anderen Seite wieder hinaus. Das ewige Auf- und Absteigen verhindert jeden Rhythmus und ist echt mühsam.

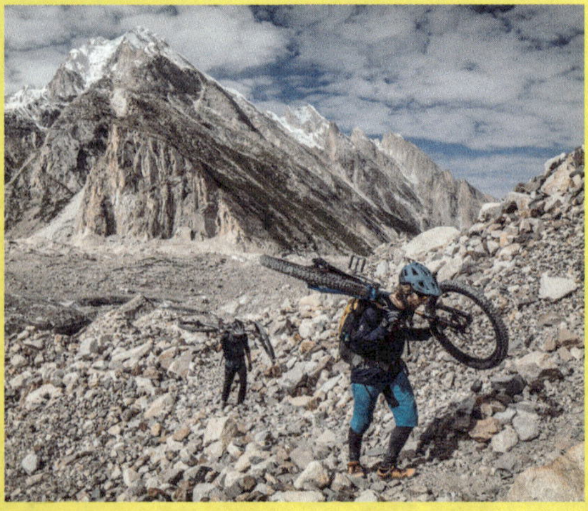

Tage von bis zu zehn Stunden zehren an unseren Kräften. Manchmal führt der Pfad auf die Seitenmoräne hinauf. Schieben ist bei den Felsbrocken anstrengender als Tragen, daher liegen die Räder oft am Rücken.

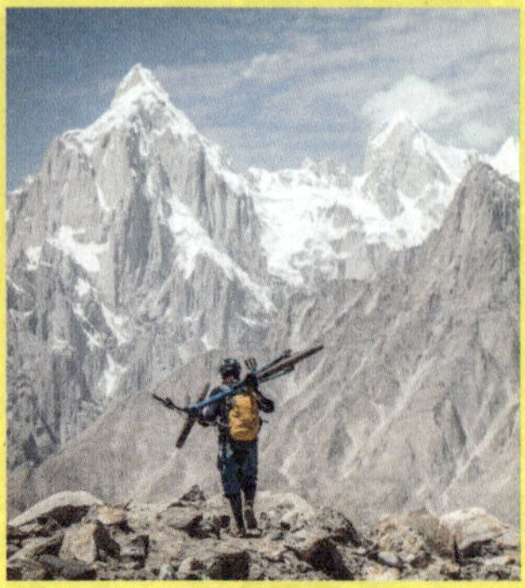

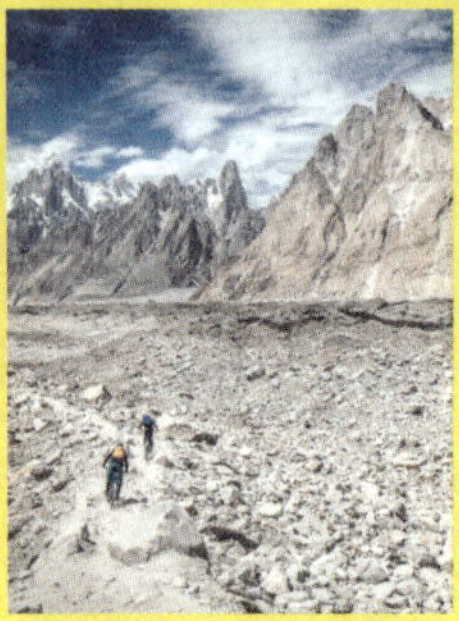

Vom Camp Urdukas führt ein spaßiger Trailabschnitt zurück auf den Gletscher. Die gegenüberliegenden Bergriesen wie »Cathedral« und »Trango Castle« haben nicht mal mehr 6000 Meter. Trotzdem wirken sie monumental.

Gefühlt verbringen wir mehr Zeit unter unseren Rädern als auf ihnen. Wenigstens lenkt die beeindruckende Landschaft von den Strapazen ab und sorgt für visuelle Abwechslung.

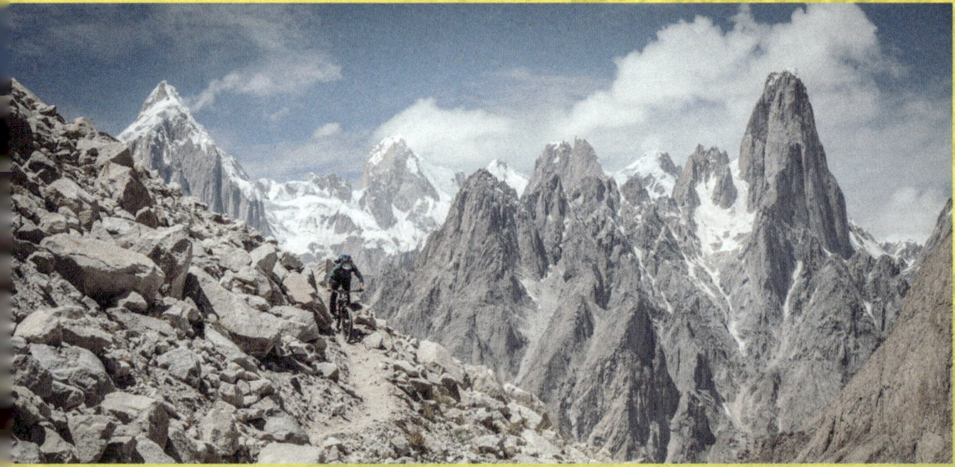

Die kerzenförmige Berggestalt rechts im Bild ist der 6109 Meter hohe Uli Biaho Tower. Über Jakob, welcher gerade einen anspruchsvollen Trail unter den Stollen hat, ragt der Choricho mit 6769 Metern in die Höhe. Links kommt der schneebedeckte Paiju Peak zum Vorschein, 6610 Meter hoch.

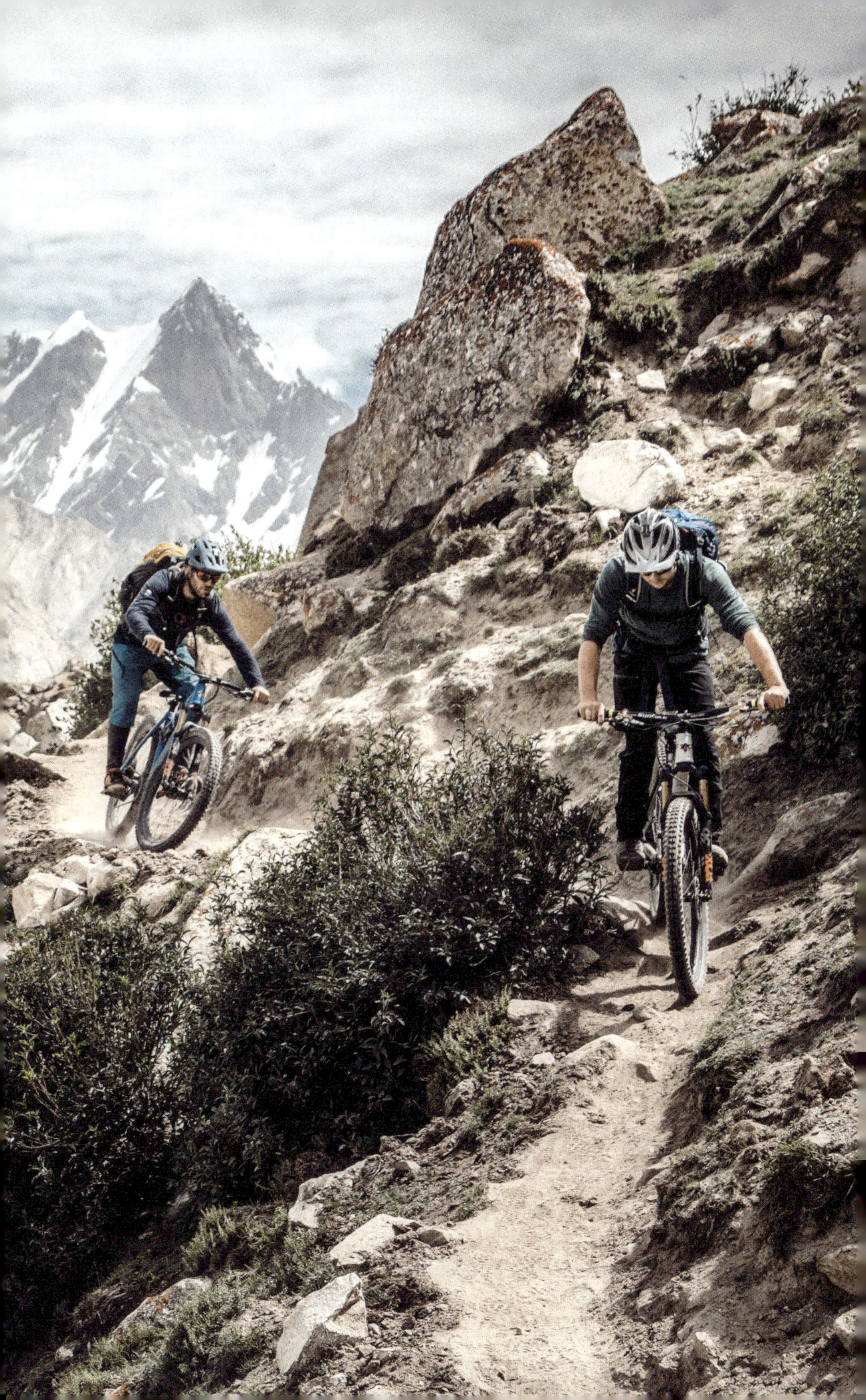

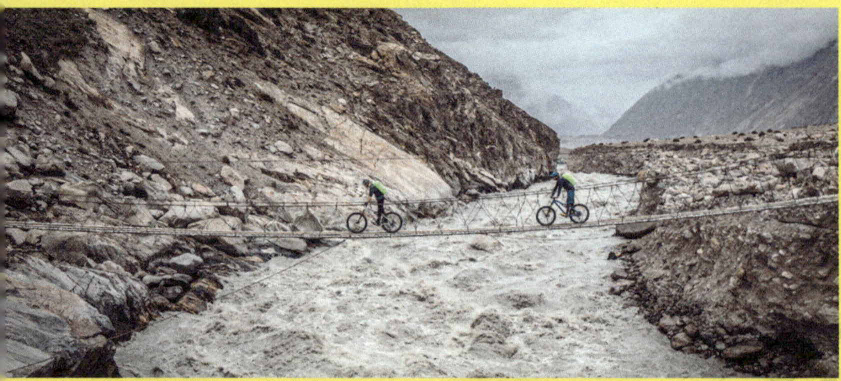

Die sedimenthaltigen Fluten des Biaho kommen vom Baltoro-Gletscher. Wir sind froh, alle Brücken in gutem Zustand vorzufinden. Auch das scheint nicht immer so zu sein, wie wir aus Erzählungen erfahren.

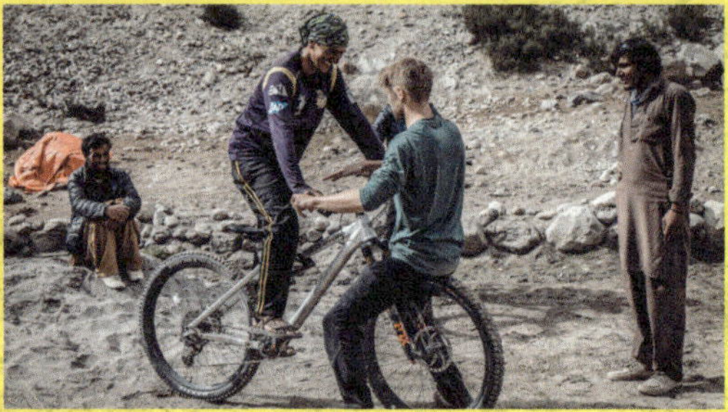

Unser Koch Ahmed bekommt von Jakob eine Fahrtechnikeinheit vermittelt. Am Camp in Bardumal haben wir den ganzen Nachmittag Zeit, um unsere Begleiter zu unterrichten. Die ausgelassene Stimmung hierbei ist eine Wohltat nach all den Strapazen.

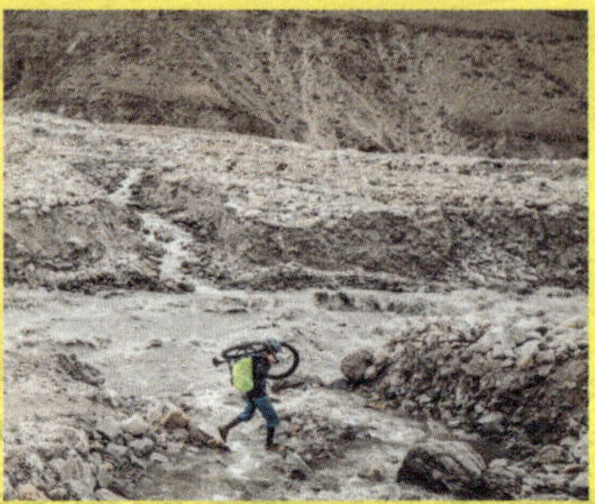

Wir hatten gehofft, dass mit dem Gletscherende ein fahrbarer Weg beginnt. Doch leider weit gefehlt. Streckenweise ist es nicht einmal möglich, trockenen Fußes voranzukommen. Wieder heißt es Tragen und Schieben.

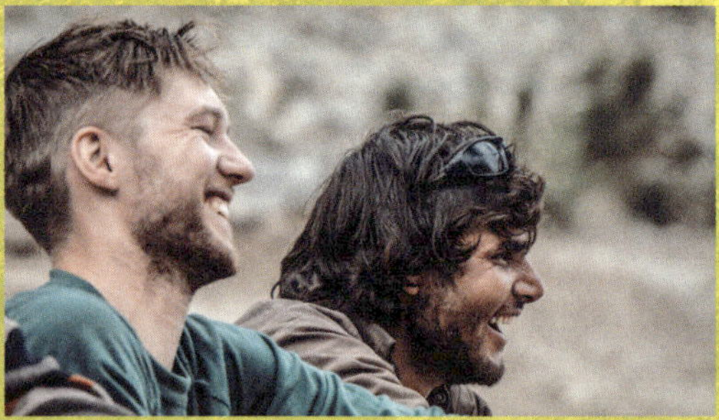

Die Stimmung beim Fahrtechnikkurs ist großartig. Das nahende Ende der Tour trägt sicher seinen Teil dazu bei. Die größten Hindernisse liegen hinter uns und die Anspannung fällt von allen ab.

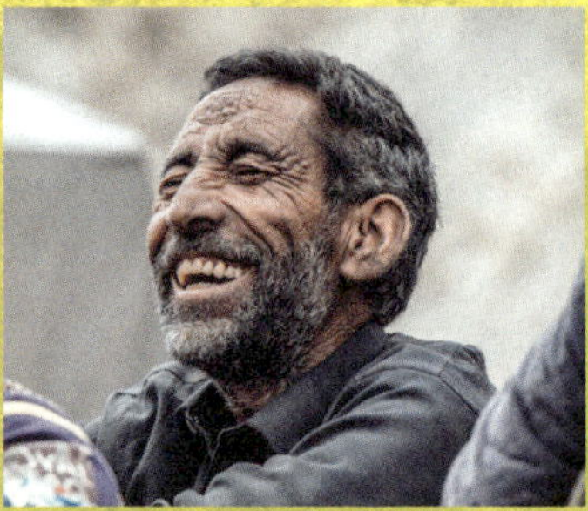

Der Betreiber des Camps Bardumal hat sichtlich Spaß an den Fahrversuchen seiner Landsleute. Lautstark feuert er sie an. Sogar kleine Rennen werden veranstaltet.

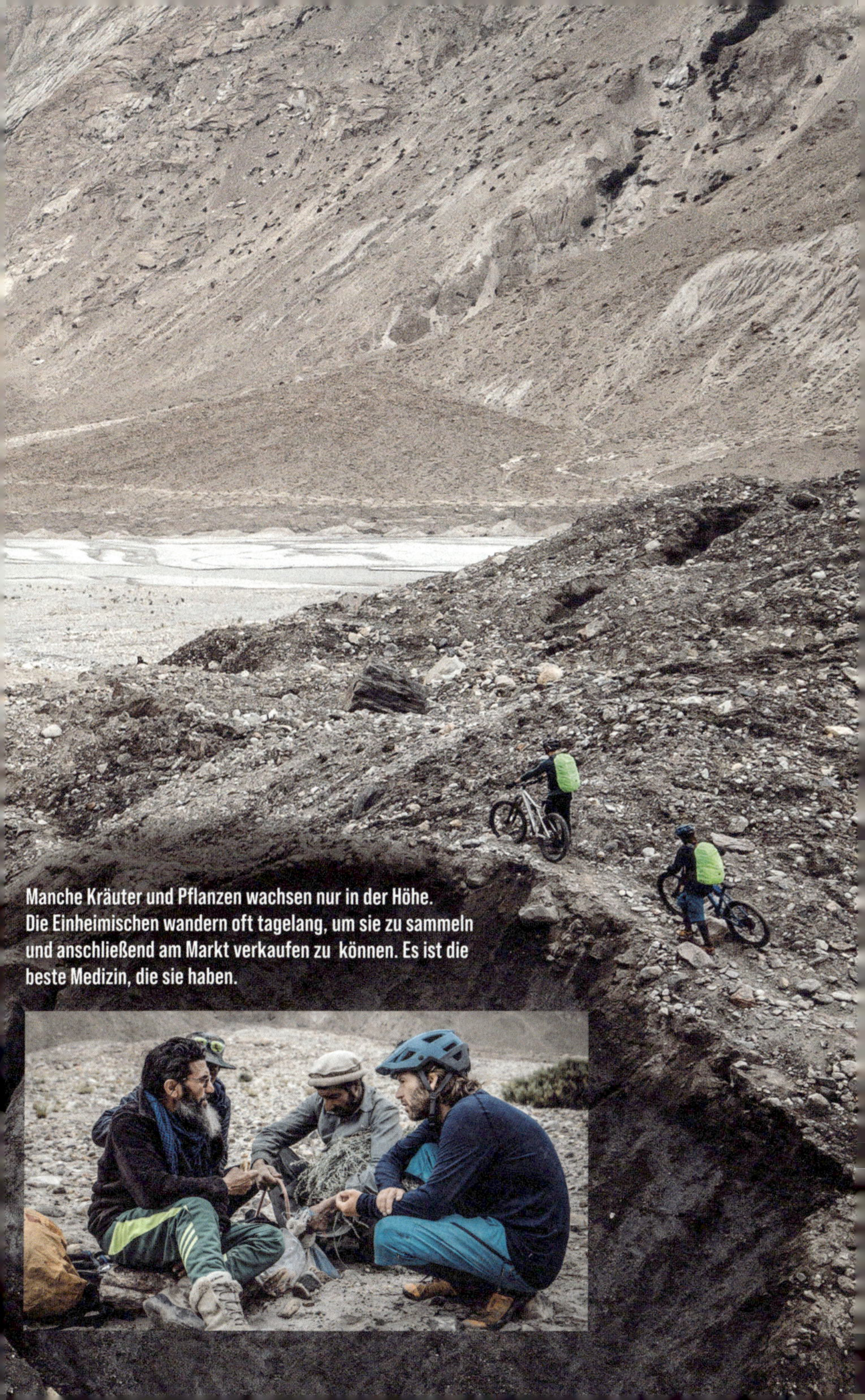

Manche Kräuter und Pflanzen wachsen nur in der Höhe. Die Einheimischen wandern oft tagelang, um sie zu sammeln und anschließend am Markt verkaufen zu können. Es ist die beste Medizin, die sie haben.

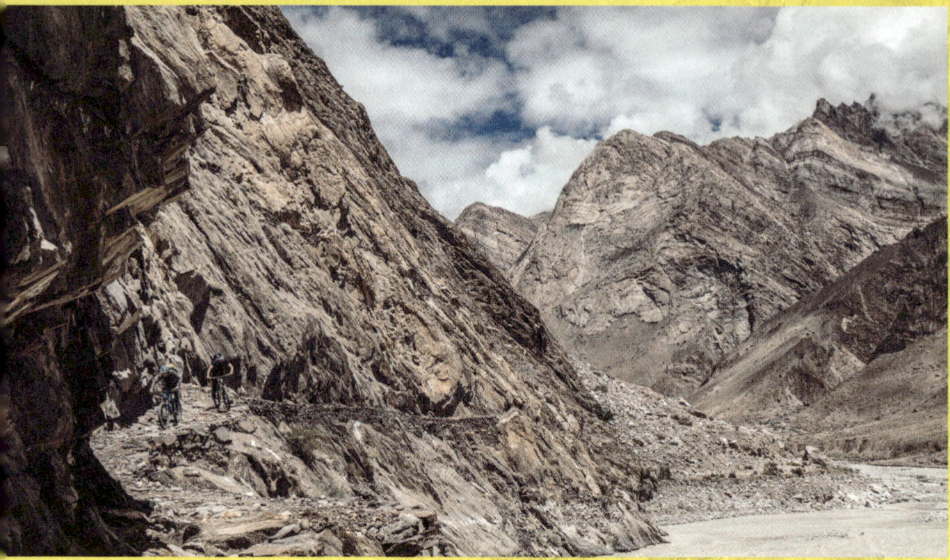

Nur dort, wo der Weg hoch über den Fluten verläuft, wird er nicht von den Wassermassen zerstört. Dieser Abschnitt wurde regelrecht in die Wand hineingemeißelt und erinnert uns an eine alte Römerstraße aus den heimischen Alpen.

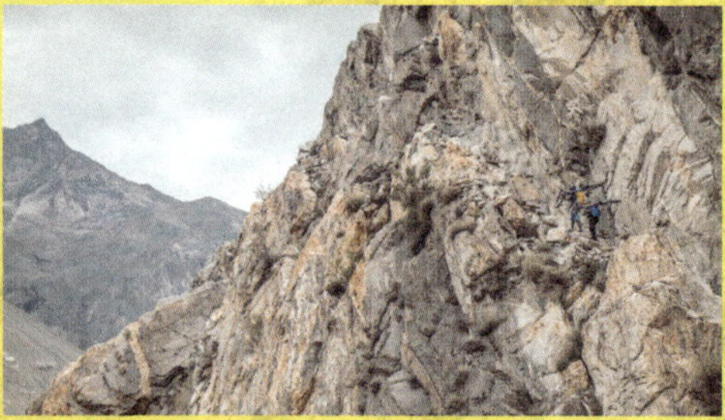

Kurz vor Askole, unserem Zielpunkt, müssen wir die Bikes nochmals schultern und diesen ausgesetzten Pfad hochklettern. Angeblich plant das Militär hier eine Straße zu bauen. Keine Ahnung, wie das funktionieren soll.

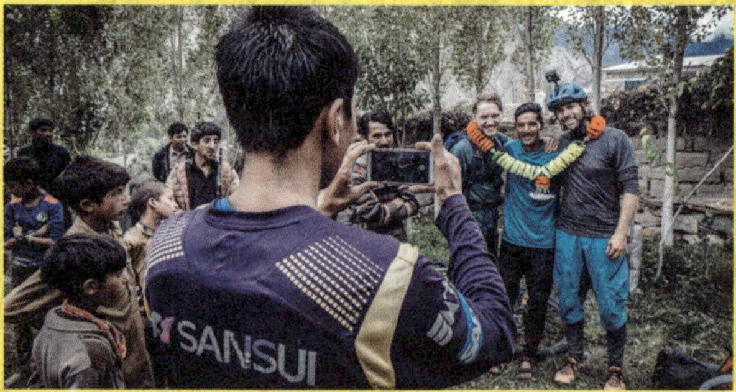

Müde, erschöpft, glücklich, dreckig, stinkend und voller unvergesslicher Eindrücke erreichen wir eine kleine Unterkunft in Askole. Die kleine Abschiedsfeier ist ein emotionaler Moment.

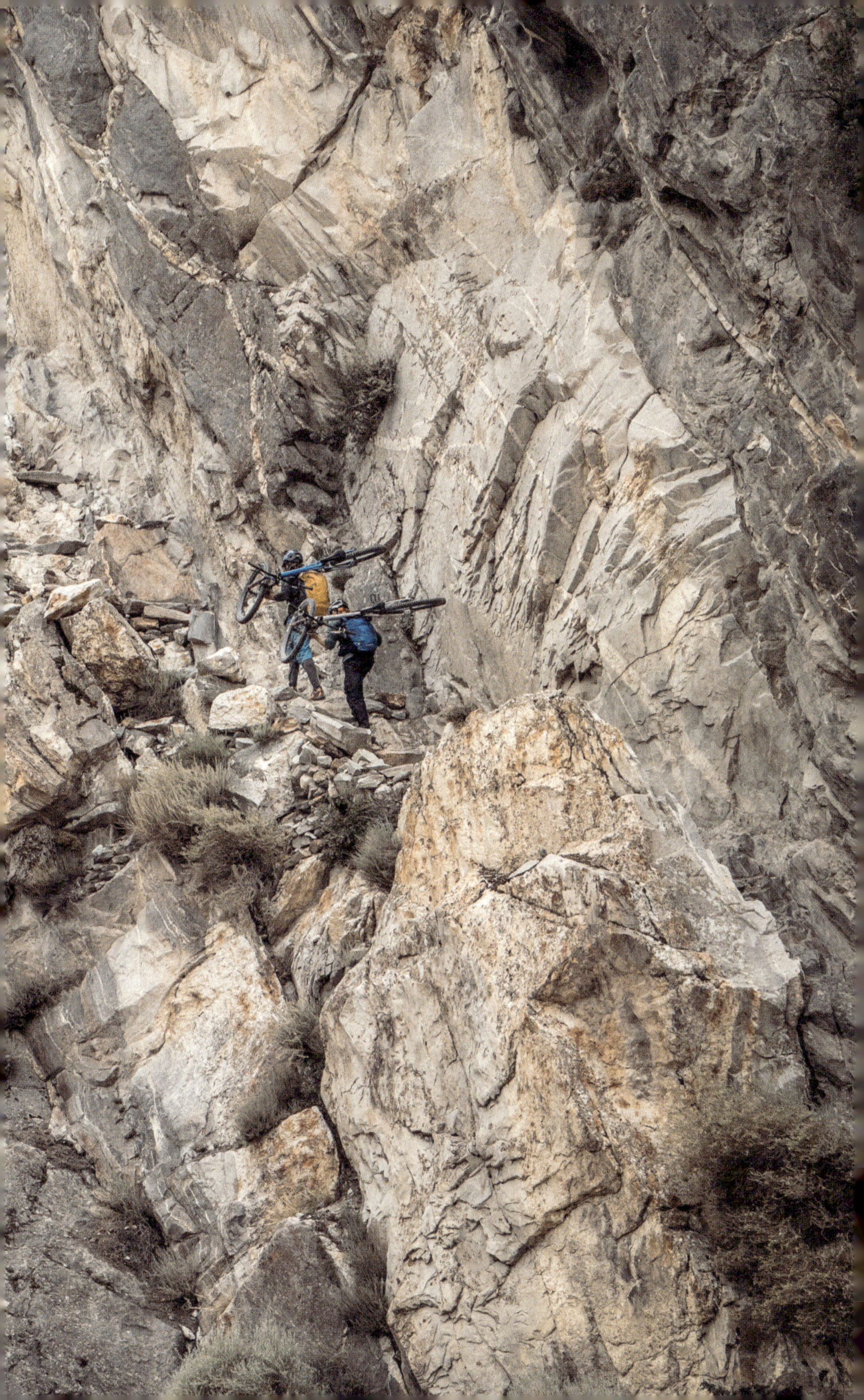

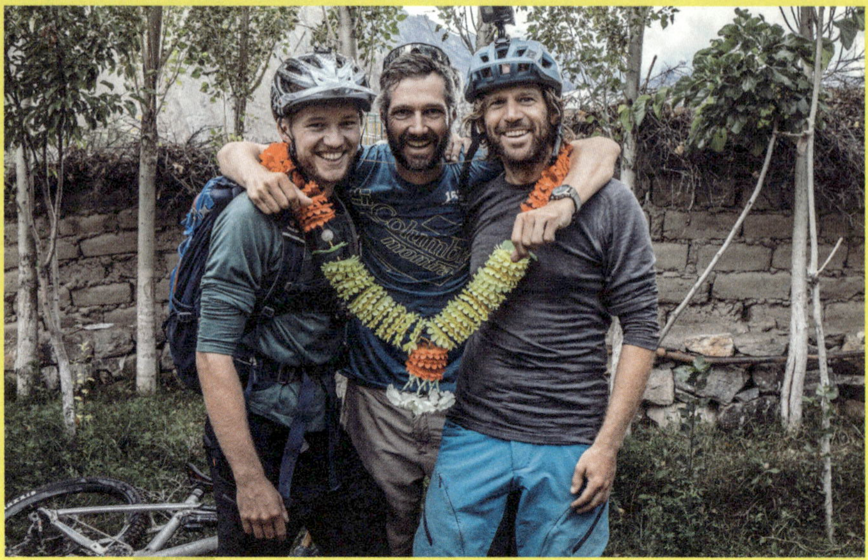

Wenn wir zu Hause gewusst hätten, wie anstrengend es werden würde, dann wären wir wahrscheinlich gar nicht gestartet – und hätten viel verpasst. Die Erlebnisse haben uns tief verbunden und werden nie vergessen. Danke, Martin! Danke, Jakob!

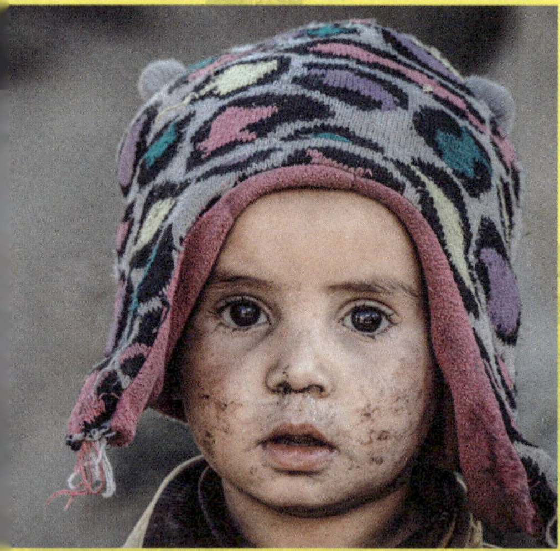

Verabschieden bedeutet auch, sich auf die nächste Begegnung zu freuen. In diesem Sinne: Pakistan – wir kommen wieder. Inshallah!

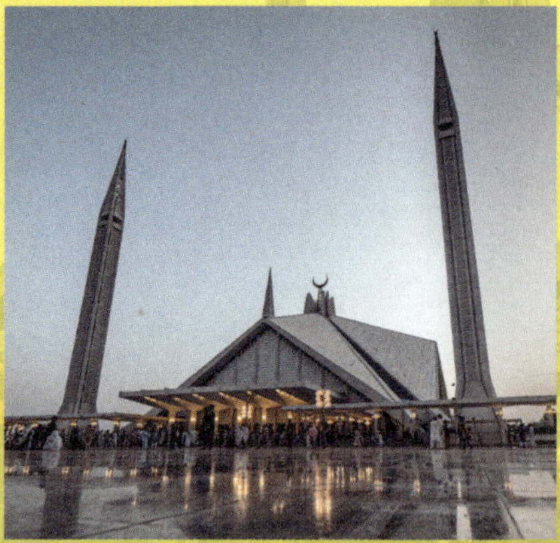

Die Schah-Faisal-Moschee in Islamabad umfasst eine Fläche von 5000 Quadratmetern. Sie gilt als die größte Moschee Südasiens. Der futuristische Bau verfügt über vier neunzig Meter hohe Minarette. Ein Besuch zum Sonnenuntergang ist besonders lohnenswert.

rasantem Tempo ein. Mit Höchstgeschwindigkeit waren wir in einem Farbkasten unterwegs. Von allen Seiten leuchteten die bunten Fahnen und nahmen kein Ende. In der Hoffnung, auch die nächsten Tage würden ähnlich, erreichten wir hoch motiviert das erste Lager. Eine mit Planen überspannte Bretterbude stand im dichten Wald. Rauch stieg durch ein Loch aus dem Dach. Im Inneren saßen unsere tibetischen Begleiter am offenen Feuer. Auf zusammengeschusterten Holzpritschen rollten wir unsere Schlafsäcke über uralte Matratzen, welche unzählige Insekten als Behausung nutzten.

Den nächsten Tag verbrachten wir wenig auf unseren Fahrrädern. Durch dichten, feuchten Wald ging es meist unfahrbar bergauf. Das Lager auf 3900 Metern erreichten wir mit einer steilen Tragepassage, welche uns an riesigen, in Stein gemeißelten und bunt bemalten Buddhafiguren vorbeiführte. Auch hier trugen unzählige »Windpferde«, wie die tibetischen Gebetsfahnen übersetzt heißen, die frommen Wünsche in den Wind. Unsere Pferde standen entspannt grasend vor den nächsten Holzbaracken knapp unterhalb der Waldgrenze. In besonderen Jahren des tibetischen Kalenders sind Tausende Pilger auf der Kora unterwegs. Wir hatten die Lager meist für uns allein.

Früh am Morgen starteten wir hinauf zum Höhepunkt unserer Pilgerreise. Der 4500 Meter hohe Duokha La leuchtete uns schon von weitem bunt entgegen. Schwer atmend, die Bikes geschultert, trotteten wir langsam dem Gebetsfahnenteppich entgegen. Nicht nur hingen die Stoffbahnen überall, nein, sie bedeckten sogar den Boden. Die Wolken umspielten die spitzen Gipfel und schufen eine mystische Stimmung. Leider konnten wir aber keinen Blick auf den heiligen Khawa Karpo erhaschen. Die folgende Abfahrt war ein Traum für versierte Mountainbiker:innen. Über einhundert Spitzkehren in einem schier endlosen Zickzack schlängelten sich in ein riesiges, grün bewachsenes Tal. Ein Juwel von einem Trail!

Der nächste Tag begann wieder mit einem Trailfeuerwerk vom Feinsten. Gegen Mittag, wir erfrischten uns gerade an einem Wild-

bach, kam eine kleine Gruppe tibetischer Pilger in Begleitung eines Mönchs auf uns zu. »Tashi Delek«, ein tibetisches »Hallo«, rief er uns von weitem zu. Mit Händen und Füßen kam eine Unterhaltung zustande. Er konnte gar nicht fassen, dass wir über den Pass mit unseren Fahrrädern gekommen waren. Wir dagegen konnten es nicht glauben, als er ein goldenes Smartphone aus seiner rotorangen Robe zauberte und uns andeutete, er wolle ein Foto mit uns machen. Den Wunsch konnten wir ihm nicht ausschlagen. Auch Martin war begeistert mit seiner Kamera dabei.

Große Mani-Mauern, aufgestapelt aus Steinen, in welche buddhistische Mantras eingraviert sind, leiteten uns zum Stellplatz unserer Pferde und damit auch zum nächsten Lagerplatz. Jeden Abend saßen wir am Lagerfeuer zusammen, kochten unsere Gemüsevorräte, unterhielten uns oder lauschten dem Knacken des Feuers. Die größten Bedenken unserer chinesischen Biker zu Beginn der Tour war die Tatsache, dass sie sechs Tage ohne Telefon und Internet auskommen mussten. Letztlich spielte es schon am zweiten Tag keine Rolle mehr. Im Gegenteil genossen wir alle die Ungestörtheit und Abgeschiedenheit auf diesem einmaligen Pfad. Es folgte noch ein langer und harter Aufstieg zum letzten Übergang, von welchem wir fast die ganze Tour bis zum Duokha La überblicken konnten. Ein wenig wehmütig über das baldige Ende unserer Tour, starteten wir zwischen den Windpferden auf eine traumhafte Abfahrt. So hart die Aufstiege auch waren, die Abfahrten waren jeden Tropfen Schweiß wert. Nach sieben Tagen erreichten wir in Abincun wieder die Zivilisation. Die Kora führt noch weiter um den Berg. Für uns endete die Tour aber hier. Ob wir damit der Erleuchtung näher gekommen sind, weiß ich nicht. Leuchtende Augen und strahlende Gesichter hatten aber alle. Und wer weiß, was noch alles geleuchtet hätte, wenn wir die gesamte Runde zurückgelegt hätten. Vielleicht muss ich das noch mal irgendwann herausfinden.

Gegen neun Uhr schlappe ich gemütlich ins Essenszelt. Die Auswahl an Nahrungsmitteln ist merklich größer geworden: Marmelade, Nutella, Omelett, Pfannkuchen, Kaffee, Tee, viel mehr, als wir erwartet haben. Ahmed hat sichtlich Freude daran, uns zu verwöhnen.

»Wie war die Nacht?«, erkundigt sich Ishaq. Daumen nach oben und lächelnde Gesichter in der Runde. Wir haben alle gut geschlafen. Der gestrige Tag steckt uns aber in den Knochen. Martin beißt genüsslich in einen Pfannkuchen und blickt vom Frühstückstisch hinüber zum K2, welcher sich in ganzer Pracht vor dem strahlend blauen Himmel abzeichnet. Über dreißigmal würde das berühmte Matterhorn in dieser gigantischen Felspyramide Platz finden. Die geologische Vielfalt des Gebietes zeigt sich in Vollendung am 6256 Meter hohen »Marmorgipfel«. Der pechschwarze, aus Schiefer bestehende Sockel des Marble Peak steht am westlichen Rand des Godwin-Austen-Gletschers und damit direkt vor unserer Nase. Darüber erhebt sich die weiße, ganz aus leuchtendem Marmor bestehende Spitze dieses zerklüfteten geologischen Museums. Zu Hause hatte ich noch die Idee, wir könnten vom Concordiaplatz zum Basislager des K2 mit den Bikes fahren.

»Jungs, ich geh da nicht hinter. Des bringt nichts. Der Ausblick wird nicht besser, und ihr könnt die Bikes nur hintragen und zurücktragen. Davon habe ich genug Bilder.«

Lautes Gelächter. »Ich muss da auch nicht hin.« Jakob nimmt einen Schluck Kaffee.

»Okay, überredet«, lache ich. »Macht wohl auch wirklich keinen Sinn. Bleiben wir lieber gemütlich hier. Besser könnten wir es eh nicht erwischen.«

Das ein so formvollendeter und mächtiger Berg einen Namen trägt, der eher an ein Rostschutzmittel erinnert, als den zweithöchsten Berg der Erde würdigt, hat wahrscheinlich zwei Gründe. Zum einen liegt der Gipfel so tief und versteckt zwischen anderen Bergriesen, dass er von keinem bewohnten Punkt aus sichtbar ist. Daher konnte er nie Teil einer kulturellen oder mythologischen Verbindung zur Bevölkerung werden, wie es viele andere Berge mit poetischen Namen geschafft haben. Zum anderen ist der Name K2 das schlichte Ergebnis eines Vermessungsfehlers.

Im 19. Jahrhundert, zur Zeit der Kolonialisierung Indiens durch das British Empire, starteten die Briten das ehrgeizige Projekt zur Vermessung des indischen Kontinents. Sie wollten das Land exakt kartografieren. Colonel Lambton hatte die »Große Trigonometrische Vermessung« ins Leben gerufen. 1803 startete das aufwendige Projekt im Süden Indiens. Gemeinsam mit seinem Assistenten, Leutnant George Everest, arbeitete er sich unter unglaublichen Anstrengungen in Richtung Norden bis zum Himalaja. 1843, als der sogenannte Große Bogen der Vermessung fertig war, ging Sir Everest, der schon vor vielen Jahren die Arbeit von Lambton übernommen hatte, in Rente. Neue Trupps des indischen Landesvermessungsamtes führten die Arbeit fort und entdeckten im weiteren Verlauf 1852 den vermeintlich höchsten Punkt der Erde: Peak XV. Dieser 8840 Meter hohe Punkt wurde von Andrew Scott Waugh zu Ehren seines Vorgängers auf dessen Namen getauft: »Mount Everest«.

Waugh war, wie auch Thomas George Montgomerie, Mitglied des Gremiums, welches die höchsten Himalaja-Gipfel festlegte. Eben dieser Montgomerie richtete im September 1856 seinen Theodoliten nach Norden aus. Weit hinten am Horizont erkannte er die ersten schneebedeckten Gipfel des Karakorums. In seinen Aufzeichnungen nannte er die 140 Kilometer entfernte Kette: Planet K. Dabei steht das »K« für Karakorum. Zwei der Gipfel überragten von seinem Standpunkt aus alle anderen. Er gab dem vermeintlich höchsten den Namen »K 1«, und für den zweithöchsten trug er »K 2« ein. Es sollte noch zwei weitere Jahre dauern, bis Topografen feststellten, dass der als »K 1« bezeichnete Berg der 7821 Meter hohe Masherbrum war und der »K 2« mit seinen 8611 Metern deutlich höher.

1861 erkundete Henry Haversham Godwin Austen den Baltoro-Gletscher und kam bis auf etwa fünfzehn Kilometer dem Punkt nahe, der heute als Concordiaplatz bezeichnet wird. Der britische Offizier zeichnete die erste Übersichtskarte der Region. Die Briten hätten gerne den Berg zu seinen Ehren auf »Mount Godwin Austen« getauft. Dieser Name konnte sich aber nicht durchsetzen. Sozusagen zum Trost wurde der Gletscherstrom, welcher vom Skyang Kangri kommend am K2 vorbeifließt, nach ihm benannt: der Godwin-Austen-Gletscher. Auch der oft von den Balti verwendete Name »Chogori« (großer Berg) hat es nicht geschafft, den nüchternen, rostschutzmitteltauglichen Namen »K2« zu verdrängen.

RUHETAG

Der heutige Morgen ist ein großartiges Geschenk. Das Wetter ist brillant, es geht kaum Wind, und wir können unsere Ausrüstung am Zelt zum Lüften befestigen. Die Türme, Zacken und Grate der umliegenden Berge faszinieren mich noch immer. Mit unseren Waschbeuteln unterm Arm steuern wir über die Gesteinsbrocken in Richtung eines Flusses. Wir müssen aufpassen, wo wir hintreten, denn leider gibt es keine ausgewiesenen Toiletten hier. Jeder stapft mehr oder weniger weit vom Lagerplatz weg, um seine Notdurft zu verrichten. Manche Stellen sind übersät mit Fäkalien. Ein durchdringender Latrinengeruch schwebt über diesen Örtchen. Daher haben die Engländer, rund um den berühmten Bergsteiger Chris Bonington, auf ihrer Expedition zum K2 1978 den Baltoro-Gletscher wenig romantisch »Trud Alley« getauft: »Kothaufen-Allee«. In den letzten Jahren wurden diverse Versuche gestartet, Toilettenhäuschen zu installieren. Da der Gletscher aber in ständiger Bewegung ist, fallen diese bereits nach wenigen Tagen um. Hier am

Concordiaplatz gibt es niemanden, der ständig vor Ort ist und ihn pflegt. Dafür ist der Lagerplatz viel zu groß und unübersichtlich. Die Holzhütten liegen daher halb verrottet am Gletscher. Leider wird auch der Müll mancher Expeditionen einfach in Gletscherspalten versenkt. Wir schaffen es wenigstens nach einigen ausführlichen Gesprächen mit Ishaq, unsere Balti dazu zu bewegen, alles, was nicht verbrannt werden kann, wieder in die blauen Tonnen zu stecken und nach Askole zu tragen. Wohl ahnend, dass der Müll dort hinter einem Haus im Wald oder im nächsten Bach landet.

Das stimmt mich alles ein wenig traurig an diesem sonst so herrlichen Tag. Unweigerlich kommt mir ein Spruch des deutschen Schriftstellers Hans Magnus Enzensberger in den Sinn: »Der Tourist zerstört, was er sucht, indem er es findet.« Zerstören wir Tourist:innen wirklich alles? Hilft es den Pakistaner:innen, wenn wir einfach nicht kommen und keine Devisen ins Land bringen? Oder haben wir vielleicht sogar die Möglichkeit, positiven Einfluss zu nehmen, wenn wir auf die Probleme aufmerksam machen und uns vorbildlich verhalten? Eine Zwickmühle, derer ich mir durchaus bewusst bin. Ich tröste mich darüber hinweg, indem ich mir einrede, wenigstens den Versuch gestartet zu haben, das Problem nicht zu ignorieren und mit den Balti darüber zu sprechen. Dass wir sie nicht innerhalb von zwei Wochen umerziehen, ist mir dabei durchaus bewusst.

In anderen vielbesuchten Regionen ist das Problem mit dem Müll und den Fäkalien schon besser gelöst. Als ich am höchsten Berg Südamerikas unterwegs war, dem 6995 Meter hohen Aconcagua, bekamen wir am Eingang des Nationalparks, der den Berg umgibt, einen Müllsack, welchen wir gefüllt dort wieder abgeben mussten. Sonst hätten wir Strafe zahlen müssen. Ich weiß noch, dass ich überrascht war, da es mir nie in den Sinn gekommen wäre, meinen Müll irgendwo liegen zu lassen. Der Besuch eines der vielen Toilettenzelte war obligatorisch. Auch im Basislager des Mount

Everest, wo in der Saison Hunderte Bergsteiger wohnen, ist das Problem schon vor vielen Jahren angegangen worden. Jede Expedition hat ein eigenes Toilettenzelt. Darunter ist im Geröll eine Expeditionstonne eingegraben, welche oft wöchentlich von sogenannten Shit-Porters gegen Bezahlung geleert wird.

Erstaunlicherweise liegt manchmal aber sogar zu wenig Müll auf dem Baltoro-Gletscher. So geschehen im Jahr 1994. Eine Dame, Magda King, hatte sich gegenüber dem Sponsor ihrer Expedition zum Broad Peak, einem spanischen Parfümhersteller, verpflichtet, 500 Kilogramm Unrat vom Gletscher zu bergen. Unglücklicherweise war zuvor eine Reinigungsexpedition, wie sie gelegentlich von ausländischen Agenturen organisiert werden, dort unterwegs gewesen. Um die vertraglichen Vereinbarungen doch noch zu erfüllen, stahlen ihre Begleiter von anderen Expeditionen den Müll. Beim Abstieg bedienten sie sich noch an den Müllbergen der Militärlager, um auf die zugesicherte Menge zu kommen.

Das glasklare Wasser, welches in einem Bachbett aus Eis dahinströmt, bringt mich wieder auf andere Gedanken. Rechts und links quellen Eisberge wie Sahnehaufen aus dem Geröll und fassen das dunkelblaue Nass ein. Im Hintergrund thront die Gasherbrum-Gruppe. Von dort oben kommt das Schmelzwasser, läuft den ganzen Baltoro-Gletscher entlang und wird an seinem Ende zum tosenden Braldu. Martin kann kaltes Wasser nicht besonders leiden und bleibt bei einer Katzenwäsche. Jakob und ich wollen uns in die Fluten stürzen, haben aber Bedenken, ob wir wieder aus der Eisrinne herauskommen. Wir laufen ein Stückchen flussabwärts und finden einen kleinen Seitenarm. Jakob zieht sich aus und wagt den Schritt ins Wasser. Jauchzend taucht er kurz unter und flieht sofort wieder ans Ufer. Ich tue es ihm gleich.

»Ui, ist das kalt! Kann Wasser unter null Grad haben?« Kaum im Wasser, bin ich schon wieder auf dem Weg zu den wärmenden Steinen.

Martin ist begeistert und fotografiert. Ich dachte ja, dass mein Bad auf 4100 Metern im Lagerplatz Dalsampa an Großartigkeit nicht zu überbieten sei. Das hier aber ist mit Abstand die abgefahrenste Badestelle, in welcher ich je untergetaucht bin. Kurz malen wir uns in Gedanken noch aus, wohin es uns wohl getrieben hätte, wenn wir von der Strömung erfasst worden wären. Wenige hundert Meter weiter unten verschwindet der Bach in einer riesigen Eishöhle. Okay, das hätten wir sicher nicht überlebt, sind wir uns schnell einig.

STEINEHÜPFEN

Schon am Morgen ist mir ein hüfthoher Steinbrocken aufgefallen, welcher unweit unserer Zelte liegt. Ich begutachte ihn im Hinblick auf seine Befahrbarkeit und bin begeistert. Er ist an der Oberfläche flach wie eine Tischplatte und auch groß genug, dass ein Fahrrad darauf passt. Meine Fantasie geht mit mir durch. Ich beginne, eine kleine Absprungrampe davorzubasteln, in der Hoffnung, mit etwas Anlauf auf den Granitblock springen zu können. Bereits nach wenigen Minuten bin ich zufrieden. Ich schlurfe hinüber zum Essenszelt, wo das Mittagessen auf uns wartet.

»Jakob, der Stein da drüben ist perfekt. Ich hab grad 'ne Rampe davorgebaut.«

»Echt? Dann gehen wir nachher biken!«

Nach dem Lunch ziehen wir unsere Bikeausrüstung an und gehen hinüber. Aus der Anfahrt müssen noch ein paar lose Steine entfernt werden, dann kann es losgehen. Der erste Versuch scheitert. Wie zu erwarten. Doch bereits beim zweiten Anlauf reicht das Tempo, und es trägt mich auf den Block. Auf dem Hinterrad hüpfend, springe ich wieder hinunter. Danach gibt es kein Halten mehr. Hoch – runter – wieder und wieder. Abwechselnd malträtieren wir den Stein in allen Variationen. Martin immer mit der

Kamera dabei. Jakob baut noch einen kleinen Kicker mit Blick auf den K2. Mit kleinen Tricks versuchen wir, uns über den Absprung vor dem »Berg der Berge« in Szene zu setzen. Alle drei sind wir voll in unserem Element: Martin mit der Kamera, wir mit unseren Bikes. Sämtliche Träger, Guides und sonstigen Anwesenden in nächster Nähe haben sich um das Spektakel versammelt. Zwei verrückte Radfahrer, die sich auf 4600 Metern völlig verausgaben, gab es hier wohl noch nie. Die Bilder, die Martin geschossen hat, sind sicher auch einmalig.

Bei einer 360-Grad-Drehung lande ich unsauber. Ich befürchte, ich habe mir einen Wirbel verschoben. Daher beenden wir das Ganze lieber, bevor noch was Schlimmeres passiert. Außerdem sind wir nach den zwei Stunden völlig außer Puste. *So viel zum Thema Ruhetag.*

Ishaq und ein paar Guides von anderen Gruppen posen noch mit unseren Bikes und den Helmen auf dem Kopf für ein Fotoshooting. Die Stimmung ist überschwänglich. Sichtlich stolz sind sie, sich hier mit Fahrrädern ablichten lassen zu können. Überhaupt haben wir das Gefühl, dass Ishaq und auch der Rest unserer Mannschaft wie gelöst sind. Anscheinend hat der unsichere Ausgang unserer Passüberschreitung doch auch bei ihnen eine innere Anspannung erzeugt, welche sich jetzt in Luft auflöst.

Wir wollen von Ishaq noch wissen, was er sich denn gedacht hat, als die Agentur ihm erzählte, dass ein paar Mountainbiker kommen werden. »Crazy men«, das müssen Verrückte sein, war sein erster Gedanke, gibt er zu. Auch die Träger hatten im Vorfeld ernsthafte Zweifel, ob Europäer mit so schweren Lasten über den Pass kommen. Erst als er uns begegnet ist, gesehen hat, dass wir gut vorbereitet, in seinen Augen jung und motiviert sind, hat er an uns geglaubt. Die leichten Bikes und die Möglichkeit, sie ohne Laufräder auf dem Rucksack zu befestigen, haben ihn überrascht. Überzeugt hat ihn letztlich auch, als er gesehen hat, in welchem Gelände wir uns auf den Rädern wohlfühlen. Und spätestens jetzt, nachdem wir den Pass überquert haben, glaubt auch der letzte Zweifler unter ihnen an uns. Damit bestätigt sich unser Gefühl, dass eine gewisse innere Anspannung aus der Gruppe gewichen ist.

Die Sonne senkt sich langsam hinter die hohen Gipfel. Der Schatten hat den Lagerplatz schon lange erreicht. Nur die Gipfel werden noch von rötlichen Strahlen erfasst. Die unterschiedlichen Färbungen der Wände kommen nochmals deutlich zum Vorschein: von fast weißen Streifen über glitzerndes Braun bis hin zu Pechschwarz. Dominant steht der 6295 Meter hohe Marbel Peak mit seiner dunklen Flanke links der diamantartigen Pyramide des K2. Ganz anders wirkt der Broad Peak: wie ein Bollwerk aus Stein und Eis, massig und fast bedrohlich. Talauswärts, dort, wo wir die nächsten Tage hoffentlich viel Rad fahren werden, reihen sich senkrechte Granitwände rechts und links des Baltoro-Gletschers aneinander. Dazwischen wälzt sich das schuttbedeckte Eis talauswärts. Wie Scheinwerfer einer Theateraufführung strahlen aus den seitlichen Tälern noch Lichtkegel auf einzelne Wände, bevor die Sonne endgültig verschwindet und rot schimmernde Wolkenfetzen zurücklässt. *Danke, dass ich hier sein darf.*

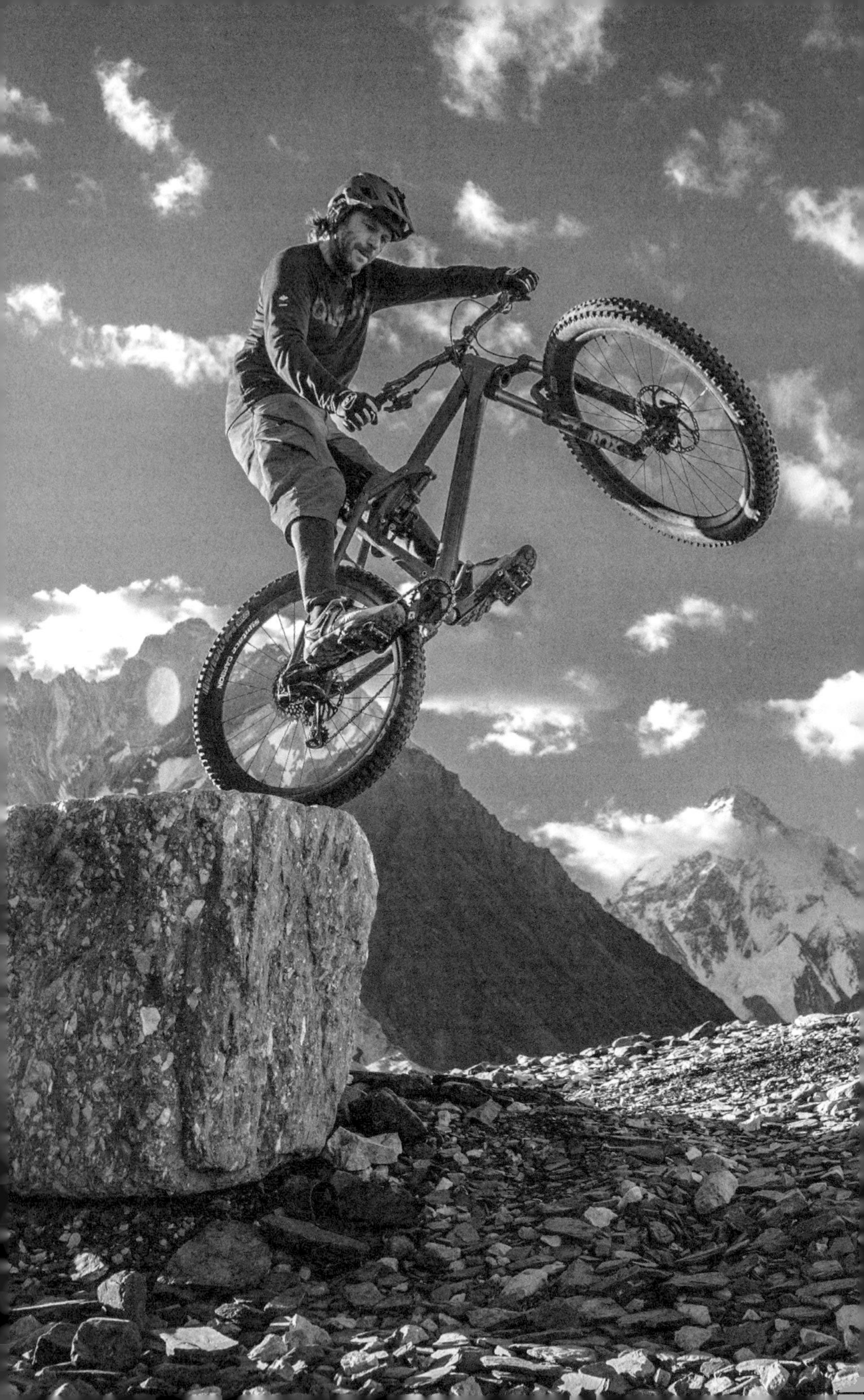

AUF DEM GLETSCHER UND UNTER DEN RÄDERN

FAHREN ODER NICHT

Am nächsten Morgen herrscht wieder geschäftiges Treiben. Wir packen die Zelte zusammen, die Maultiere werden beladen, und los geht es. Wir sind mehr als gespannt, was uns an den nächsten Tagen erwartet. Die Distanz kann je nach Wegeführung zwischen siebzig und achtzig Kilometern variieren. Werden wir biken können? Oder werden wir mehr schieben als fahren? Hält das Wetter? Bleiben wir gesund? Auch wenn wir die größte Hürde, den Gondogoro La, hinter uns gebracht haben, vorbei ist es noch lange nicht. Wir stehen noch immer auf 4600 Metern irgendwo im Herzen des Karakorums.

Wieder lacht uns die Sonne am blauen Himmel entgegen. Motiviert springen wir auf die Bikes. Sie rollen. Der ruppige Untergrund verlangt eine gewisse Grundgeschwindigkeit. Sobald wir zu langsam fahren, bleiben wir zwischen den Steinen hängen und verlieren das Gleichgewicht. Daher müssen wir ein wenig Druck auf die Pedale geben. Wir durchqueren noch eine Weile die sichtbaren Überreste einiger Expeditionen. Zum Abschied strahlt die 7921 Meter hohe, abgeschnittene Pyramide des Gasherbrum IV mit dem Broad Peak im weichen Morgenlicht um die Wette. Der »leuchtende Berg«, wie der Gasherbrum in der Sprache der Balti genannt wird (»gasher« = hell, »brum« = Wand, Berg), macht seinem Namen mit der funkelnden, hell erleuchteten Kalkwand alle Ehre. Links vor uns erhebt sich der Masherbrum, das »Matterhorn des Baltoro«, welchen wir bereits von Hushe aus gesehen hatten. Der sichtbare Pfad besteht aus flach getretenen Steinen auf Eis. Dort, wo es eben ist oder etwas bergab geht, kommen wir in Fahrfluss. An den kleinsten Anstiegen aber müssen wir aus dem Sattel. Der Gletscher ist aufgeworfen und uneben wie eine raue See. Ein Streifen blanker, aufgeworfener Eisberge bezeugt die ständige Aktivität des Gletschers. Die Sonne brennt uns auf die behelmten Köpfe. Gleichzeitig kriecht durch die Fußsohlen die Kälte. Verrückte Welt. Die Luft ist unbeschreiblich trocken. Nach zwei Stunden erreichen wir einen Checkpoint. Bärtige, schlanke Herren der pakistanischen Armee erkundigen sich nach unserem Woher – Wohin. *Mal ehrlich, viele Möglichkeiten haben wir ja nicht, oder?* Zu unserer Überraschung sind sie erstaunlich offen und zeigen Interesse an uns. Wir dürfen sogar ihre eiförmigen Plastikunterkünfte besichtigen, die wie kleine Ufos aus der Steinwüste ragen. Drinnen stehen niedrige Pritschen mit Schweizer Schlafsäcken darüber, auf welche sie sichtlich stolz sind. Als sie erfahren, dass Martin aus der Schweiz kommt, wird uns sogar noch eine Tasse Tee angeboten, welche wir natürlich nicht ausschlagen. Ishaq übersetzt geduldig alle Fragen und Antworten. Nur auf die Frage, was sie denn genau hier auf dem Gletscher machen, wollen sie uns keine direkte Antwort geben. Lediglich etwas wie »die Grenze zu China« bekommen wir aus ihnen heraus. Dass diese genau über die Gipfel der 8000er hier führt, wissen wir. Was die vier Herren hier ausrichten wollen, sollte sich der »Feind« über einen der hohen Berge schleichen, ist uns nicht ganz klar.

Was uns dafür klar ist: Auch sie haben keinerlei Bezug zu Umweltschutz. Hinter den Behausungen türmen sich Hunderte mehr oder weniger verrostete Benzinkanister und anderer Müll. In den Kanistern wird Kerosin zum Kochen und Sprit für die Stromgeneratoren auf dem Rücken von Maultieren hierhergebracht. Wenn diese leer sind, werden sie einfach auf einen Haufen geworfen und verrotten vor sich hin. Wir ärgern uns darüber, verkneifen uns aber jeglichen Kommentar dazu der Armee gegenüber. Das scheint uns hier doch nicht der richtige Ansatzpunkt für Umwelterziehung zu sein. So ziehen wir es vor, die überraschend gute Stimmung nicht zu verderben, und verabschieden uns.

Das ewige Auf und Ab strengt an. Die Abschnitte, welche wir im Sattel verbringen können, sind nicht lang. Ein paar hundert Meter, dann verschwindet der Pfad wieder in einem Loch und führt auf der anderen Seite hinaus, was uns erneut zum Schieben zwingt. Große Gruppen von Maultieren mit Ausrüstung der Armee kommen uns entgegen. Endlose Granitwände ragen monumental zu beiden Seiten in den Himmel. Es ist die Gegend der vertikalen Linien. In der Horizontalen gibt es nicht eine gerade Linie, alles ist uneben. Dagegen ziehen lotrecht Risse, Kamine, Wände und scharfe Zinnen in den Himmel. Der Blick wird unweigerlich an ihnen entlang nach oben gelenkt, nur da kann er sich entfalten. Rundherum bleibt die Sicht durch Barrieren aus Gestein und Eismassen begrenzt. Nördlich führt ein Tal den Biango-Gletscher hinauf zum weltberühmten Muztagh Tower. Wieder war es William Martin Conway, der dieser phänomenalen Berggestalt ihren Namen gab. Er nannte diesen einzigartigen Monolith aus Fels »den schönsten Berg der Gegend. Seine majestätische Form kommt gleich an zweiter Stelle, nach dem unübertrefflichen Matterhorn.« Lange hielt der 7273 Meter hohe Koloss den Mythos der »Unbesteigbarkeit«. 1956 wurde er von diesem befreit und ist seitdem ein Ziel für Spitzenbergsteiger:innen aus aller Welt.

Vor uns taucht ein Labyrinth aus Eisbergen auf. Bis zu zehn Meter hoch türmen sich die gefrorenen Haifischflossen auf, so steil, dass kein Stein darauf liegen bleibt. In einem wilden Zickzack-Kurs schlängeln wir uns hindurch. Die Szenerie scheint nicht von dieser Welt zu sein. Im Vordergrund Eistürme, dahinter 7000 und 8000 Meter hohe Kathedralen aus Fels. Darüber blauer Himmel. Die gewaltigen Kräfte, die diese Landschaft formten, gehen weit über menschliches Vorstellungsvermögen hinaus. Nach sechs

Stunden, am frühen Nachmittag, entdecken wir unser Camp unweit eines glasklaren Baches. Rundherum sieht es aus, als ob Riesen gewürfelt hätten. Große Steinbrocken liegen wild verstreut auf der Fläche. »Gore 1« nennt sich dieser Platz und befindet sich auf 4180 Metern in einer kargen Schotterwüste auf Eis. Wir sind froh, uns endlich in den Schatten des geräumigen Esszeltes setzen zu können.

ZOMBIE-MODUS

Am Abend gehe ich meinem Ritual nach und dehne mich ausgiebig, soweit es der beengte Platz zulässt. Danach kuschle ich mich in den noch kalten Schlafsack. Das Zelt gibt mir immer das Gefühl von Geborgenheit. Ich kenne viele Menschen, die schlecht schlafen in einer solchen Kuppel aus Stoff. Vielleicht ist es eine Erinnerung aus Urzeiten an eine Höhle, welche mich wohlig einschlafen lässt? In der Nacht wache ich auf, weil ich schweißnass bin. Ich befürchte, ich habe ein wenig Fieber. *Hoffentlich ist das morgen wieder weg.* Eine Weile wälze ich mich hin und her, dann schlafe ich unruhig weiter. Beim Aufstehen sind die Hitzewallungen vorüber. Ganz fit fühle ich mich aber nicht. *Nach zwei Bechern Kaffee geht das bestimmt wieder.*

Um der Hitze zu entgehen, starten wir um sieben Uhr nach dem Frühstück. Martin und Jakob sind wohlauf. Ishaq macht einen motivierten Eindruck und verkündet: »Wir werden heute mindestens zwei Tagesetappen machen.« Nebenbei händigt er uns die gefüllten Micky-Maus-Brotzeitboxen aus. Ich brauche gar nicht hineinblicken, um zu wissen, was drin ist: ein Ei, eine Kartoffel, ein Chapati. Vielleicht noch ein paar Nüsse.

Lose Wolken verhängen den Himmel. Die Steine auf dem Gletscher haben sich über Nacht leider nicht verflüchtigt. Kilometerweit Steine. Große Steine. Kleine Steine. Runde Steine. Eckige

Steine. Steine. Noch mehr Steine. Bereits nach wenigen hundert Metern ist die Oberfläche zerwühlt und aufgeworfen wie das Blech zweier Fahrzeuge, die mit einhundert Stundenkilometern aufeinandergeprallt sind. An Radfahren ist nicht zu denken. Große Spalten und riesige Krater wechseln sich ab. Zwischendurch müssen wir die Bikes vorsichtig über Abbrüche weiterreichen, um nicht mit ihnen in einem Loch zu verschwinden. Meine Kräfte sind nach wenigen Stunden verbraucht. Ich spüre die letzte Nacht in den Knochen. Es wird richtig mühsam. Eine bleierne Müdigkeit hängt mir im Körper. Ich weiß nicht, was leichter ist: tragen oder schieben. Beim Schieben verhängen sich ständig die Räder zwischen den dicken Brocken. Beim Tragen drückt die Last schwer auf den Schultern. Es ist zermürbend. Mittlerweile geht es keine 200 Meter mehr eben dahin. Ich möchte gar nicht wissen, wie viele Höhenmeter hier zusammenkommen.

Ishaq geht sein Tempo und wartet von Zeit zu Zeit. Martin und Jakob sind ihm auf den Fersen. Meine Geschwindigkeit reduziert sich mehr und mehr. Das ständige Auf und Ab macht mich fertig. Ich krame in der Brotzeitbox nach Kalorien. Viel ist nicht zu finden, was mich aufpäppeln könnte. Ich esse die Kartoffel. Die Sonne brennt schon wieder vom Himmel. Ich stolpere nur noch vor mich hin. Im Moment nehme ich von der großartigen Umgebung nur noch eines wahr: Steine. Das ist der mühsamste Tag der Reise bisher. Meine Koordination lässt langsam auch zu wünschen übrig. Ich ermahne mich selbst zum Aufpassen. Verletzen möchte ich mich hier nicht. Wir sind nicht in den Alpen, wo der nächste Rettungshubschrauber einen Anruf weit entfernt ist. Hier sind wir auf uns gestellt. Jede kleine Verletzung kann zum Drama werden. Mit einem gerissenen Band oder einem verstauchten Knöchel könnte ich sicher keine 200 Meter durch diese Stolperfallen laufen. Weiter vorn sehe ich meine Reisegefährten geduldig auf einer kleinen Anhöhe sitzen. Ich schleppe mich langsam auf sie zu.

»Hey, was geht, alles fit?« Jakob macht sich berechtigterweise Sorgen.

Ich erläutere ihm kurz die letzte Nacht und versuche erst gar nicht, meinen Zustand zu beschönigen. Das würde auch keinem helfen.

»Du schaust echt schlecht aus. Voll der Zombie-Modus«, meint Martin.

Ich muss lachen. »Das trifft es voll. Ich fühl mich zwischendurch gar nicht anwesend.«

Eine Gruppe Trekker kommt auf uns zu. Sie halten an und fragen, was wir denn hier mit den Fahrrädern vorhaben. »Schieben!«, platzt es aus mir heraus. Ein paar Minuten tauschen wir uns aus. Zwischen Begeisterung und Unverständnis ist alles dabei. Sie wollen zum Concordiaplatz und den gleichen Weg wieder zurück. Zwei Ziegen trotten an kurzen Leinen mit. Sie laufen zu ihrer aussichtsreichen Schlachtbank hinauf, zum »Thronsaal der Berggötter«. Ein mühsamer Weg, nur um kurz darauf im Kochtopf zu landen. Jetzt, wo ich einen Teil der Strecke kenne, bin ich erst recht froh, dass wir nicht zweimal diese endlose Geröllpiste entlangmüssen. Ich raffe mich auf, schalte in den »Zombie-Modus«, freue mich kurz an den grandiosen Berggestalten und wackle weiter. Manche Flanken sind mit kleinen Büschen und Wiese bewachsen. Das erste Grün seit Tagen sticht sofort ins Auge. Eine Wohltat nach all dem Fels und Eis.

Der Pfad führt uns auf die linke Seite vom Eis, auf die Randmoräne. Staubig schlängelt er sich durch haushohe Felsbrocken. Wir erreichen Urdukas. Das Camp, welches auf etwa 4000 Metern liegt, erinnert fast an einen europäischen Campingplatz. Auf angelegten Terrassen stehen viele Zelte. Seit langem ist es der erste Fleck Erde, welcher nicht mit Eis überwachsen ist. Überall tummeln sich Träger und Touristen. Zwischen den Felsen sind Höhlen mit Steinen halb zugemauert worden. Sie dienen den Balti als Unterschlupf. Sogar

Toilettenhäuschen gibt es hier. Die wenigen Büsche und ein paar struppige Wiesenflächen runden das heimelige Bild ab. Wir setzen uns auf einen Felsen, der weit über dem Gletschergrund wie eine Kanzel thront, und beobachten das Treiben. Seit Tagen haben wir nicht mehr so viele Menschen auf einmal gesehen. Unsere üblichen Mittagsvorräte haben wir schnell verputzt. Gegenüber kommen der Dunge- und der Trango-Gletscher aus zwei tief eingeschnittenen Tälern. Die Trango-Türme sind bei Kletterern und Kletterinnen wegen ihrer kompakten Felswände bekannt und beliebt. Die ersten Berge über dem Gletscher ragen satte 1500 Meter senkrecht in den Himmel. Die monumentalen Gipfel der Trango-Gruppe erreichen über 6000 Meter. »Nur« über 6000 Meter, würde Ishaq wohl sagen.

»Urdukas« bedeutet in der Sprache der Balti »fallender Stein« oder auch »Felssturz«. Eben aus einem solchen ist der Platz entstanden. Gerade bei früheren Forschungsreisen und Expeditionen in das Gebiet des Baltoro-Gletschers hatte der Platz schon oft eine entscheidende Rolle gespielt. Häufig, ja, fast schon als eine Art Ritual haben die angeheuerten Träger diesen letzten Ort fester Erde, bevor es tagelang auf den Gletscher ging, dafür benutzt, um »Nachverhandlungen« über die Entlohnung ihrer Tätigkeit zu führen. Wohl wissend, dass die Sahibs, wie die Balti die Europäer:innen bezeichnen, keine Chance haben, ohne ihre Hilfe vor- oder zurückzukommen. Die letzte Siedlung liegt weit entfernt, das bergsteigerische Ziel so nahe vor Augen. Die Expeditionsleiter schrieben unverhohlen von »Erpressung«. Höhere Löhne, mehr Zigaretten und bessere Ausrüstung standen bei den Forderungen ganz oben. Nicht selten mussten die Sahibs nach den Verhandlungen mit weniger Personal auskommen. Karl Maria Herrligkoffer schrieb zu seiner Expedition zum Broad Peak 1954 von den Forderungen seiner Kulis nach Schuhen, warmer Kleidung und mehr Essen. Sage und schreibe siebzig Paar (!) Bergstiefel konnten sie in ihren Materialkisten finden, um einen Teil der schlecht besohlten Balti auszurüsten und zum weiteren Anstieg zu bewegen. Unglaublich, was sie früher alles auf die Gletscher haben schleppen lassen, um dort ausharren zu können!? Bis zu zehn Trägerlasten waren manchmal nötig, nur um das Gehalt in Münzen für die Kulis zu transportieren. Monatelang waren sie unterwegs. Zu Beginn der Erkundungsfahrten noch mit einer Anreise per Schiff aus Europa. Dann folgte ein abenteuerlicher Anmarsch durch das Fünfstromland bis Skardu und weiter durch die steilen Schluchten bis zum Baltoro-Gletscher. Nicht zu vergessen, zurück dauerte es auch wieder Wochen! Es hat sich unvorstellbar viel verändert seit der Zeit der Pioniere. Heute sind die Gipfelaspirant:innen bei sogenannten Flash-Besteigungen des Mount Everest, mit wochenlanger Vorakklimatisation mittels eines Höhengenerators zu Hause, gerade einmal sechzehn Tage vor Ort. Wohlgemerkt steigen diese auch mit der Hilfe von künstlichem Sauerstoff auf den Berg.

Die Pause hat mir gutgetan und kam gerade zur richtigen Zeit. Jetzt kann auch ich wenigstens die paar hundert Meter perfekten Singletrail hinunter auf den Gletscher genießen. Hinter uns zieht eine Staubfahne in den Himmel, als wir die steilen Serpentinen hinunter auf den zerrissenen, schmutzigen Gletscher fahren. Dann geht die Schinderei wieder los. Schieben – tragen – kurz fahren – wieder von vorn. Stundenlang geht es so weiter, immer am linken Rand des Eises. Ich bin fix und fertig. Die Hitze trägt das Übrige bei. Sobald ich kleine Bachläufe entdecke, hänge ich meinen Kopf hinein, um ihn zu kühlen. Gegen vierzehn Uhr erreichen wir ein weiteres Camp: Khorburtse. Große Essenszelte stehen auf einer ebenen Fläche. Auch hier sind einige Touristengruppen anwesend. Teilweise kommen sie interessiert auf uns zu und befragen uns. Andere interessieren sich nicht weiter für unsere Anwesenheit. Das ist mir im Moment sehr recht, viel Energie für ein Frage-und-Antwort-Spiel habe ich nicht. Wir halten Ausschau nach unseren Begleitern und unseren Zelten. Nichts.

»Sie sind weitergegangen. Nächstes Camp. Ist noch früh.« Ishaq hat sich über den Verbleib unserer Mannschaft erkundigt.

Wir hatten gehofft, das Ziel unseres heutigen Tages erreicht zu haben. Da unsere dürftigen Vorräte schon seit dem letzten Camp verbraucht sind, haben wir alle Hunger. Unsere Wasservorräte sind auch leer. Nachdem wir unsere Bedürfnisse geäußert haben, hat Ishaq die Lösung parat: »Laufen wir schnell weiter. Im nächsten Camp gibt es Essen. Nur zwei, vielleicht drei Stunden. Easy.«

Martin zögert keine Sekunde, um klare Worte zu finden. Er spricht das aus, was wir drei uns sicher gleichzeitig denken. »Ich geh nirgends hin, ohne was zu essen. Jeden Tag zehn Stunden laufen mit 'ner Kartoffel und 'nem Ei. Jetzt is' fertig.« *Recht hat er.*

Nach einer kurzen Diskussion hat Ishaq den Ernst der Lage verstanden. Er macht sich auf die Suche nach Nahrung für uns hungrige Touristen. Er kommt mit ein paar Packungen Keksen zurück und führt uns in ein Essenszelt, welches einer französischen Mannschaft gehört. Ein Freund von ihm ist der Guide und lädt uns zum Tee ein. Die Franzosen beäugen uns vorsichtig. Wir versuchen, das Eis zu brechen und ein Gespräch in Gang zu bringen, was nur mühsam gelingt. Egal, Hauptsache, was zu essen. Drei Kekspackungen und zwei Liter stark gezuckerten Tee später brechen wir wieder auf. Wir bedanken und verabschieden uns freundlich. *Puh, das hat uns gerettet.*

HERR DER FLIEGEN

Schon hinter dem Camp kraxeln wir wieder aus einem tiefen Loch heraus. Ich habe die Schnauze gestrichen voll vom ewigen Rad-auf-den-Rucksack-Legen und -wieder-Herunternehmen. Da ich wenig bis gar keine fahrbaren Strecken bis zum nächsten Camp erwarte, fasse ich den Entschluss, mein Fahrrad zu versorgen. Ich binde es mir kurzerhand auf den Rucksack. So bin ich das nutzlose Stück Aluminium wenigstens los. Jakob ist hoch motiviert und findet sogar den ein oder anderen spannenden Abschnitt zum Rollen. Einmal bin ich versucht, mein Bike vom Rucksack zu knoten. Ein paar hundert Meter weiter bin ich aber froh, es nicht gemacht zu haben. Etwas später bietet Jakob mir an, einen Teil meines Rucksackinhaltes bei sich zu verstauen. Na ja, mehr als ein Kilo werde ich wohl nicht rauskramen können, aber besser als nichts. Daher nehme ich sein Angebot gerne an. Falscher Stolz bringt mich heute auch nicht mehr weiter. Gegenseitige Unterstützung ist etwas Selbstverständliches, denn nur gemeinsam kommen wir voran. Ich bin einmal mehr froh, mit verlässlichen Gefährten unterwegs sein zu dürfen.

Kurz nach siebzehn Uhr erreichen wir erschlagen unser Camp. Liligo liegt unter einer riesigen, schattigen Felswand. Beim Blick nach oben schaudert mich: An der Kante liegen große Felsbrocken. Oder sind sie Teil der Wand und noch fest verankert? Das lässt sich von hier unten schwer beurteilen. Freiwillig würde ich hier jedenfalls kein Zelt aufschlagen. Erschöpft lasse ich mich gleichgültig auf den Boden fallen. Umgehend werde ich von einem Schwarm Fliegen attackiert.

»Was ist denn hier los?« Ich versuche, die unwillkommenen Plagegeister mit der Hand zu vertreiben. Erfolglos. Martin und Jakob fuchteln auch wie wild umher.

»Das kann ja heiter werden«, meint Jakob, sichtlich genervt.

Wir suchen im Essenszelt Schutz. Davor steht eine unserer großen Plastiktonnen, gefüllt mit braunem Wasser. Wir können uns darauf keinen Reim machen und ignorieren sie einfach. Ahmed kommt mit Ishaq und einer Thermoskanne herein. Wir erfahren, dass die Quelle am Camp verschüttet ist. Daher ist das einzig verfügbare Wasser das sedimenthaltige Wasser aus dem Gletscherbach, welches in der Tonne schwappt. Sofort kommen mir die Fäkalien rund um die Camps in den Sinn.

Einer unserer Balti wäre noch dazu fast abgestürzt beim Versuch, die Tonne mit Wasser zu befüllen. Das hätte uns gerade noch gefehlt. In der Tonne sollen sich die schweren Sedimente unten absetzen. Soweit ich das sehe, funktioniert das sehr gut. Oben schwimmen zumindest keine Steine. Trotzdem hat das Wasser in der Thermoskanne die Farbe von Kaffee, ohne dass darin auch nur eine Spur von Kaffee enthalten ist. Durch das Einrühren von genügend koffeinhaltigem Pulver und Zucker lässt sich der sandige Geschmack etwas kaschieren. Was bleibt, ist das knirschende Geräusch zwischen den Zähnen und das Kratzen auf der Zunge. Wahrlich keine Gaumenfreude. Zugegeben, die Stimmung im Camp war die letzten Tage schon mal besser. Wir trösten uns damit, heute drei Tagesmärsche an einem Tag gemacht zu haben. So kommen wir wenigstens früher nach Askole. Die Suppe am Abend knirscht auch ordentlich, und die Kartoffeln sind leicht sandig.

»Der Sand ist nicht das Schlimmste.« Mich ekelt beim Gedanken daran, was alles vom Concordiaplatz heruntergespült wird. »Wahrscheinlich nur eine Frage von Stunden, bis der Erste Durchfall hat.«

Aber vielleicht haben wir auch Glück. Die im nahe gelegenen Hunza-Tal wohnenden Einheimischen werden erstaunlich alt, teilweise über hundert Jahre, trotz der schweren Feldarbeit und der oft widrigen Lebensbedingungen. Dieses Phänomen hat schon früh die Wissenschaft interessiert. Sie geht davon aus, dass die monotone Winternahrung, hauptsächlich getrocknete Aprikosen, und das mineralreiche Wasser lebensverlängernde Wirkung haben könnten. *Na dann, her mit dem Zaubertrank!*

»Einen Tag überleben wir das auch. Und irgendwie passt es zumindest zu meinem Zombie-Tag eh ganz gut.« Wir stoßen mit halbleeren Bechern an. Uns ist der Durst vergangen. »Morgen wird es sicher wieder besser. Da kommen wir vom Gletscher runter. Da wird es dann 'nen Weg geben und weniger Auf und Ab.« Meine Begleiter schauen mich nur ungläubig an. *Man wird doch noch hoffen dürfen.* Um dem Tag ein schnelles Ende zu bereiten, verkriechen wir uns baldmöglichst in die Schlafsäcke.

DAS ENDE IST DER ANFANG

Bereits um sechs Uhr klingelt der Wecker. Das Aufstehen und Packen am Morgen ist zur Routine geworden. Einzig der erste Blick aus dem Zelt lässt mich kurz zögern. Der Himmel zeigt sich grau in grau. Die Luft fühlt sich feucht an. Da packe ich mal lieber die Regenbekleidung in den Rucksack, wer weiß, was da kommt.

»Guten Morgen. Wie geht's, Zombie?« Jakob ist schon am Frühstückstisch.

»Danke«, lache ich zurück, »der Sandtee hat mich wohl wieder aufgepäppelt. Geht gut. Selbst?«

»Top, aber müde. Der Kaffee reibt auch ziemlich im Hals«, grinst Jakob und hebt seinen Becher.

Mehr als eine Tasse bringe ich nicht runter. Martin lässt das Getränk gleich ganz weg und begnügt sich mit Chapati. Ishaq bringt unsere Brotzeitboxen, natürlich frisch gefüllt.

»Danke, was ist heute für eine Überraschung drin?«, scherzt Martin ihm zu.

»Nicht viel. Kurze Etappe. Too easy. No problem.«

Mir war gar nicht bewusst, dass bisher »viel« in den kleinen Boxen war. Egal, das Frühstück ist ausreichend für eine kurze Strecke, und alle geben sich echt Mühe. Dass wir Europäer ständig essen müssen, ist ja nicht ihr Problem. Schlimmer als gestern kann es nicht werden. Ich werfe noch einen Blick die steile Wand empor. Der Regen heute Nacht hat die Steine nicht auf unseren Zeltplatz stürzen lassen. *Sehr fein.* Dafür attackieren uns schon wieder die Fliegen. Ishaq berichtet, dass es die erst gibt, seitdem Pferde den Transport der Lasten übernommen haben. Davor waren die Fluginsekten nirgends am Gletscher zu finden. Dunkle Wolken verhüllen die Gipfel der Berge. Gefühlt rücken die Wände dadurch noch näher zusammen. Wahrscheinlich, weil der Blick nicht mal mehr nach oben hinaus in die Weite schweifen kann. Es ist ein bisschen wie in einem Tunnel. Die Eiszunge hat hier aber immer noch eine Breite von fast zwei Kilometern. Die Dimensionen sind nach wie vor unbegreiflich. Allein die Größe des Einzugsgebietes des Baltoro, welches eine Fläche von 1500 Quadratkilometern umfasst, ist kaum vorstellbar. 210 084 Fußballfelder passen dort hinein. Die kaum begreiflichen Ausmaße machen uns im Gegenzug darauf aufmerksam, wie klein wir in dieser Kulisse sind. Auch die Farben wirken durch den Schleier trostlos am heutigen Tag. Einmal mehr wird uns klar, was für ein Riesenglück wir die letzten Tage mit dem Wetter hatten.

Der Weg geht gleich los, wie er gestern geendet hat. Tiefe Krater, teils fünfzig Meter und mehr, mit grünen Seen am Grund machen das Vorwärtskommen von den ersten Metern an mühsam. Die Bikes liegen bald schon wieder auf den Rucksäcken, als wir aus den ersten Untiefen herausklettern. Es grenzt fast an ein Wunder, dass wir uns noch nicht die Füße verknackst haben. Eine kleinste Unaufmerksamkeit würde genügen, um in dem losen Geröll auszurutschen. Einen Vorteil finde ich aber in dem aufgewühlten Eisstrom für mich: Es ist unmöglich, die endlosen Distanzen im Ganzen zu überblicken. Daher wirkt es nicht so beängstigend. Es ist ein bisschen wie nachts mit der Stirnlampe im Pass. Genügsam fügen wir uns dem nicht vorhandenen Rhythmus. Mir geht es heute wieder viel besser. Ich fühle mich regelrecht fit. *Vielleicht sollte ich öfter fäkaliendurchsetztes Sandwasser trinken?*

Es folgen einige ebene Abschnitte, auf welchen wir erstaunlich gut rollen können. Richtiger Fahrfluss kommt zwischendurch auf. »Wie herrlich ist Radfahren eigentlich«, rufe ich Jakob zu, der entschlossen vor mir in die Pedale tritt. Leider fängt es bald zu nieseln an. Wir bleiben kurz stehen und holen unsere Regenjacken und die Hüllen für die Rucksäcke raus. Der 6610 Meter hohe Paiju Peak thront mächtig über uns. Senkrecht stehende Granitpfeiler ragen wie Orgelpfeifen in den Himmel und kumulieren an seinem spitzen Gipfel. Die Wände sind so steil, dass sich nur kleine Eismützen an den Enden der Pfeiler halten können. Eine wahrlich beeindruckende Berggestalt. Einmal mehr bin ich froh, Martin mit seiner Kamera und seiner Fähigkeit, diese Eindrücke in Bildern einzufangen, dabeizuhaben. Die Schönheit der Landschaft in Worte zu fassen kann nur ungenügend gelingen. Weiter geht es. Ishaq ist weit voraus. In der Ferne machen wir ein riesiges Bachbett aus. Das müsste das Ende des Gletschers sein. Vorfreude steigt in mir auf. Tatsächlich, wenige Gletscherspalten später rollen wir durch tiefen Schotter etwa 150 Höhenmeter den Gletscherrand hinunter. Es fühlt sich großartig an, wir haben einen großen Teil der Strecke überwunden. Unten angekommen, blicken wir zurück. Aus einem riesigen Maul strömt das dunkelbraune Wasser mit Druck und Getöse aus dem Gletscher. Es breitet sich ungezähmt über die ganze Talsohle aus. Einer der größten Talgletscher der Erde endet hier auf etwa 3400 Metern. Dafür wird der Biaho geboren. Seinen 62 Kilometer entfernten Ursprung hat der Eisstrom nahe dem Conway-Pass auf einer Höhe von 6200 Metern. Er bedeckt eine Fläche von 754 Quadratkilometern. Wie die anderen großen Gletscher des Karakorums trägt auch er entscheidend zur Wasserversorgung Zentralasiens bei.

Aus irgendwelchen Gründen haben wir uns vorgestellt, wenn der Gletscher vorbei ist, beginnt ein guter Weg. Wahrscheinlich, weil unsere europäische Alpenerfahrung das so gelehrt hat. Hier aber weit gefehlt. Statt eines Weges finden wir nur völliges Chaos. In den umherliegenden Gesteinsbrocken ist nicht einmal ansatzweise eine Spur auszumachen. Es wird sogar so holprig, dass wir selbst in der Ebene die Bikes schultern, weil wir dadurch leichter vorankommen. So haben wir uns das nicht vorgestellt.

Wir erreichen eine Militärstation am Ufer, wo wir unsere Permits und Ausweise abgeben müssen. Ein düster dreinblickender Herr in Uniform nimmt unsere Dokumente entgegen und verschwindet. Unsicher bleiben wir zurück. Ishaq ist auch in einer der kleinen Baracken verschwunden. Unwohl stehen wir verloren am Gelände und wissen nicht, was wir machen sollen. Da hilft nur abwarten. Eine Tür öffnet sich, drei Herren kommen im Stechschritt direkt auf uns zu. Sie mustern uns von oben bis unten. Wir begrüßen sie auf Englisch. Keine Reaktion. Als ich einem Herrn direkt in die braunen Augen blicke, meine ich, eine Art Freundlichkeit zu erkennen. Kurzes Zögern, Unsicherheit, dann folgt völlig unerwartet:

»Do you like Coke?«

Was? Wie bitte? Die Anspannung weicht völliger Verwirrung. Hat er uns gerade Cola angeboten?

Wie abgesprochen kommt genau in diesem Augenblick Ishaq fröhlich lächelnd mit einer Zwei-Liter-Colaflasche aus einer olivgrünen Baracke. »Wollt ihr Cola?«

Wir müssen grinsen. »Klar, gerne.« Jakob ergreift das Wort. Wir füllen das schwarze Getränk in weiße Pappbecher und bieten den Herren der pakistanischen Armee auch einen an. Sie lehnen kopfschüttelnd, ohne eine Miene zu verziehen, ab und gehen zurück in eine der Unterkünfte. Trotzdem fühlen wir uns auf dem mit Stacheldrahtrollen gesicherten Armeegelände nicht wohl. Die obligatorischen verrosteten Benzinkanister stapeln sich auch hier rund um das Gelände und tragen zur ungemütlichen Atmosphäre sicher bei. Nach einer Weile bekommen wir die Unterlagen zurück. Geld für die Cola wollen sie von uns aber keines. Nicht mal mit Nachdruck können wir ihnen einige Rupien hinterlegen. Ishaq macht uns mit kleinen Handbewegungen deutlich, dass wir lieber gehen sollten. Schnell hat er uns überredet. Wir verlassen das Gelände und schnappen unsere Bikes, welche wir vor dem Tor abgelegt hatten, und stolpern weiter in Richtung Ufer.

TOSENDE MASSEN

Der lehmige Strom des Biahos füllt den ganzen Talboden aus. Das macht er in einer solchen Gründlichkeit, dass nicht einmal Platz für einen Trampelpfad vorhanden ist. Über große Kiesbänke schleppen wir die Bikes. Öfter queren wir kniehohe Wasserrinnen und kleine Bäche.

»War wohl nichts mit Trail nach dem Gletscherende«, rufe ich enttäuscht Jakob zu, als ich zum x-ten Mal nach einer Bachdurchquerung meine Schuhe wieder anlege. Jakob zuckt gleichgültig mit den Schultern.

»Inshallah, wird es später besser.«

Die immer höher werdenden Schotterbänke zwingen die Wassermassen in eine schmalere Furt. Hier hat der Biaho noch etwa zwanzig Meter Breite. Dafür ist er umso aufgewühlter und schneller. Am Rand können sich nur noch große Steinbrocken behaupten, alles andere wird mitgerissen. Unsere wenig erfolgreichen Fahrversuche werden vom tosenden Strom mit einer gewaltigen Geräuschkulisse untermalt. Wahrscheinlich hallt es auch von den steilen Wänden zurück und klingt so noch bedrohlicher. Der mit tiefen Wolken verhangene Himmel rundet die fast apokalyptische Stimmung ab. Zuerst bewegen wir uns mit großem Abstand vom Fluss weiter talwärts. Dann lenkt uns die Trittspur direkt auf ihn zu. Erst spät erkennen wir den Grund. An einer für uns völlig willkürlichen Stelle überspannt eine hölzerne Hängebrücke die Stromschnellen. Es ist so laut, dass wir uns nur durch lautes Rufen verständigen können.

»Du zuerst«, ruft mir Jakob zu. Ich steige aufs Rad und rolle über die wackelige Konstruktion. Jakob folgt mit Abstand. Martins Kamera motiviert ihn sogar zu einer kurzen Fahrt auf dem Hinterrad.

»Wheel Wednesday in Pakistan«, lacht er in Anlehnung an einen bekannten Hashtag von Instagram, als wir auf der anderen Seite abklatschen. Martin ist begeistert, wieder eine sicher einmalige Aufnahme im Kasten.

Orografisch rechts führt der lehmige Pfad weiter. Teilweise balancieren wir mehrere Meter oberhalb der Fluten auf rutschigem Untergrund dahin. Umsichtig, jeden Tritt sorgfältig prüfend, tasten wir uns vorwärts. Die Räder liegen mal wieder auf den Rucksäcken. Dort, wo Seitenbäche von den Bergen kommen, müssen wir wieder durchs Wasser. Ein paar asiatische Wanderer und Wanderinnen kommen uns mit Regenschirmen und Turnschühchen entgegen. Eine in einen rosa Regenmantel eingehüllte Frau bleibt unmittelbar vor uns stehen, zückt die Kamera und geht weiter. Ein freundlicher Herr fragt wenigstens, auf seine Kamera deutend, ob er ein Foto machen darf. Klar, wir nicken und platzieren uns und versuchen, dabei möglichst abenteuerlich auszusehen. Der Asiate bedankt sich mit einer Verbeugung. Wir müssen grinsen. Auch wir verbeugen uns.

Kurz darauf ist die Kiesbank völlig weggespült. Die Wand aus Gesteinsbrocken und Lehm ragt bedrohlich über uns. Sie sieht aus wie ein überhängender Kartoffelacker. Die darin verbackenen Steine scheinen nur darauf zu warten, in die Tiefe zu stürzen. Es ist mir ein Rätsel, wie ein Haufen Kieselsteine eine geschätzt achtzig Meter hohe, senkrechte Wand bilden können, ohne einzustürzen. Wir beschließen, einzeln zu laufen. Die anderen beobachten die Wand, um im Notfall laut schreiend auf Gefahr aufmerksam machen zu können. Pulsierend schwappt das Wasser manchmal bis zur Wand. Dann gibt es für kurze Zeit die schiefe Uferpromenade frei. Das ist der Moment, entschlossen und doch vorsichtig auf den glitschigen Steinen die fünfzig Zentimeter breite Strecke trockenen Fußes zu queren. Nach wenigen Sekunden ist wieder alles überspült. Auf der anderen Seite beobachten uns weitere Mitglieder der asiatischen Gruppe. Wir kommen trocken über die etwa hundert Meter lange Distanz. Die Asiaten und Asiatinnen sind weniger geduldig und laufen einfach los. Mit Ansage schwappt ihnen die braune Brühe bis zu den Knöcheln. Lautes Geschrei, Regenschirme und Trekkingstöcke zappeln in der Luft. Wir beobachten das Treiben aus sicherer Distanz. Wohl wissend, dass wir im schlimmsten Falle eh nicht eingreifen könnten. Wer hier in den Bach stürzt, ist verloren. Es geht aber alles gut, außer ein paar nassen Turnschuhen passiert nichts.

»Wie wollen die noch tagelang laufend zum Concordiaplatz kommen?« Martin schüttelt den Kopf.

»Ich glaube nicht, dass die dort ankommen«, lache ich zurück. »Guide will ich in der Gruppe auch nicht sein.«

»Das ist keine Großstadt – das ist ein Bergabenteuer«, grinst Jakob.

An einer etwas höher gelegenen Kiesbank machen wir eine Pause und packen unsere Micky-Maus-Brotzeitboxen aus. Heute genießen wir Kartoffel, Ei und Chapati mit der dramatischen Untermalung des schnaubenden Biahos. Ist doch mal eine nette Abwechslung. Ein Pakistaner in einem grauen Gewand kommt mit einem Büschel Pflanzen vorbei. Ishaq kommt mit ihm ins Gespräch. Es ist der Leiter des Camps Morongo, welches wir heute noch erreichen wollen. Er ist unterwegs, um Kräuter für seine Pferde zu sammeln. In einer Tüte hat er außerdem kleine feste Kügelchen aus gepressten Pflanzenteilen. Wie er erklärt, werden diese als Medizin zur Blutreinigung bei verschiedenen Krankheiten in Milch aufgekocht und den Patienten und Patientinnen verabreicht. Finden kann man sie wohl nur weit oben in Felsspalten. Zwei Tage war er dafür unterwegs. Nach Ende seiner Saison im Camp möchte er sie dann in Skardu am Markt verkaufen. Ishaq meint, es sei eine gute Einnahmequelle, die Leute zahlen wohl viel Geld dafür.

Im weiteren Verlauf können Jakob und ich noch einige Streckenabschnitte pedalierend zurücklegen. In niedrigem Gang versuchen wir, uns durch loses Gestein und über Sandbänke zu wühlen. Dank unserer breiten Reifen sinken wir nicht zu stark ein. Das ist sogar richtig lustig. Wir machen kleine Spielchen, wer am weitesten über die Kiesbänke im Sattel bleiben kann. Mit aller Kraft müssen wir die Geschwindigkeit möglichst hoch halten, damit die Reifen nicht stecken bleiben. Das geht meistens so lange, bis entweder die Oberschenkel brennen oder der Puls so hoch ist, dass wir mit dem Atmen nicht mehr hinterherkommen. Manchmal bleibt aber auch das Pedal oder das Vorderrad hängen, was uns zu abrupten Absteigemanövern zwingt.

Nach sieben Stunden erreichen wir eine große Sandbank, wo unsere Zelte stehen. Akribisch wurden Steine zu kleinen Mauern aufgeschichtet, damit ebene Flächen entstehen, auf welchen die Lager eingerichtet werden können. Eine rote Plane bedeckt ein mannshohes Fundament aus lose aufgeschichteten Steinen. Die Ritzen und Löcher dazwischen wurden notdürftig mit Dreck abgedichtet. Hier wohnt der Camp-Betreiber über die Saison hinweg. Freudig entdecken wir einen Schlauch, welcher glasklares Wasser aus einer Quelle oberhalb des Lagerplatzes ausspuckt. Endlich wieder was trinken, ohne dass es im Hals kratzt.

FAHRTECHNIKKURS

Der Kaffee schmeckt wieder. Gemeinsam mit unseren Trägern sitzen wir auf den niedrigen Steinmauern und unterhalten uns mit Händen und Füßen. Der Hilfskoch fragt, ob er eine Runde Rad fahren darf. Wackelig legt er einige Meter zurück. Fahrräder haben sie selbst keine. Das Gleichgewicht können sie auf zwei Rädern aber gut halten, weil sie alle schon mal Moped gefahren sind. Aus den zu Beginn zögerlichen Versuchen entsteht eine unglaubliche Dynamik. Abwechselnd werden unsere Bikes auf den sandigen Flecken hin und her gefahren. Jeder will sein Können unter Beweis stellen. Wir geben Tipps und unterstützen sie bei ihren Fahrversuchen. Die Lernfortschritte sind enorm. Bald schon machen sie kleine Rennen. Die Stimmung ist fast wie auf einem Jahrmarkt. Jeder freut sich für den anderen, es wird geklatscht, lautstark angefeuert und natürlich fotografiert. Gemeinsam sind wir völlig im Spiel versunken. Die letzten beiden Tage waren lang und anstrengend. Fokussiert auf das Vorwärtskommen, hatten wir nicht viel Zeit für Austausch. Das holen wir jetzt alles nach. Vielleicht trägt auch das nahe Ende unserer Tour zur ausgelassenen Stimmung bei. Es ist auf jeden Fall einer der lustigsten Nachmittage auf der gesamten Tour. *Gut, dass wir die Fahrräder dabeihaben.*

Gegen achtzehn Uhr wabern dunkle Wolken das Tal herauf. Die Träger machen sich sofort an die Arbeit, um ein Steinfundament, in welchem sie ihr Nachtlager aufschlagen, mit einer Plane abzudecken. Gerade noch rechtzeitig fertig, öffnet der Himmel seine Schleusen. Wir sitzen im Essenszelt. Lautstark trommeln die dicken Tropfen aufs Dach. Starke Böen kommen auf und wackeln bedrohlich an der Behausung. Wir haben Bedenken, ob die Schnüre halten. Bis zum Zerreißen sind die Leinen gespannt. Mit Regenjacken bekleidet, springen wir um die Zelte, um sie mit weiteren Heringen im weichen Boden zu verankern. Ishaq bringt zusätzliche Seile, die wir an den Zeltstangen und dicken Steinen festbinden. Auch unsere Schlafzelte beschweren wir mit zusätzlichen Brocken. Wind und Regen nehmen an Stärke zu. Sofort bilden sich kleine Bäche im Sand und fließen auch durch das Essenszelt. Alles, was wir bei unserer Ankunft sorglos auf den Boden gelegt haben, ist augenblicklich nass. Wir hängen unsere Tagesrucksäcke und einzelne Bekleidungsstücke im Zelt an die Querstangen. Gerade als ich wieder in das geräumige Hauszelt trete, nachdem ich eine weitere Leine abgespannt habe, donnert es lautstark. Das tiefe Grollen hallt bedrohlich von den Wänden zurück.

»Wow. Bin ich froh, nicht draußen unterwegs zu sein.« Martin versucht, seine Kameraausrüstung trocken zu lagern.

»Da magst' keinen Meter gehen, das ist ja lebensgefährlich unter den Wänden.« Bevor Jakob weitersprechen kann, grollt der Donner ein weiteres Mal. Oben, rechts, links, die Schallwellen breiten sich nach allen Richtungen aus. Wir mittendrin. Dazu wieder eine kräftige Böe, welche den Zelteingang aufreißt. Draußen tobt das Niederschlagsinferno. Der Boden ist in der Zwischenzeit zu einer sich langsam bewegenden Masse verschwommen und treibt Richtung Fluss. Das Tosen der Fluten ist nur in den Donnerpausen zu hören. Nicht einmal die nächsten Wände lassen sich mehr erahnen, die Sicht ist durch den Niederschlag gleich null.

Ishaq kommt mit Ahmed und der Suppe ins Zelt.

»Ganz schön heftig, oder?« Ich blicke zu Ishaq.

»Ist bald vorbei. Inshallah.« Er zuckt mit den Schultern. »Im Zelt hier ist egal. Am Concordiaplatz gibt das sicher viel Schnee. Alle werden umdrehen. Dort ist es schlimm. Aber ihr wisst ja: This is no city!«

So weit haben wir noch gar nicht gedacht. Klar, weiter oben kommt der Niederschlag sicher als Schneefall runter. Mir kommt die asiatische Wandergruppe mit ihren Regenschirmen und Turnschuhen in den Sinn. Aber selbst für uns gut ausgerüstete Gruppen ist das ein Dilemma. Und für die Träger erst recht. Einmal mehr wird uns schlagartig klar, was für ein unglaubliches Glück wir die letzten Tage hatten. Das Gewitter ist weiter talaufwärts gezogen. Der Regen prasselt mit unverminderter Stärke aufs Zelt. Die Wassermassen des Biahos müssen zugenommen haben, denn das Rauschen und Fauchen ist merklich lauter. Irgendwo gegenüber löst sich eine Schlammlawine. Das Poltern der in die Tiefe stürzenden Steine lässt uns aufhorchen. Besorgt blicken wir uns an.

»Das Zelt nützt da auch nichts. Da wirst' einfach begraben.«

»So ein Wetter wird es hier öfter geben. Und wenn das nicht sicher wäre, dann würden hier keine Steinhäuschen stehen«, entgegne ich Jakob. »In Liligo, unter der fetten Wand mit den Felsen an der Kante, da würde ich fliehen. Hundertprozentig.« *Versuche ich gerade nur, mich selbst zu beruhigen?*

In meiner gebeutelten Plastikhöhle liegend, lausche ich dem Orchester der Naturgewalten. Aufmerksam beobachte ich die flatternden Wände. *Ob sie lange genug standhalten?* Zwischen prasselnden Tropfen, rauschenden Wassermassen und polterndem Donner pfeifen die Zeltschnüre im Wind eine jammernde Melodie. Nach einer Weile gewöhne ich mich an die Geräuschkulisse und falle in einen tiefen Schlaf.

EIN ODER ZWEI TAGE

Es hat die ganze Nacht unvermindert geregnet. Ich krieche aus dem feuchten Zelt, ziehe mir die Regenjacke über und versuche, trockenen Fußes zum Frühstück zu gelangen. Hoffnungslos. Der Boden ist völlig aufgeweicht. Die Schuhe sinken ein. Nach wenigen Metern sind meine Zehen nass. Bei Pfannkuchen und Kaffee, untermalt von unaufhörlichem Prasseln am Zeltdach, versuchen wir, unsere Möglichkeiten zu erörtern. Die Motivation loszugehen ist gleich null. Ishaq schlägt vor, das nächste Camp zu überspringen und bis Askole zu laufen. Auf unsere Rückfrage, wie lange das wohl dauert, meint er: acht Stunden. Ahmed, der sich in die Diskussion einklinkt, meint: zwölf Stunden. Aber es sei eine »easy road« und ginge ja bergab, beschwichtigt Ishaq. Na, das kennen wir ja. Es geht hin und her. Ob wir es wohl schaffen werden, bei dem Wetter? Inshallah. Mit einer guten Einstellung wird das schon. Alles klar, seinen Humor hat Ishaq nicht verloren. Auf dem Tisch stehen unsere kleinen Brotzeitboxen und drohen mit einer weiteren Hungerrast bei einer Zwölf-Stunden-Etappe. Wir versuchen, noch eine Mittagspause mit heißer Suppe auszuhandeln. Der Deal ist perfekt, Handschlag.

Ishaq geht ins Küchenzelt und kommt mit dem Sirdar, dem Führer der Träger, wieder. Unsere Diskussion war umsonst, da wir sie ohne ihn, als Fürsprecher der Mannschaft, gemacht haben. Sie wollen bei dem Dauerregen keine zwölf Stunden laufen, weil sie nach wenigen Stunden klitschnass und durchgefroren seien. Das können wir gut verstehen. In Baumwollgewändern würde ich hier auch nicht rumlaufen wollen. Okay, also muss ein neuer Plan her. Die Diskussion beginnt von vorn. Nach einigen Minuten und vielen »Inshallah« wissen wir: Wir wissen nichts. Also sieht der Plan folgendermaßen aus: Wir starten gemeinsam, die Träger gehen in ihrem Tempo voraus bis zum Lager in Korphung. Dort machen sie eine Suppe und warten auf uns. Wenn sie keine Lust mehr haben zu laufen, dann bleiben wir eine weitere Nacht. Sollte sich das Wetter bessern und sich alle gut fühlen, dann laufen wir weiter bis Askole. Die Aussicht auf ein weiteres Camp in klitschnassen Zelten und Klamotten begeistert keinen von uns. Bei der Vorstellung, das Unwetter hätte uns am Concordiaplatz eingeholt, ist es aber nur noch halb so schlimm. Wenigstens sind wir in maximal zwei Tagen in einer festen Unterkunft. Wir spüren aber auch, dass die ganze Mannschaft gerne Askole erreichen würde. Das gibt uns ein bisschen Auftrieb. Vielleicht klappt es ja.

Die »easy road« gestaltet sich wie üblich aus einem Mix von Schieben und wenig Fahren. Der Regen hat den Untergrund so weich werden lassen, dass die Reifen tief versinken. Als wir näher ans Ufer kommen, bestätigt sich, was wir gestern Abend gehört haben: Die Fluten sind kräftig angeschwollen. Noch immer fallen dicke Tropfen vom Himmel. Unsere Träger eilen voraus. Zu Beginn versuchen wir, Schritt zu halten, aber Jakob und ich haben mit den Bikes, die sich ständig in den dicken Kieselsteinen verhängen, gar keine Aussicht auf ihr Tempo. Schnell geben wir auf. Wir wollen uns auf den schlüpfrigen Steinen nicht vor lauter Eile jetzt noch einen Fuß brechen. Nach etwa zwei Stunden lässt der Regen langsam nach, und kleine blaue Flecken zeigen sich am Himmel. Zart bricht das Licht in die wolkenverhangene Welt. Sofort steigt die Temperatur. Ich ziehe meine Regenbekleidung aus. Innen ist sie fast genauso nass wie außen. Ob es vom Schwitzen kommt oder ob sie nicht ganz dicht ist, kann ich nicht beurteilen. Aber ohne sie ist es wesentlich angenehmer zu laufen. Vereinzelt tauchen wieder höhere Gipfel aus den schnell ziehenden Wolken auf. Frischer Schnee liegt wie Puderzucker auf den dunklen Graten und Flanken. Spätestens jetzt sind wir uns sicher, dass die anderen Gruppen weiter oben garantiert keinen Spaß mehr haben.

Der Weg führt uns in ein Seitental, aus welchem der Dumordo seine braunen Wassermassen in Richtung Biaho pulsiert, welcher ab hier Braldu genannt wird. Gespeist wird er von den schmelzenden Eismassen des Panmah-Gletschers. Ein ganzes Stück gehen wir flussaufwärts. Wir erreichen das terrassenförmig angelegte Camp Jola. Ein verrosteter Stacheldrahtzaun begrenzt das Camp. Wir müssen sogar durch ein Gartentor eintreten. Dieses wirkt etwas fehl am Platz. Die Bikes behängen wir mit der Bekleidung, damit sie trocknen kann. Unsere Leute sitzen im Schatten auf großen Felsblöcken und trinken Tee. Sie lachen uns entgegen und strecken die Daumen in die Luft. Sie freuen sich sichtlich über das Wetter. Auch wir gönnen uns eine Tasse Tee. Das Camp sieht ziemlich verfallen aus. Schade eigentlich, es wäre ein schöner Platz. Lang hält es niemanden von uns hier, wir wollen das gute Wetter nutzen, wer weiß, was noch kommt. Ein gutes Stück lockt uns der Pfad in das enger werdende Tal hinein. Dann führt endlich eine Hängebrücke auf die andere Seite.

Früher überspannte hier, wie an vielen anderen Bachüberquerungen, eine furchteinflößende Seilbahn den Fluss: eine sogenannte Jola. Teilweise hingen Holzkisten an Stahlseilen, in welche man sich zum Übersetzen platzierte. An anderen Stellen wurden die in einem Klettergurt sitzenden Bergsteiger an dicken Stahlringen wie Gepäckstücke über die Fluten gezogen. Wir sind mehr als froh, dass diese Zeiten der Vergangenheit angehören. Trotzdem kann es auch heute noch vorkommen, dass mal eine Brücke fehlt oder eine tiefe Furt durchquert werden muss. Ich habe diese Geschichten während meiner Vorbereitung von verschiedenen Kollegen gehört. Deshalb habe ich eine zehn Meter lange, wenige Millimeter dicke Reepschnur im Gepäck, um uns im Notfall sichern zu können. Ich bin nicht traurig, dass ich sie bis jetzt nicht gebraucht habe.

Flussabwärts ist der Trail regelrecht in die Wand hineingeschlagen. Rechts von uns ragen senkrechte Wände nach oben, links geht es zwanzig Meter tief in die Stromschnellen. Wie bei einer alten Römerstraße wurden hier Steinplatten zu einem das Gelände ausgleichenden Weg aufgeschichtet. Auf dieser Balustrade rollen die Bikes perfekt. Unweigerlich ziehen wir hin und wieder die Köpfe ein, weil Felsvorsprünge über uns thronen. Der Spaß endet erst, als wir wieder aus dem Tal herausfahren und uns neben dem Braldu befinden. Doch auch hier erwarten uns viele fahrbare Teilstücke.

»So lange am Stück sind wir hier noch nicht gefahren, oder?«, lacht Jakob.

»Nee, des ist echt lässig. So hätte ich das schon viel früher erhofft.«

Vor lauter Begeisterung sind wir Martin und Ishaq weit vorausgeeilt. Das gab es auch noch nicht auf dieser Tour. Wir warten auf die beiden und genießen den Ausblick. Noch immer bin ich fasziniert von den Dimensionen und der Wildheit dieser Landschaft.

»Easy road«, meint Ishaq begeistert, nachdem er uns eingeholt hat. »Fahrt weiter zum Camp. Easy.«

Das lassen wir uns nicht zweimal sagen, wenn es schon mal rollt. Das Tal wird zusehends breiter. Weite Sandbänke sind von dichten Büschen und kleinen, schattenspendenden Bäumen bewachsen. Die Landschaft wirkt hier geradezu lieblich. Nach Norden führt ein ausladendes Tal hinauf zum Biafo-Gletscher. Würden wir diesem 47 Kilometer lang bergauf folgen, über den 5128 Meter hohen Hispar La klettern, weitere 49 Kilometer den Hispar-Gletscher hinunterwandern, würden wir das alte Bergkönigreich Nagar erreichen. Für den Moment aber haben wir unsere Fahrräder über genügend Gletscher geschoben. Überall hören wir Stimmen zwischen den Büschen. Da stürmt auch schon unser Hilfskoch auf uns zu und begrüßt uns. Er führt uns zu einer roten Plane, auf welcher zwei Isomatten liegen. Heißes Wasser, Kekse und Geschirr sind fein säuberlich hergerichtet. Wir sind überrascht. Damit hätten wir gar nicht gerechnet. Gerne lassen wir uns nieder, entledigen uns unserer nassen Schuhe und genießen die Pause. Wir bekommen sogar den vereinbarten »hot lunch« serviert: Omelett und frisches Chapati. So fühlt sich Urlaub an!

Viele Touristen und Touristinnen tummeln sich auf den Sandbänken. Die meisten wollen sicher zum Concordiaplatz. Wir sind froh, dass wir die Strecke hinter uns haben. Wie wir von Ishaq erfahren, sind einige Gruppen, welche wir bei unserer Abfahrt getroffen haben, umgedreht wegen des Schneefalls. Weiter oben am Gletscher hat der Wettersturz wohl bis zu einem halben Meter Neuschnee gebracht. Das wäre für uns auch ein Desaster geworden. Hier unten ist von alledem nichts zu spüren, die Sonne heizt die klare Luft schon wieder kräftig auf. Unsere Socken und Schuhe trocknen schnell. Von hier werden wir es bis Askole schaffen, so viel ist sicher. Dementsprechend ausgelassen ist die Stimmung in der ganzen Mannschaft. Lautes Gelächter und fröhliche Gesichter, wohin wir auch blicken. Leider können wir nicht länger entspannen, der Platz wäre genau richtig dafür, wir haben noch ein Stück vor uns. Gemeinsam räumen wir unseren Mittagsplatz auf und machen uns auf den Weg zur letzten Etappe zurück in die Zivilisation.

Die Kiesbänke hinter dem Camp sehen aus, als ob sie mit Straußeneiern gepflastert wären. Der Fluss hat die Steine vor sich hergetrieben und wunderbar glatt geschliffen. Die Räder rollen erstaunlich gut über die »Eier«. Ob es am Untergrund oder an unserer Begeisterung liegt, kann ich nicht sagen. Wahrscheinlich aber spielt beides eine Rolle. Wir sind voll motiviert, auch holprige Fahrpassagen im Sattel zurückzulegen. Wir treten in die Pedale, was die Oberschenkel hergeben. Bisher waren wir immer etwas vorsichtig, jetzt im finalen Abschnitt geben wir Gas. Martin und Ishaq lassen wir bald weit hinter uns. Ein kurzer, steiler Anstieg zwingt uns aus dem Sattel. Oben angekommen, blicken wir zurück zum letzten Camp und weiter in die Schlucht des Braldus, in welcher wir heute Morgen bei strömendem Regen gestartet sind. Die Diskussionen, Entscheidungen und das Abwägen im feuchten Küchenzelt sind längst vergessen. Wir warten auf unsere Begleiter.

»Unglaublich, was der Tag schon wieder an Eindrücken und Erlebnissen gebracht hat.« Jakob nimmt einen Schluck aus der Trinkflasche. »Aber ich bin auch froh, dass wir heute Abend nicht in den feuchten Zelten pennen müssen.«

Ich schweife in Gedanken zurück zur schmutzigen Unterkunft in Hushe. »Abwarten, wenn das Guesthouse so dreckig ist wie in Hushe, dann sind wir vielleicht noch froh über die Zelte«, lache ich.

»Oje, erinnere mich nicht daran!«

Wolkenfetzen umspielen die scharfen Grate und Zinnen der erodierten Felswände um uns herum. Martin und Ishaq sind in der Zwischenzeit angekommen.

»Too easy, habe ich doch gesagt«, lacht Ishaq. »Inshallah, könnt ihr bis Askole alles fahren.«

Daran glauben wir zwar noch nicht, aber es wird sicher mehr fahrbar sein als die letzten Tage weiter oben am Gletscher. Ich möchte auf diesem Abschnitt nicht mit Martin tauschen. Er sehnt sich das Ende der Tour herbei.

»Jetzt langt's dann erst mal mit Laufen. Bin ich froh, wenn das vorbei ist. Auf geht's, sonst nimmt es kein Ende.« Sein Tempo hat sich auch merklich gesteigert. Ishaq läuft ihm nicht mehr davon. Alle treibt es Richtung Askole.

Für uns Radfahrer folgen einige Kilometer Genussbiken auf fast ebener Strecke. Das erste Mal in den ganzen Tagen, dass wir nebeneinander pedalierend unterwegs sind und uns unterhalten können. Auf den schmalen Steigspuren waren wir, wenn überhaupt fahrend, ausschließlich hintereinander unterwegs. Lustig, das fällt mir zu Hause gar nicht auf, aber nach so langer Zeit ist es echt was Besonderes. Der Untergrund besteht aus festgetretenem Sand und ist gut rollbar. Wir halten erst wieder an, als wir an eine baufällige Hängebrücke kommen. Sie hängt nicht mehr als einen Meter über den braunen Fluten. Hin und wieder, wenn das Wasser stark pulsiert, schwappt sogar ein Schwall über die Brücke hinweg. Durch die Niederschläge ist der Strom gehörig angeschwollen. Ein neues Fundament wird auf beiden Seiten gerade gebaut. Als Ishaq eintrifft, erzählt er uns, dass hier eine Brücke entstehen soll, die sogar für Autos befahrbar ist. Es gibt Pläne des Militärs, eine Straße bis zum Camp nach Korphung voranzutreiben. Der Gedanke gefällt uns nicht, wir finden es schade um die schöne Landschaft. Wir beobachten das Wasser und versuchen, einen Moment zu erwischen, wo keine Gischt über die Holzplanken spritzt. Martin geht als Erster, um Bilder zu machen. Ganz trocken kommen wir nicht auf der anderen Seite an, aber bei den Temperaturen machen uns feuchte Schuhe nichts aus. Der Weg führt uns weiter, bis wir vor einer Felswand stehen. Diese fällt direkt in den Fluss. Verblüfft schauen wir uns an.

»Ähm, ich glaub, der Weg geht da hoch, oder?« Ich deute auf einen schmalen Steig, der treppenartig etwa 200 Meter die Wand hinaufführt.

»Echt, könnt schon sein. Das ist aber krass.« Mit einem so steilen Wegverlauf haben wir nicht gerechnet. Vor allem nicht, nachdem wir erfahren hatten, dass hier eine Straße gebaut werden soll. Während wir noch warten, kommen unsere Maultiere mit dem Gepäck am Rücken vorbei. Ein freundliches Hallo, und schon starten sie in die Wand. Jakob und mir bleibt der Mund offen stehen. Wir können gar nicht glauben, dass die Tiere über die Stufen den ausgesetzten Pfad emporklettern. Dann plötzlich zögern sie. Sie bleiben stehen.

Der Horseman versucht sie zu motivieren. Zuerst das vordere Tier. Schwankend lässt es sich dazu ermutigen, weiter nach oben zu klettern. Dabei wird es immer schneller, und wir haben ernsthaft Angst, dass es abstürzen wird. Puh, Maultier eins steigt auf der anderen Seite sicher hinunter. Doch das zweite steht noch immer wie angewurzelt in der Wand. Auch mit Drücken und Rufen lässt es sich nicht bewegen. Irgendwann macht es zwei Schritte vorwärts, verliert das Gleichgewicht und taumelt rückwärts. Das Gepäck rutscht gefährlich zur Seite und droht das Tier umzuwerfen. Der Pakistaner springt, wie von der Tarantel gestochen, bergab, wahrscheinlich, um nicht mit in die Tiefe gerissen zu werden. Zwei, drei Schritte macht das verstörte Lastentier zurück, bevor es sich wieder fängt und starr vor Schreck stehen bleibt, das Gepäck windschief am Rücken. Ich kann fast nicht hinschauen. Ich könnte es mir nicht verzeihen, wenn wegen unserer Tour einer der Vierbeiner in den Tod stürzt.

Mit lautem Zurufen nähert sich unser Horseman dem Tier. Er redet ihm gut zu und streichelt es. Dann öffnet er den Gurt. Sofort rutscht die Last vom Rücken und schlägt geräuschvoll am Boden auf. Erst jetzt macht sich das verstörte Tier an den weiteren Anstieg. Jakob und ich steigen auf, um Hilfe beim Gepäcktransport zu leisten. Vorsichtig klettern wir mit den Bikes am Rücken über die wackeligen Stufen nach oben. Ich weiß bis heute nicht, wie die Tiere das machen. Bevor wir aber das Gepäckknäuel erreichen und helfen können, schnappt sich der Horseman das gesamte Bündel, hievt es auf seinen Rücken und läuft los.

»Nicht sein Ernst! Der schleppt das ganze Zeug auf einmal! Was ist denn hier los?« Jakob ist schwer beeindruckt. Mir geht es nicht anders. Auch ich kann nicht glauben, dass er, ohne zu zögern, die gesamte Gepäckladung eines Pferdes mal eben auf den Rücken genommen hat und damit davonspaziert. »Das ist der Wahnsinn. Die Jungs hier sind echt ein anderes Kaliber als wir Touristen. Bin ich froh, dass das gutgegangen ist.«

ASKOLE

Die ersten Felder tauchen am Wegesrand auf. Schon eine Weile ist der Pfad zu einem zweispurigen Weg angewachsen. Vereinzelt laufen Frauen und Kinder über die Felder. Die Ähren wiegen im Wind. Hochgewachsene Pappeln rascheln bei jedem Luftzug. Es ist schön, aus der Fels- und Eiswüste zurück ins blühende Leben zu kommen. Wie pflanzenarm und lebensfeindlich waren die letzten Tage dagegen. Ich sauge die Fülle der Farben regelrecht auf. Tief atme ich durch die Nase ein. Auch der Geruchssinn wird wieder von verschiedenen Düften stimuliert.

Weit vor uns kommen die ersten Gebäude in Sicht. Zwei rotschwarz angestrichene, verbeulte Stahltonnen rechts und links des Weges sollen wohl die Dorfgrenze markieren. Mit weißer Farbe wurde darauf in arabischer und lateinischer Schrift »Good Bye« gepinselt. Wenn ich ehrlich bin, hätte ich mir eher ein »Hello« erwartet. Ein großes Metallschild in gleichem Design informiert mit der Aufschrift »Police Check Post Askoli, District Shigar« über die örtliche Zuständigkeit. Die passenden Telefonnummern sind direkt darunter angeschrieben. Über das vielfältige kulturelle Angebot informiert eine verrostete Hinweistafel: »Enjoy Askole and visit the local culture museum.« Na ja, so richtig in Museumsstimmung sind wohl die wenigsten Trekker und Bergsteiger, die sich vom Concordiaplatz hierhergequält haben.

Die einstöckigen Gebäude sind überraschenderweise teilweise weiß verputzt. Sogar Fensterrahmen, oft rot angestrichen, sind eingebaut. Glas enthalten aber die wenigsten davon. Aufgestapeltes Holz liegt anscheinend zur Verarbeitung bereit. Das Ganze macht den Eindruck, als ob man hier viele Renovierungsarbeiten begonnen hätte. Die Straße ist zwar nicht befestigt, aber zu unserem Erstaunen fast völlig von losen Steinen befreit. Ishaq läuft voraus und bahnt uns den Weg durch die Menschen, welche sich staunend in Trauben am Straßenrand sammeln. Mountainbiker:innen sind wohl auch hier in den Gassen nicht oft anzutreffen. Zumindest fühlen wir uns von sämtlichen Augen verfolgt und beobachtet. Manche versuchen, uns an den Armen zu greifen, und rufen uns unverständliche Worte hinterher. Ishaq kontert lautstark, schon lassen sie von uns ab. Ich freue mich meist über Kontakt zu Einheimischen, doch im Moment überfordert mich das Geschehen. Ich bin richtig froh, dass Ishaq hier an unserer Seite ist. Ich kann auch nicht immer einschätzen, ob der Kontakt freundlich geartet ist. Eine seltsame Situation nach den vielen Tagen, die wir fast ausschließlich im vertrauten Rahmen unter uns verbracht haben.

Zweimal müssen wir umkehren, bevor wird die richtige Einfahrt erwischen. Ishaq öffnet uns ein rotes Metalltor, welches den Durchschlupf in einer aus dicken Stämmen aufgestapelten Holzwand bildet. Dahinter fällt mir als Erstes eine riesige Satellitenschüssel mit etwa vier Metern Durchmesser ins Auge. Sie verdeckt die Hälfte des dahinterstehenden Gebäudes. Der Garten ist saftig grün. Große Pappeln, die rings um das Grundstück angepflanzt sind, spenden Schatten. Unsere ganze Mannschaft ist auf der Wiese versammelt und springt freudig auf, als wir die drei Stufen zum Vorgarten hinauftreten. Großes Hallo! Es ist siebzehn Uhr. Zehn Stunden ist es mittlerweile her, seit wir in strömendem Regen gestartet sind. Doch das ist lange vergessen.

»Welcome, Gerhard! Welcome, Jakob! Welcome, Martin!« Der Reihe nach schütteln wir uns die Hände und klopfen uns auf die Schultern. Was für ein herzlicher Empfang. Der Sirdar kommt auf mich mit einem bunten Plastikblumenkranz zu und hängt mir diesen lachend um den Hals. »Vielen Dank!« Ich verbeuge mich. Der Kranz baumelt mir bis zu den Knien. Ich schnappe mir Jakob und wickle ihn mit in die Girlande ein. Martin schießt Fotos und filmt. Alle klatschen, sogar die wenigen Kinder, die sich als Zuschauer in den Garten geschlichen haben, sind begeistert von der Stimmung.

Sie werden jedoch bald wieder vom Grundstück verjagt. Wir machen die obligatorischen Gruppenbilder, welche sicher allen noch lange in Erinnerung bleiben werden.

Unser Gepäck lagern wir in einem kleinen Zimmer auf dem nackten Betonboden. Drei niedrige Betten stehen darin. Richtige Betten! Die Fensterrahmen haben sogar Glas und sind mit schweren, wollenen Vorhängen verdunkelt.

»Das fühlt sich ja fast nach Zivilisation an«, lache ich in die Runde.

»Was für ein Trip! Bin ich froh, dass wir nicht noch mal im feuchten Zelt pennen.« Martin entledigt sich seiner Fotoausrüstung.

Jakob lässt sich aufs Bett fallen. Eine Staubwolke hüllt ihn augenblicklich ein. »Ja, das bin ich auch. Wobei ich, glaube ich, im Schlafsack schlafe.«

Am Abend sitzen wir entspannt unter der riesigen Satellitenschüssel auf weißen Plastikstühlen und kommen noch einmal in den Genuss der Kochkünste unserer beiden Köche. Die Grillen zirpen, einzelne Sterne funkeln durch die lichte Wolkendecke. Immer wieder hören wir Menschen reden und Kinder schreien. Dann trappelt ein Maultier vor dem Grundstück vorbei. Mir kommt es vor, als wären meine Sinne empfänglicher für diese sonst alltäglichen Eindrücke. Vielleicht erregen sie erst durch ihre tagelange Abwesenheit die Aufmerksamkeit? Ich versuche, mich zu erinnern: Habe ich die ersten Tage noch die Lawinen und Steinsalven aus den Wänden wahrgenommen, so waren sie mir die letzten Tage beinahe gleichgültig. Oder waren sie gar nicht da? Doch, ich glaube schon, nur hatte ich mich daran gewöhnt. Vielleicht war ich in manchen Stunden auch zu ermüdet, um sie wahrzunehmen. Pro Sekunde werden etwa elf Millionen Sinneseindrücke in unserem Gehirn verarbeitet. Doch nur etwa vierzig davon nehmen wir bewusst wahr. Was auch gut ist, sonst würden wir innerhalb von Sekunden völlig durchdrehen. Spannend finde ich aber zu merken, was unser Hirn aussortiert. Morgen werde ich vielleicht die Kinder und das Stimmengewirr auf der Straße schon nicht mehr so intensiv wahrnehmen wie heute Abend. Ich bin schon gespannt, welche Dinge zu Hause in meine Aufmerksamkeit rutschen, die mich sonst aus Gewohnheit vielleicht gar nicht mehr erreichen.

Nach dem Abendessen werden noch die Trinkgelder für die Mannschaft aufgeteilt. Wir wollen sie gut entlohnen für die großartige Unterstützung, ohne die unsere Tour sicher nicht durchführbar gewesen wäre. Wir packen die Scheine in Umschläge. Feierlich überreichen wir jedem Einzelnen mit Dankesworten die Rupien. Danach verlassen sie gemeinsam das Grundstück und gehen zu einer anderen Unterkunft.

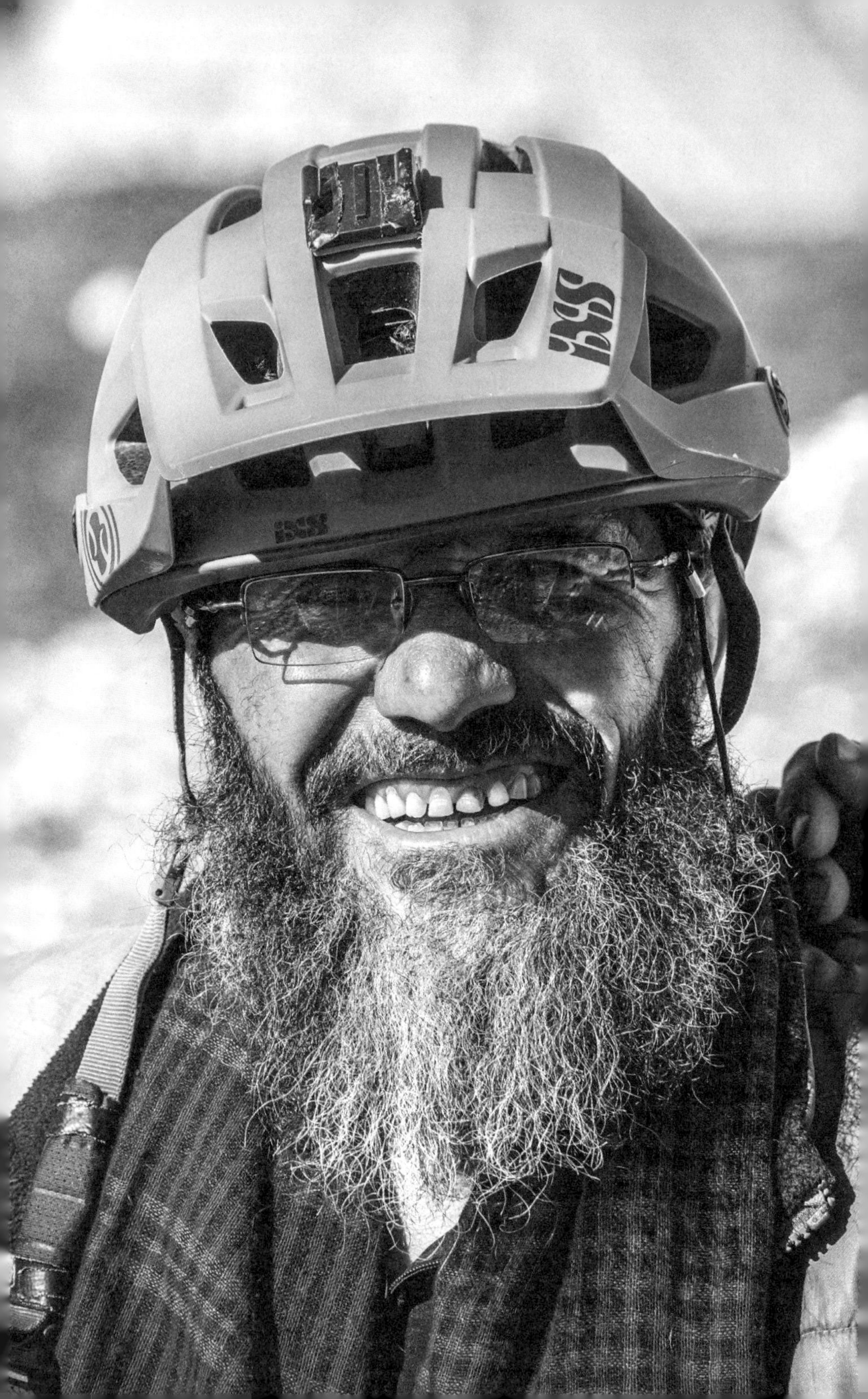

ES IST NOCH LANGE NICHT VORBEI

BRALDU-SCHLUCHT

»Guten Morgen. Im Zelt habe ich aber besser geschlafen.« Ich strecke mich. Die weiche Matratze hat meinen Rücken ganz schön verbogen über Nacht.

Jakob und Martin geht es ähnlich. Ein kurzes Frühstück unter der Parabolantenne im Garten, und schon müssen wir wieder aufbrechen, Autos beladen. Zwei verbeulte, hellblaue Toyota Land Cruiser, die typischen Geländewagen in dieser Gegend, warten vor dem Tor. Das Gepäck, inklusive der Bikes, landet auf der Ladefläche des Pick-ups. Wir zwängen uns in den mit einem selbst konstruierten Planendach versehenen geschlossenen Jeep: der Fahrer, Ahmed und Jakob auf der vorderen Sitzbank, Martin, Ishaq und ich dahinter. Von Kindern umringt, starten wir unsere holprige Fahrt aus Askole. Auf der Ladefläche haben mittlerweile noch acht Personen Platz genommen, die wir aber nur zum Teil zuordnen können. Es sind wohl ein paar Anhalter aus dem Dorf darunter. Askole ist eines der höchstgelegenen und abgelegensten Dörfer in Pakistan. Umringt von unzähligen Terrassenfeldern, die bis an die steilen Bergflanken reichen, leben hier ein paar hundert Menschen unter schwierigsten Bedingungen. Der Sommer ist kurz, die Vegetationszeit dauert nur etwa 170 Tage, und der Winter hart. Kein warmes Wasser, keine Heizung, oft kein Strom, wenig Brennmaterial, mangelnde Hygiene und so gut wie keine medizinische Versorgung – so lauten die Eckdaten des Lebens hier im hintersten Baltistan. Unterstützt wird die kleine Gemeinde von diversen privaten Organisationen, die zum Teil von bekannten Bergsteigern gegründet wurden.

Die Geschwindigkeit der Fahrzeuge ist in etwa gleich wie die von Radfahrenden. Die Straße ist derart schlecht, dass wir über Schrittgeschwindigkeit nur selten hinauskommen. Wir werden ordentlich durchgeschüttelt. Schrille pakistanische Musik untermalt mit blechernem Klang das Schaukeln. Beim Blick nach vorn, ich sitze in der Mitte, fällt mir auf, dass der Fahrer das Lenkrad ständig um eine halbe Umdrehung hin und her bewegt, ohne dass davon etwas am Fahrzeug ankommt. Der Begriff »Lenkspiel« bekommt eine neue Dimension für mich. Davon völlig unbeeindruckt, steuern wir auf die immer enger werdende Schlucht des Braldu zu. In scharfen Serpentinen führt der Weg bergab. Erst 1991 wurde diese Straße eröffnet, davor mussten die Bergsteiger:innen zu Fuß aus dem Shigar-Tal einem abenteuerlichen und gefährlichen Pfad nach Askole folgen. Fünf Tage brauchten sie dafür im Schnitt. Manche der Kurven sind so eng, dass sie nur durch mehrmaliges Hin-und-her-Rangieren passiert werden können. Unser Fahrer kurbelt am Lenkrad, was die Oberarme hergeben. Der Blick hinunter in die reißenden Fluten ist furchteinflößend. Ein verbeultes Wrack liegt auf einem Absatz tief unter uns und zeugt davon, dass die Geschichten über abstürzende Fahrzeuge nicht in den Bereich der Märchen gehören. Die Straße wird enger und enger. Jakob wird gebeten, den Außenspiegel auf der Beifahrerseite einzuklappen. Auf der Fahrerseite kann man sich das sparen, da hier nur ein leerer Plastikrahmen die Tür verziert. Die Felswand kommt immer näher. Nur wenige Zentimeter sind es noch. Rechts aber ist der Reifen schon am Abgrund. Der Blick aus dem Fenster lehrt einen das Fürchten. Ich habe ähnliche Aufnahmen schon auf Fotos gesehen, hätte aber nie gedacht, dass es tatsächlich so knapp zur Sache geht. Immer wieder hält der Wagen an, der Fahrer kurbelt am Lenkrad, dann geht es Zentimeter weiter. Keine Leitplanke, kein Geländer oder sonst eine Einrichtung würde uns hier vor dem etwa hundert Meter tiefen Absturz bewahren.

»Das ist gefährlicher als der ganze Trip!« Martin sitzt direkt am Fenster über der Schlucht. Ich kann ihm nur zustimmen. Nicht einmal bei den starken Niederschlägen habe ich mich so unsicher gefühlt wie im Moment. Dementsprechend erleichtert sind wir, als die Straße etwas breiter wird und wieder zwei Räder vollständig auf die Fahrbahn passen. Das Tal öffnet sich langsam. Die Berge ragen hier nicht mehr in senkrechten Wänden in den Himmel, sondern bilden riesige Schuttkegel, die teilweise bis in die Gipfelregionen reichen. Die Erosion hat das Gestein völlig zerrüttet. Da sie auch nur noch knapp über 5000 Meter erreichen, sind sie nicht mehr von Gletschern bedeckt. Im Nirgendwo halten wir kurz an, und zwei unserer Mitfahrer springen von der Ladefläche hinunter. Der ideale Zeitpunkt für Jakob und mich, uns zu unserer Mannschaft hinten auf den Jeep zu begeben. Die Sonne brennt uns auf den Kopf. Der Wind zerzaust die ungewaschenen Haare. Aber die aussichtsreiche Fahrt hier oben ist richtig eindrucksvoll. Die Strömung ist durch das starke Gefälle und den großen Wasserdruck schneller als wir mit dem Pick-up. Das Wasser pulsiert, wirft riesige Wellen und umspült Felsen in der Größe von Einfamilienhäusern. Noch selten habe ich so ungebändigte, wild fauchende Wassermassen sich durch die Landschaft wälzen sehen. Wahrlich beeindruckend. Da ich früher als Raftguide und Kajakfahrer viel auf Flüssen unterwegs war, begeistert mich der Bach völlig. Aber in keinem Boot der Welt würde ich gerade auf ihm paddeln wollen. Da ist mir der schaukelnde Toyota im Moment lieber.

An einer großen Brücke, wo der Braldu in den Shigar fließt, verabschieden wir einen Teil unserer Mannschaft. Die Männer werden ihren Weiterweg in die nahe gelegenen Täler ihrer Heimat zu Fuß, mit Pferden oder mit Mitfahrgelegenheiten bewerkstelligen. Nun also löst sich unsere zusammengewachsene Truppe wieder auf. Sehr schade. Wir schütteln ihnen nochmals die Hände und umarmen uns. Ich bin sehr dankbar, dass sie Teil dieser Reise waren. Dankbar bin ich nicht nur für ihre grandiose Unterstützung, sondern auch für jeden einzelnen Charakter, für jeden dieser großartigen Menschen, für die gemeinsamen Stunden, das Lachen, die wortkargen Unterhaltungen, ihre herzliche Art. Wir durften mit großartigen Menschen eine einmalige Zeit verbringen.

DIE MILCH MACHT'S

Wir klettern wieder in den Jeep zurück. Auf dem Weiterweg kommen wir durch kleine Ansiedelungen. Irgendetwas kommt uns komisch vor. Um den Jeep zu verlangsamen, würgt der Fahrer niedrige Gänge rein, dass es nur so scheppert. Durchs offene Fenster schreit er Passant:innen auf der Straße zu, worauf diese fluchtartig den Weg frei machen. Als wir einen Checkposten mit heruntergelassenem Schlagbaum vor uns sehen, schreit er wieder lautstark, worauf die Polizei schnell die Schranke öffnet. Ohne anzuhalten, rollen wir hindurch. Martin und ich blicken uns auf der Rücksitzbank an.

»Ishaq, stimmt was nicht mit dem Auto?«, will Martin wissen.

Kurz spricht Ishaq mit dem Fahrer. »Alles gut, nur die Bremse geht nicht. Easy. Reparieren wir gleich.«

Aha, das klingt ja beruhigend. In meiner Welt haben sich die zwei Dinge »Alles gut« und »Die Bremse geht nicht« bisher konsequent ausgeschlossen, zumindest, wenn ich in einem fahrenden Auto saß. Ist es nicht schön, wenn man immer wieder was Neues lernen darf? Ich möchte gar nicht an die Fahrt durch die Braldu-Schlucht denken. Wenn das dort passiert wäre, dann gute Nacht. An einem Anstieg unter einem Aprikosenhain kommt der Wagen zum Stillstand. Wir pflücken ein paar süße Aprikosen und machen es uns auf einer kleinen Mauer im Schatten gemütlich. Der Fahrer kriecht unter das Auto und hämmert darauf herum. Die Motorhaube wird aufgeklappt, auch da wird gehämmert. Ein dicker Hammer scheint das Universalwerkzeug für einen Toyota Land Cruiser zu sein. Nach einer Weile packt er das gute Stück unter den Sitz und meint, wir sollen wieder einsteigen.

»Die Bremsflüssigkeit ist ausgelaufen«, übersetzt Ishaq. »Wir fahren zum Mittagessen. Da wird alles repariert.«

»Welcome to Pakistan!«, ruft Jakob, als er sich auf den Beifahrersitz schwingt. Wir hatten geglaubt, wenn wir Askole erreichen, dann haben wir den gefährlichsten Teil hinter uns. Weit gefehlt, die Rechnung hatten wir ohne Pakistan gemacht.

Wir rollen in einen Hinterhof. Mit dem Einlegen des ersten Ganges wird der Jeep abrupt zum Stillstand gebracht. Ich befürchte, ich habe jetzt ein Schleudertrauma. Beim Mittagessen frage ich mich, wo man hier Bremsflüssigkeit erstehen will und was sie denn nutzt, wenn das System undicht ist. Aber bitte, sie werden schon kreativ genug sein. Es macht nicht den Eindruck, als stünden sie das erste Mal vor diesem Problem. Gemeinsam essen wir zu Mittag. Der Fahrer steht etwas früher auf und geht nach draußen. Ishaq folgt ihm und kommt zehn Minuten später wieder rein.

»Alles gut. Geht weiter.«

Wir sind mehr als nur überrascht. Jakob traut sich als Erster, die Zweifel auszusprechen. »Die Bremse geht wieder?«

»Ja.«

»Inshallah? Oder wirklich?«

»Wirklich. No problem. Aufgefüllt.«

»Hatte er Bremsflüssigkeit dabei?«, erkundige ich mich.

»Nein, Milch«, meint Ishaq selbstverständlich.

»Milch? Die weiße Flüssigkeit, die aus den Kühen oder Ziegen kommt?«

»Ja. No problem.«

Wir schauen uns ungläubig an, dann lachen wir los.

»Das ist nicht euer Ernst«, platzt es aus Martin heraus. Aber doch, sie meinen es ernst. Zum Beweis macht der Fahrer eine Vollbremsung im Hinterhof. Tatsächlich, die Räder blockieren, und das Auto rutscht auf dem Kies bis zum Stillstand. Daumen nach oben. Einsteigen, bitte. Wieder was gelernt. Mittlerweile bin ich mir sicher, MacGyver war in Wirklichkeit ein Pakistaner.

Weit kommen wir aber nicht. Nach dreißig Minuten Fahrt in der sengenden Mittagshitze geht der Motor aus. Mitten auf der Straße zwischen einer Felswand und dem Shigar bleibt die Kiste stehen.

»Was ist los?« Martin wirkt unentspannt.

»Diesel ist leer.« Ishaq zuckt mit den Schultern. »No problem. Wir halten jemanden an.«

Das kann doch nicht sein. In unserer organisierten Vorstellung hätte der Fahrer das in der Mittagspause arrangieren können. Nein, besser gesagt: müssen. Wie wir erfahren, gab es aber keinen Diesel im Dorf. Leider nützt Milch in diesem Fall auch nicht. Im Schatten der Felswand sitzend, blicke ich auf den träge dahinfließenden Strom und muss an den Entdecker Eric Shipton denken, wie er in seinem 1938 erschienenen Buch *Blank on the Map* von seiner Überquerung des Shigar berichtete. Da es noch keinerlei Brücken gab, musste die gesamte Expedition auf Rafts über den Fluss. Jedes dieser Boote war aus zwanzig aufgeblasenen Schafhäuten zusammengebunden und mit Holzbalken verstärkt. Jeweils vier Männer steuerten mit Paddeln ohne Paddelblätter. Sie fürchteten um ihr Leben und die Ausrüstung, als sie über die Stromschnellen ans andere Ufer ruderten. Zwei Rafts mussten je vier Fahrten zurücklegen, um den Transport zu bewerkstelligen. Dann marschierten sie weitere zwei Tage, um Askole zu erreichen.

Ganz so lange sind wir glücklicherweise noch nicht unterwegs, aber wenn es so weitergeht, übertrumpfen wir Eric Shipton vielleicht noch. Doch die Balti sind erfinderisch, und leere Tanks sind hier anscheinend völlig normal. Daher wird das nächste vorbeifahrende Fahrzeug angehalten, um Diesel davon abzuzapfen. Das passiert in der uns bereits bekannten, wenig gesundheitsfördernden Art: mittels Plastikschlauch im Mund. Bereits nach fünfzehn Minuten sind wir wieder startklar und hoffen inständig, ohne weitere Zwischenfälle unser Hotel zu erreichen.

Auf dem Weiterweg kommen wir noch durch die Ortschaft Shigar, welche früher als das »kriminelle Zentrum« Baltistans galt. Aus Mangel an zu überfallenden Durchreisenden raubten sich die Einheimischen gegenseitig aus. Zum Schutz davor gab es jede Menge scharfer Hunde, welche die Expeditionsteilnehmenden alle fürchteten. Im Gegensatz dazu verläuft unsere Durchfahrt völlig unspektakulär. Der Strom verästelt sich in einem breiten Bachbett, bevor wir sein Ufer, über einen kleinen Pass fahrend, verlassen. Kurz darauf führt uns eine große Holzbrücke über den Indus zurück auf die uns von der Anreise bereits bekannte Teerstraße in Richtung Skardu. Unsere Runde ist vollendet.

SCHMELZTIEGEL DER ABENTEURER

Gegen achtzehn Uhr erreichen wir mit müden Knochen Skardu ohne weitere Zwischenfälle. Uns reicht es aber auch für heute. Wir checken im Hotel ein. Das Erste, was ich mache, ist: duschen. Selbst wenn das Wasser nur lauwarm wird, es ist Luxus pur. Wasser, das von oben über den Körper rinnt, wie herrlich. Der Blick in die Duschwanne erinnert mich in kürzester Zeit an eine der unzähligen Sandbänke, auf welchen wir die letzten Tage unterwegs waren. Kurz breite ich noch die Bekleidung im Zimmer zum Trocknen aus, dann lege ich mich aufs Bett. *Wie herrlich ist das denn!*

Viel Zeit zur Entspannung bleibt nicht, schon treffen wir uns zum Abendessen. Im Speisesaal sind Reisende aus aller Herren Länder versammelt. Am Tisch nebenan bekommt ein junger Herr eine sogenannte Gipfeltorte für seinen Erfolg am Spantik. Es sind nur drei Personen: der Bergsteiger, ein Pakistaner und der Hotelchef. Ich bin verwundert, normalerweise sind Expeditionen größer. Dann kommt es mir aber in den Sinn: Wollte nicht der Skifahrer vom Flughafen mit einem Freund auf den Spantik? Der Name will mir nicht mehr einfallen. Ich gehe hinüber und gratuliere ihm zum Erfolg. Es ist tatsächlich Anthony Marra, der die traurige Geschichte von seinem Partner erzählt. Dieser ist bereits beim Zustieg in eine tiefe Gletscherspalte gefallen. Mit gebrochenen Rippen und ausgekugelter Schulter hat er im Beisein von Anthony zwei Tage auf Rettung gewartet. Die pakistanische Armee übernimmt manchmal Rettungsflüge mit Helikoptern. Verlassen darf man sich darauf aber nicht. Glück im Unglück, diesmal sind sie gekommen. Seine Reise in Pakistan war nach vier Tagen vorbei, aber er hat es überlebt. Nun ist er schon wieder zurück in den USA. Großen Respekt vor Anthony, der trotz dieses Schocks seinen Weg über die Gletscherspalten weiter zum Gipfel durchgezogen hat. Er konnte sogar erfolgreich vom höchsten Punkt abfahren. Der Aufenthalt in Skardu ist aber nur ein kleiner Zwischenstopp seiner monatelangen Reise mit Rad und Skiern im Gepäck, erzählt er mir. Gestartet ist er in Usbekistan mit dem Ziel, einen 8000er in Nepal zu befahren. Allein, ohne Team, ohne zusätzlichen Sauerstoff und mit seinen Skiern. Tatsächlich sollte er dieses Ziel wenig später am Manaslu, 8163 Meter, verwirklichen. Großen Respekt, Anthony!

Skardu ist so etwas wie der Schmelztiegel der Abenteurer:innen. Man kommt mit allen möglichen interessanten Personen ins Gespräch. Wenn ich mich hier so umhöre, dann könnte mir unsere Aktion im Vergleich ziemlich langweilig vorkommen. Ich unterhalte mich noch mit Alexander Huber, dem älteren Teil der weltbekannten Huber-Brüder, über seine Expedition zur Latok-Gruppe. Er musste, wie schon im Jahr zuvor, die Expedition wegen zu hoher Temperaturen und der damit verbundenen Lawinengefahr abbrechen. Auch er ist froh, heil aus den Bergen zurück zu sein.

Ein junger englischsprachiger Herr sitzt mit verbundener Nase und blauem Auge in der Lounge. Auch wir kommen ins Gespräch. Seine Geschichte gehört wohl zu den ungewöhnlichsten, die ich an diesem Abend hören darf. Er wollte mit einem Speedflyer, einem sehr kleinen Gleitschirm, vom Gondogoro La hinunter ins Camp nach Khuispang fliegen. Da ich das Gelände noch gut in Erinnerung habe, kann ich seinen Erzählungen in Gedanken realistische Bilder zuordnen. Man stelle sich vor: Der Rescue-Man steht vor seinem roten Zelt und koordiniert wochenlang Auf- und Abstiege von Trekkinggruppen, die zum Großteil beim Abstieg am Limit sind. Dann, eines schönen Tages, kommen zwei Touristen den Pass nach oben geklettert, mit Fahrrädern am Rücken. Aber damit nicht genug. Einige Tage später kommt ein motivierter junger Herr mit einem Minirucksack vorbei und erzählt ihm, er wird jetzt vom Pass fliegen. Dazu nimmt er oberhalb des Zeltes Anlauf, rennt daran vorbei, springt ab und ist kurz in der Luft. Da der Schirm sich aber nicht ausreichend genug öffnet, schlägt er wenige Meter unterhalb vom Gondogoro La auf. Vorbei der Traum vom Fliegen. Mit Klebeband und Mullbinden verbindet der Pakistaner den mutigen Luftakrobaten, welcher zu diesem Zeitpunkt weder weiß, wie er heißt, noch, wo er sich befindet. So zumindest berichtet sein Begleiter, der unten im Camp mit ihm per Funk verbunden war. Nachdem er sich wieder aufgerappelt hat, sammelt er seinen Gleitschirm ein und macht sich an den Abstieg. Was für eine verrückte Saison im Rettungszelt am Gondogoro La!

NOCH SIND WIR NICHT DAHEIM

Den nächsten Tag vertrödeln wir damit, lange zu schlafen, Sachen für die Reise umzupacken und zu essen. Das Wetter ist zu schlecht, daher sind die Flüge nach Islamabad auf den nächsten Tag verschoben. Ein Behördengang steht auf der Tagesordnung. Bei der

Tourismusbehörde muss die sichere Rückkehr gemeldet werden. Mit Ishaq machen wir uns nach dem Mittagessen auf den Weg. Der Mitarbeiter im Büro scheint kein großes Interesse an uns zu haben, er schaut nicht einmal auf, nachdem er einen Vermerk in sein Buch gekritzelt hat.

Nach der Rückkehr machen wir es uns gerade im Garten des Hotels bequem, als ein gut gekleideter Herr auf uns zukommt. Sein weißes Hemd bedeckt nur schwerlich die Körperfülle. Ein dicker Schnauzbart ziert sein freundliches Gesicht. Er möchte wissen, ob wir diejenigen sind, die mit Fahrrädern über den Gondogoro La gekommen sind. Sein gutes Englisch überrascht uns nicht weniger als die Tatsache, dass er von uns weiß. Als wir seine Frage bejahen können, freut er sich umso mehr. Er stellt sich als Ahmed Shigri vor und ist Präsident der »Baltistan Association of Adventure Tour Operators«. Knapp gesagt, so etwas wie der Tourismuschef in der Region. Er beglückwünscht uns zu diesem einmaligen Unterfangen. Wir dürfen ein paar wenige Details erzählen, dann muss er weiter, zu einem Termin. Bevor er uns verlässt, möchte er noch wissen, ob wir für ein Interview zur Verfügung stehen. Das lokale Fernsehen hätte Interesse, und er würde gerne darüber berichten. Wir fühlen uns einerseits geehrt, auf der anderen Seite haben wir das Gefühl, dass hier durchaus größere, vor allem größere alpinistische Taten vollbracht werden, als Fahrräder über den Gletscher zu schleppen. Trotzdem sagen wir zu. Mr. Shigri ist begeistert und meint, es könnte der Region helfen. Auch Ishaq motiviert uns zum Austausch mit dem Tourismusverband. Was uns erneut wie schon bei vielen anderen Begegnungen auffällt: Alle bedanken sich, dass wir ihr Land besuchen. Das ist mir in dieser Häufigkeit noch nirgends passiert. Noch begeisterter sind sie, wenn wir ihnen erzählen, von unseren positiven Erfahrungen in Zeitungen, Büchern und Vorträgen zu berichten.

Das Land steht bei europäischen Tourist:innen meist nicht ganz oben auf der Bucketlist der Reiseziele. Spätestens seit einem schrecklichen Ereignis 2013 dürfte es wohl noch weiter nach unten gerutscht sein, falls es denn überhaupt noch auf der Liste steht. Am 23. Juni wurden im Basislager des Nanga Parbat, mit 8125 Metern der neunthöchste Berg der Erde, elf Bergsteiger von Terroristen kaltblütig erschossen. Zu dem Anschlag bekannte sich eine Gruppierung mit dem Namen Jundullah, welche zu den Taliban gehört. Als Grund nannte sie Rache für den Tod des Talibanführers Wali-ur-Rehman, der durch eine US-Drohne getötet worden war. Daraufhin wurde der Berg vorübergehend gesperrt. Infolgedessen brach der Tourismus in der Region fast völlig zusammen. Selbst heute, sechs Jahre später, sind die Besucherzahlen noch nicht auf dem Niveau von vor dem Anschlag. Es kam seitdem zu keinem weiteren Zwischenfall in der Region mit Tourist:innen.

Die Menschen leiden sehr unter dem oft vermittelten Bild, welches durch solche Einzelaktionen selbstverständlich bestärkt wird, das Land bestünde nur aus Terroristen. In vielen Gesprächen konnten wir hören und spüren, dass sie sich von derartigem Gedankengut weit distanzieren und es genauso verurteilen wie wir. Es ist aber leider wie fast überall auf der Welt: Die negativen Schlagzeilen sorgen für Aufmerksamkeit, positive gibt es meist gar nicht zu lesen. In Bezug auf Pakistan nimmt das zum Teil sogar sehr skurrile Formen an. Wie mir Kamran Ali, ein pakistanischer Radreisender, auf einer Veranstaltung in der Schweiz berichtete, wurde er doch tatsächlich schon gefragt, ob Selbstmordattentate so etwas wie Kulturgut in Pakistan seien. Dementsprechend froh sind die Pakistaner über jeden Einzelnen, der von positiven Erfahrungen berichten kann.

Wie verabredet, erscheint Mr. Shigri pünktlich im Hotel zum Interview.

»Heute ist Feiertag, daher haben meine Kameraleute alle frei«, entschuldigt er sich. »Haben Sie eine Kamera?«

Etwas verdutzt schauen wir uns an. »Klar«, meint Martin und macht sich auf den Weg, Kamera und Stativ zu holen. Eine Ecke im Hotel wird kurzerhand zum Filmstudio umgebaut. Zwei Tische mit blau karierten Tischdecken werden vor einen grauen Vorhang in eine Ecke gestellt. Mr. Shigri und sein Generalsekretär, Mr. Shamshad, holen ein großes Banner hervor. Einmal mehr werden wir Zeuge, wie lösungsorientiert die Menschen hier sind. Da es an Befestigungsmöglichkeiten fehlt, wird das Plakat kurzerhand mit einigen Sicherheitsnadeln am Vorhang befestigt. Im Hintergrund thront der K2. »Baltistan Association of Adventure Tour Operators« steht in roter Schrift auf blauem Hintergrund. Darunter wurde voller Überzeugung geschrieben: »Welcome to the Land of Paradise on Earth Beautiful Baltistan Pakistan«. Auf dicken Ledersesseln nehmen wir in einer Reihe Platz: Martin, Jakob, Ishaq, Mr. Shigri und ich. Mr. Shamshad drückt auf »Aufnahme« auf der von Martin installierten Kamera. Ein klassisches Interview folgt. Wir beantworten viele Fragen. Mr. Shigris Einschätzung, dass mit uns eine neue Ära des Mountainbikesports im Karakorum beginnt, teilen wir zwar nicht ganz, trotzdem wird es ein gutes Gespräch. Das interessierte Publikum, ein Gast aus dem Hotel, verfolgt unser Gespräch für fünf Minuten, dann sind wir völlig allein. Wir können noch auf die Problematik des Mülls und der Fäkalien in den Lagern aufmerksam machen und finden damit auch Gehör. Nach etwa fünfzehn Minuten bekommt jeder einen Plastikblumenkranz um den Hals gehängt und eine Urkunde, auf welcher in Englisch geschrieben steht:

Zertifikat der Anerkennung, erster Mountainbiker zu Besuch am Gondogoro La, 2019.

Natürlich ist im Hintergrund der K2 zu sehen. Zu jeder Übergabe wird ein Foto mit Mr. Shamshad geknipst. Dann wird abgebaut, und wir gehen zu einem gemeinsamen Abendessen über. Martin kopiert ihnen noch die Dateien mit dem Interview. Leider werden wir nie erfahren, ob es jemals irgendwo ausgestrahlt wurde oder noch wird. Lustig war es aber auf jeden Fall.

GOLD UND EDELSTEINE

Beim Frühstück hoffen wir inständig auf gute Nachrichten. Eigentlich wollen wir noch zwei Tage in Islamabad verbringen. Wenn der Flug heute Mittag geht, dann bleiben uns wenigstens noch der Nachmittag und der nächste Tag in Pakistans Hauptstadt, bevor es heimgeht. Ishaq kommt ins Hotel.

»Noch wissen wir nichts wegen der Flüge.«

»Wann wissen wir das?«, möchte Martin wissen.

»In einer Stunde. Inshallah.«

Na gut, dann noch einen Kaffee. Wir haben die Hotelzimmer schon geräumt und sitzen mehr oder weniger auf dem Gang. Es gibt für uns auch nichts mehr zu tun in Skardu. Nach einer Stunde Warten passiert noch nichts. Keine Antwort der Airline. Wir schauen in den Himmel vor dem Hotel.

»Hm, blauer als blau geht doch nicht, oder?« Jakob will, wie wir alle, lieber noch durch Islamabad laufen, als hier tatenlos rumzusitzen. Gegen 11.30 Uhr dann die Nachricht: Heute gibt es keinen Flug mehr. Auf den nächsten Tag können wir nicht warten, da morgen Abend bereits unser Abflug Richtung Heimat ist. Das wäre zu riskant. Also heißt es wohl oder übel: Auto fahren.

Unsere Begeisterung hält sich in Grenzen. Zwischen zwölf und zwanzig Stunden sind die Zeitangaben für die Fahrt. Je nachdem, ob die Straße verschüttet ist, das Auto kaputt oder, oder. Im schlimmsten Fall kommen wir gar nicht an, weil wir samt dem einschlafenden Fahrer in den Indus stürzen. Tolle Aussichten. Noch immer ist irgendein arbeitsfreier Tag, daher bekommen wir erst mal kein Fahrzeug von der Agentur. Ishaq hängt sich voll rein. Die Stunden vergehen. Ungeduldig sitzen wir im Garten auf unseren Taschen. Wir stellen schon keine Fragen mehr, denn die Antwort kennen wir eh: Inshallah. Also üben wir uns in Hingabe und Geduld. Endlich kommt ein dunkler Jeep in den Hof gefahren.

Ich blicke hinüber. »Das langt nie für unser Gepäck, der hat keinen Gepäckträger am Dach.«

»Wird schon, wir schnallen das Zeug einfach drauf«, meint Martin motiviert.

Doch daraus wird nichts. Der Fahrer ist sehr bedacht auf die Optik seines frisch gewaschenen Jeeps, daher kommt nichts aufs Dach. In den Innenraum passen wir mit Gepäck nicht. Nach einigen Versuchen, die Bikes zu verladen, verlässt er den Hof. Wir stehen wieder ohne Auto da. Das nächste Fahrzeug, welches in den Hof fährt, ist ein Minivan. Nach kurzer Besichtigung ist klar: Der Platz reicht auch hier nicht. Der Fahrer dreht genervt um und verlässt mit aufheulendem Motor das Hotel.

Ishaq macht uns die Alternative klar: »Wir brauchen einen Bus. Der ist aber langsam.«

»Viel mehr als Schrittgeschwindigkeit fährt doch eh niemand auf den Pisten hier«, entgegne ich. »Und lieber langsam als gar nicht. Dann kommen wir wenigstens sicher an. Inshallah!«

Mittlerweile ist es vierzehn Uhr geworden. Noch immer ist keine Lösung in Sicht. Wir beschließen, erst mal essen zu gehen, und hoffen darauf, dass danach ein Fahrzeug zur Verfügung steht. Gerade als wir das Grundstück verlassen wollen, fährt ein kleiner Bus um die Ecke. Geschätzt finden darin dreißig Gäste Platz, das sollte sogar für uns mit viel Gepäck reichen. Der Fahrer ist völlig unkompliziert und hilft uns beim Einladen. Der Innenraum ist kitschig geschmückt: Überall gestrickte Deckchen, kleine Girlanden mit Minilämpchen hängen an der Decke, ein dicker Wollteppich ziert den Boden. Wir trauen uns fast nicht, irgendwas zu berühren.

»Geile Karre, aber ich muss mal das Fenster aufmachen.« Jakob versucht vergebens, eines der fest verschraubten Schiebefenster zu öffnen. Ein Duft von künstlichem Blumenparfüm hängt in der Luft, als wären 3000 Wunderbäume im Fahrzeuginneren verteilt. Na, auch egal, wenigstens ein fahrendes Auto und genug Platz. Wir rollen zum Mittagessen, ohne das geht gar nichts. Der Plan sieht vor, dass wir in diesem Gefährt durch die Schlucht des Indus schaukeln und, wenn alles gutgeht, etwa um Mitternacht den besser ausgebauten, weltberühmten Karakorum Highway erreichen. Dort wird ein schnelleres Fahrzeug auf uns warten und uns nach Islamabad bringen. Auf die Frage, wann das sein wird, meint unser Fahrer: »Morgen früh, Inshallah.« *Wieso fragen wir eigentlich?*

Martin ist ein wenig besorgt wegen der nächtlichen Fahrt. »Sollten wir abwechselnd wach bleiben und den Fahrer unterhalten?«

»Der spricht kein Englisch, was willst' mit dem plaudern?«, möchte ich lachend wissen.

»Egal, Hauptsache, er pennt nicht ein. Ich hab Frau und Kinder zu Hause.«

Die Bedenken sind völlig berechtigt. Nur, was könnten wir schon tun, wenn das Fahrzeug Richtung Abgrund fährt? Ins Lenkrad greifen? Auf die Bremse steigen? Um ehrlich zu sein: nichts. Wenn das Flugzeug abstürzt, können wir auch nicht eingreifen. Ich finde mich schnell damit ab. Ishaq steigt noch in das Gespräch ein:

»Ich bleibe wach. No problem.«

Skeptisch schauen wir drei uns an. Dann schließen sich die Türen unseres privaten Reisebusses, und die Fahrt kann beginnen. Bereits nach wenigen Kilometern wachsen die Wände des Canyons immer näher zusammen. Es macht den Eindruck, als würden wir in einen Trichter fahren. Tosend hat sich der Indus über die Jahrtausende tief in den Boden gegraben. Jetzt schnaubt und brüllt er von dort unten hoch, während er haushohe Felsen mit gigantischen Wellen überspült. Den kurzen Gedanken, ob man hier wohl mit einem Boot fahren könnte, verwerfe ich sofort. Ich könnte dem brodelnden Ungetüm ewig zusehen. Diese Naturgewalt! Dieses sich ständig verändernde Element! Hoch oben am Concordiaplatz sind wir über gefrorenes Wasser gelaufen und manchmal gefahren. Dort war es langsam, sehr langsam, auf dem Weg nach unten. Langsamer sogar als ich im »Zombie-Modus«, trotzdem mit unvorstellbarer, landschaftsformender Kraft. Mit Ende des Gletschers und der Verwandlung in Flüssigkeit hat es an Geschwindigkeit zugenommen. Im breiten Bachbett war es aber oft noch gemächlich unterwegs. Hier in der tiefen Schlucht hat es das Wasser richtig eilig, fast so, als ob es lange genug in den Bergen unterwegs gewesen sei und jetzt endlich hinausmöchte, sich befreien von den starken Gefällen und den engen Bachbetten.

In den steilen Wänden auf der uns gegenüberliegenden Seite werden edle Steine aus ihren tief im Inneren des Berges liegenden Verstecken befreit. Weiße Adern von sehr hartem Gestein, sogenannte Pegmatit-Adern, durchziehen die senkrechten Gefilde. Diese hellen Streifen sind mit Höhlen durchlöchert. Erreicht werden diese über Seilbrücken, Jolas genannt, und anschließend über Leitern und schwindelerregend schmale Pfade in der Felswand. Ich glaube, selbst als Kletterer würde ich mich dort gerne anseilen, um nicht bei der kleinsten Unaufmerksamkeit viele hundert Meter in den Indus zu stürzen. Die Balti aus den nahe gelegenen Dörfern arbeiten und sprengen sich immer weiter die Adern entlang, um dort Edelsteine, allen voran Aquamarine, zu finden. Die sechskantigen, ozeanblauen Steine sind äußerst wertvoll. Ihre Farbe erhalten sie durch das enthaltene Eisen. Der Aquamarin reiht sich in die Familie des Berylls – altgriechisch »beryllos« für »blaugrüner Stein« – ein. Das »Wasser des Meeres« setzt sich aus den lateinischen Wörtern »aqua« (Wasser) und »marinus« (des Meeres) zusammen. Früher konnten die Hirten, Jäger und Sammler die Steine einfach vom Boden aufheben. Da die Nachfrage immer größer wird, immer mehr Männer nach den Schätzen suchen, müssen sie sich immer weiter in die höheren Lagen begeben. Eine der größten Minen in der Gegend liegt auf knapp 5000 Metern über dem Meer. Immer tiefer müssen sie in die Berge hinein. Riesige, von Hand herausgearbeitete Tunnelsysteme führen in den Untergrund. Mit einfachsten

Werkzeugen werden diese Kleinminen vorangetrieben: mit hydraulischen Bohrmeißeln, Sprengmitteln, Brechstangen, Schlägeln und Hämmern. An den Einsatz von Baggern und Bergbaumaschinen ist in den schwer zugänglichen Regionen nicht zu denken. Es ist eine extrem gefährliche und anstrengende, aber bei Erfolg auch lukrative Arbeit. Auf dem Weltmarkt werden gute Preise für die Steine aus Pakistan gezahlt. Hauptabnehmer sind Europa, Amerika und Japan. In den wenigen schneefreien Monaten hausen die Edelsteinsammler in den kargen Höhlen des Berges. Sie essen, schlafen und arbeiten monatelang ohne Unterlass. Nicht selten passieren Unfälle, gerade bei den Sprengarbeiten. Die Arbeiter haben keinerlei Ausbildung im Umgang mit Dynamit, welches verwendet werden muss, um das harte Gestein zu bearbeiten. Daher lassen jede Saison einige Männer ihr Leben in den Minen. Wenn sie aber erfolgreich nach Hause kehren, dann können sie ihre Familien über lange Zeit ernähren. Da es in den abgelegenen Dörfern keinerlei sonstige Einnahmequelle gibt, ist die Verlockung des schnellen Geldes groß. Dort, wo der Indus große Sandbänke hinterlassen hat, liegt eine weitere Geldquelle: Gold. An einigen Sandbänken in Baltistan sind Goldsucher unterwegs. Die winzigen Fragmente werden in nicht minder mühevoller, aber weniger gefährlicher Arbeit aus dem Sand gewaschen. Das Angebot an Aquamarinen ist aber vergleichsweise groß. Wie leicht verdiene ich dagegen mein Geld mit ein wenig Radfahren und ausgiebigem Drücken der Tasten auf der Tastatur meines Computers. Das Leben von Menschen kann so unterschiedlich sein. Unglaublich!

Schon der griechische Geschichtsschreiber Herodot berichtete in seinen »Historien«, welche etwa im 2. Jahrhundert v. Chr. geschrieben wurden, vom sagenhaften Goldreichtum des Wunderlandes am Indus. In einer Passage seines Indien-Exkurses erzählte er von nach Gold grabenden Riesenameisen, welchen die Inder todesmutig die Schätze rauben würden. Diese märchenhaft anmutende

Geschichte wurde von französischen Ethnologen erst in den 1990er Jahren im Ansatz verstanden. Anscheinend handelte es sich bei den besagten Riesenameisen um Murmeltiere, welche in der goldreichen Region Deosai in Kaschmir anzutreffen sind. Noch heute berichten die Leute dort, dass ihre Vorfahren Goldstaub rund um die Erdlöcher der bis zu siebzig Zentimeter großen Nager gesammelt haben.

Die Shahrah-e-Skardu ist eines der größten Zeugnisse menschlicher Bau- und Ingenieursleistung. Die 168 Kilometer lange Straße von Gilgit nach Skardu wurde erst im Oktober 1978 fertiggestellt. Davor hatte Baltistan keinen nennenswerten Zugang zur übrigen Welt. Jahrhundertelang mühten sich Händler und Expeditionen auf einem äußerst schmalen Fußpfad durch die gewaltige Schlucht. Einige Abschnitte wurden mit dünnen Hölzern überbrückt, dort, wo es nicht möglich war zu laufen. Ein kleiner Fehltritt, und Mensch und Tier stürzten in die Tiefe, oft 500 Meter oder mehr. Im Winter machten Eis und Schnee das Passieren unmöglich. Beim Bau der Straße wurde ein schwedischer Ingenieur zur Beratung herangezogen. Als er die dunkle, unheimlich hohe Klamm das erste Mal sah, traute er seinen Augen nicht: »… was sind das nur für Berge? … keine Pflanzenwelt … keine Bäume … nur meilenweit schwarzer Fels.« Nach genauer Betrachtung kam er zu dem Schluss: »Den einzigen Rat, den ich geben kann, ist: hier keine Straße zu bauen.« Trotzdem wurde das Projekt in Angriff genommen und fertiggestellt. Noch heute wird der Verkehr regelmäßig von Moränen und Erdrutschen unterbrochen. Die Wände ragen so weit in den Himmel, dass deren Ende vom Fahrzeug aus nicht zu sehen ist. Die einzige Abwechslung bietet der Blick in den tief unten tobenden und schnaubenden Indus, welcher gewaltige Wassermassen durch den engen Canyon wälzt. Die Sonne erreicht den Boden nur für wenige Minuten am Tag, und so wird es auch abends schnell finster. Unser Bus zuckelt weiter in die Dunkelheit der heraufkommenden Nacht. Ohne Zwischenfälle erreichen wir den geteerten Karakorum Highway. Jeder hat zwischendurch schicksalsergeben geschlafen. Als Erstes war, wie wir erwartet hatten, Ishaq eingeschlafen. Jetzt sind wir hellwach, da unser Fahrer lautstark telefoniert. Wir verstehen zwar nichts, aber es hört sich nicht nach »Alles in Ordnung« an. Wild gestikulierend biegt er nach links ab. Kurze Zeit später wenden wir und fahren in die andere Richtung. Dann bleiben wir am Straßenrand stehen. »Stimmt was nicht?«, möchte ich von Ishaq wissen.

»Das andere Auto ist nicht da. Noch unterwegs.«

War eh klar. Das hätte mich mehr als verwundert, wenn das geklappt hätte. Die Fahrt geht weiter in der stockdunklen Nacht. Trotz der vorangeschrittenen Uhrzeit herrscht regelmäßiger Verkehr auf dem Highway. Wir fahren zu einer Ansammlung von Restaurants am Straßenrand, um etwas zu essen zu besorgen. Da taucht ein weiterer, modernerer Bus auf und bleibt neben unserem Vehikel stehen. »Das ging schnell«, freut sich Jakob. Ohne zu zögern, laden wir um. Die Frage, wie lange es dauert und wie viele Stunden der neue Fahrer schon ohne Pause unterwegs ist, sparen wir uns. Mit einer kleinen Schale Reis stillen wir den nächtlichen Hunger, dann geht die Fahrt über den berühmten Karakorum Highway (KKH) los. Leider sehen wir davon nichts.

Der KKH verbindet Islamabad mit Kaschgar, welches im Autonomen Gebiet Xinjiang (Westchina) liegt. Der höchste Punkt wird am Khunjerab-Pass mit knapp 4700 Metern erreicht. Offiziell wurde der Bau 1966 durch einen chinesisch-pakistanischen Vertrag begonnen. Zum Bau der sieben Meter breiten Straße wurden 800 Tonnen Explosivstoffe, 80 000 Tonnen Zement und 35 000 Tonnen Kohle verbraucht. Über 23 Millionen Kubikmeter an Erdarbeiten waren nötig. Mit 1000 Lastwagen hielt man die Versorgung mit Männern, Vorräten und Werkzeugen aufrecht, für diese wurden 80 000 Tonnen Schmiermittel und Treibstoff verbraucht. Laut offiziellen Angaben kamen 810 pakistanische und 82 chinesische Arbeiter ums

Leben. Erst im Jahre 1986 wurde dieses Mammutbauwerk auch für den Tourismus geöffnet. Heute donnern Tausende Fahrzeuge jährlich über den Asphaltbelag, welcher nur unzureichend instand gehalten wird. Daher muss man auf der landschaftlich eindrucksvollen Strecke stets wachsam sein. Wir hoffen inständig, unser Fahrer ist noch fit und ausgeschlafen.

Gegen neun Uhr erreichen wir unser Hotel in Islamabad. Der Schlaf im Bus war nicht sehr erholsam, und so verabreden wir uns erst für den Mittag, um noch ein wenig durch die Stadt zu laufen. Ishaq hat noch verschiedene Dinge in der Agentur zu erledigen, daher wird er uns nicht begleiten.

So erholsam das weiche Bett und die funktionierende Dusche auch sind, ich bin froh, als ich das Zimmer wieder verlassen kann. Die dunkle Einrichtung lässt das kleine Zimmer noch erdrückender wirken. Nach den vielen Tagen unter freiem Himmel komme ich mir in dem geschlossenen Raum regelrecht eingesperrt vor. Ich kann mich noch erinnern, als ich vor vielen Jahren von einem Roadtrip durch Klettergebiete der USA nach Hause kam, ging es mir auch so. Über einen Monat hatte ich praktisch nur auf meiner Isomatte unter freiem Himmel geschlafen. Meine Zimmerwände daheim zerquetschten mich fast. Hier im Hotel lässt sich nicht einmal das Fenster ganz öffnen. Puh, schnell raus an die Luft. Die ist leider auch nicht so rein und erquickend wie in den Bergen. Aber immerhin besser als im Hotelzimmer in Skardu. Wir schlendern ziellos ein wenig umher. Die Stadt wirkt modern auf uns. Klimatisierte Einkaufszentren, Fastfood-Restaurants, Modegeschäfte, alles, was wir von großen europäischen Städten kennen, gibt es hier auch. Die Menschen sind zum Teil sehr modern gekleidet. Viele der Frauen tragen, anders als in den ländlichen Regionen Baltistans, keine Kopfbedeckung. Einige flanieren in Jeanshosen und Blusen selbstbewusst durch die Geschäfte oder sitzen lachend mit Freundinnen, Freunden und Partnern in Kaffees. Nach unseren

Eindrücken der letzten Wochen, welche mehr unseren Erwartungen entsprochen haben, ein ungewohntes Bild. Aber ist eh klar: Alle Frauen in Pakistan tragen eine Kopfbedeckung – das ist ungefähr genauso wahr wie, dass wir Bayern alle Lederhosen tragen. Willkommen in der Welt der Klischees und Vorurteile. Voll ertappt. Danke für die Ohrfeige.

ISLAMABAD

Mit der Gründung Pakistans 1947 wird Karatschi zur Hauptstadt des neuen Staates bestimmt. Der griechische Architekt und Städteplaner Konstantinos Doxiadis, welcher international schon zahlreiche städtebauliche Projekte durchgeführt hatte, wurde aber für den Bau einer neuen Hauptstadt angeworben. 1960 entstand die Stadt Islamabad am Reißbrett. Wert wurde dabei auf viele Grünanlagen gelegt, was auch heute noch ersichtlich ist. Selbst drei große künstliche Seen – Rawal, Simli und Khanpur – wurden angelegt. Aufgrund finanzieller Probleme konnte erst zu Beginn der 1980er Jahre die Hauptstadt endgültig nach Islamabad verlegt werden. Das Wahrzeichen der Stadt ist die 1986 fertiggestellte Schah-Faisal-Moschee, welche zu den größten Moscheen der Welt gehört. Bis zu 74000 Personen haben auf der Fläche von 5000 Quadratmetern Platz. Der türkische Architekt Vedat Dalokay hat die Gebetshalle einem Beduinenzelt nachempfunden. Vier neunzig Meter hohe Minarette zieren das Gebäude. Sie sind die höchsten Südostasiens.

Wir erfahren, dass der Besuch der Moschee zum Sonnenuntergang ein besonderes Erlebnis sein soll. Das wollen wir uns nicht entgehen lassen. Martin bucht einen Uber, da wir vor dem Hotel keinerlei Taxis finden können. Unser Fahrer fährt vor und begrüßt uns in fast dialektfreiem Englisch. So kommt schnell ein Gespräch zustande. Natürlich wollen wir wissen, woher er seine Sprachkenntnisse hat. Das kommt von seinem Beruf, versichert er uns. Wir müssen eine ganze Weile nachhaken, bevor er uns diesen verrät: Er ist der Leiter des pakistanischen Geheimdienstes. Skeptisch fragen wir noch einmal nach, weil wir meinen, ihn missverstanden zu haben. Dann zückt er sein Smartphone und zeigt uns Bilder seiner gepanzerten Limousine, vor welcher er Arm in Arm mit dem pakistanischen Präsidenten steht. Okay, anscheinend ist der freundliche Fahrer tatsächlich ein hohes Tier. Wir können es kaum glauben.

»Warum fährst du Uber, du hast doch ’nen guten Job? Zahlen die nichts?«, möchte Martin lachend wissen.

»Doch, das schon. Aber meine Frau ist bei Verwandten mit den Kindern und ich allein daheim. Bevor ich mich langweile, fahre ich lieber durch die Stadt und rede mit interessanten Menschen.« Gelassen zuckt er mit den Schultern.

Seine Antwort klingt so ehrlich, dass wir ihm einfach glauben müssen. Er entpuppt sich als perfekter Stadtführer. Zur Moschee fährt er uns noch durch das Regierungsviertel, seinen Arbeitsplatz, und erklärt uns jedes Gebäude. Dann lädt er uns ab. Wir wollen noch einen guten Tipp zum Abendessen von ihm wissen. Natürlich kennt er genügend Möglichkeiten und bietet an, uns in einer Stunde hier wieder abzuholen. *Wie genial kann es denn laufen?* Wir verabschieden uns und laufen auf das imposante Gebäude zu. Vor den Stufen zum Hof müssen wir die Schuhe ausziehen. Auf den blank polierten Steinplatten tummeln sich Hunderte Menschen. Männer, Frauen, Kinder, Alte, Junge – es ist ein Treffpunkt der besonderen Art. Der Platz strahlt wahrlich eine erhabene Atmosphäre aus. Wie startklare Raketen ragen die beleuchteten Minarette in den dunkelblauen Abendhimmel. Die Wandelhallen davor sind mit warmem Licht geflutet, welches sich am Boden spiegelt. Dahinter ragen die Margalla-Hügel als Silhouette dunkel hervor. Schüchtern laufen wir durch die Menschenmenge, weil wir nicht wissen, ob wir hier willkommen sind. Außer uns entdecken wir keinen einzigen Touristen. Doch nach nur wenigen Minuten wissen wir, wir sind nicht nur willkommen, wir sind *die* Attraktion des heutigen Abends. Jakob und ich, beide hellhäutig, blond, blauäugig, sind innerhalb von wenigen Augenblicken das beliebteste Fotomotiv auf dem Platz. Ganze Heerscharen von Pakistanern wollen Bilder mit uns machen. Martin bleibt dank seiner dunklen Haarfarbe verschont. Zu Beginn finden wir das noch lustig. Bald aber wird es beängstigend. Ständig finden wir uns umringt von Männergruppen wieder. Alle zücken die Telefone, legen die Arme um uns, jeder will ein Bild mit uns Exoten. Keine fünf Meter können wir zurücklegen, ohne bedrängt zu werden. Ist eine Gruppe mit Aufnahmen versorgt, stürmen die nächsten Anwärter auf uns zu. Ich fühle mich wie Britney Spears in der Fußgängerzone von Berlin.

»Jetzt weiß ich endlich, warum berühmte Menschen nur mit Bodyguards rumlaufen«, rufe ich Jakob zu, der gerade von einer Schar Jugendlicher belagert wird. Schließlich ist Martin unsere Rettung. Er macht den Pakistanern klar, dass er als Fotograf Bilder von uns allein machen muss. Daraufhin löst sich das Getümmel auf, und die Herren verteilen sich über das Gelände. Wir blicken über das dicke Betongeländer in den Innenhof, in welchem ein riesiger, blau bemalter Pool einen starken Kontrast zu den weißen Wänden und Säulen bildet. Wir können die einmalige Architektur und das bunte Treiben gar nicht richtig auf uns wirken lassen, da fragen schon wieder drei bärtige Herren nach Fotos mit uns.

»Die haben in einer Stunde mehr Fotos von uns gemacht als du die letzten drei Wochen«, lache ich Martin zu.

»Verschwinden wir, gehen wir essen. Des hört sonst nie auf.« Martin hat völlig recht. Uns reicht es auch schon langsam. Ohne uns noch einmal ansprechen zu lassen, verlassen wir den Platz der Moschee. Unser Uber steht schon auf der anderen Straßenseite und wartet auf uns. Das empfohlene Restaurant liegt in den Margalla-Hügeln, einer Art Naherholungsgebiet hinter der Stadt. Doch auf dem Weg dahin geraten wir in einen endlosen Stau. Die kleine

Straße, welche auf die Hügel führt, ist völlig verstopft. Es tut sich gar nichts. Wir kommen weder vor noch zurück. Kurzerhand beschließen wir, den Plan zu verwerfen, und lassen uns zu einem Restaurant in der Nähe des Hotels fahren. Dort ist jeder Tisch besetzt, und die Leute warten schon an der Tür auf Sitzplätze. *Na toll.* Nun folgt die letzte Vorstellung, welche uns völlig überzeugt, heute Abend mit einem einflussreichen Menschen unterwegs zu sein. Nachdem er kurz mit dem Leiter des Restaurants gesprochen hat, bekommen wir erst mal einen Drink auf Kosten des Hauses, eine Entschuldigung für die Wartezeit und den nächsten freien Tisch. Wobei wir uns nicht ganz sicher sind, ob die Gäste wirklich schon gehen wollten. Aber da können wir wohl nichts machen, außer uns zu bedanken und auf der umfangreichen Karte die empfohlenen »Tikka Kebab«, das sind stark gewürzte Fleischspieße, zu bestellen. Für mich gibt es die vegetarische Variante mit Gemüse. Bei milden Temperaturen sitzen wir noch eine Weile zusammen und lassen uns die Erlebnisse der vergangenen Wochen durch den Kopf gehen. Der Abend war der passende, zugegeben, etwas skurrile Abschluss zu unserer gelungenen Tour. Da sind wir uns einig.

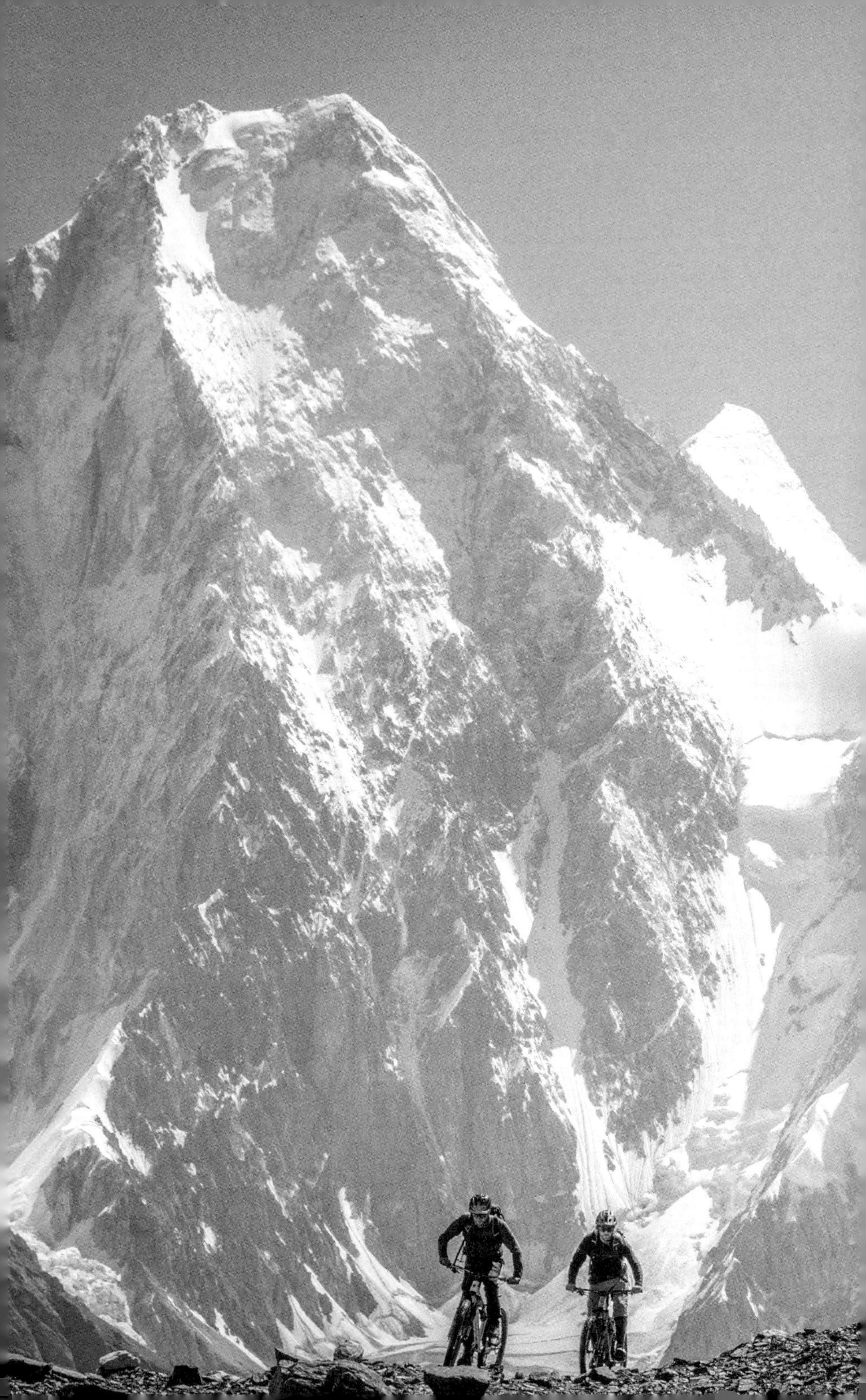

EPILOG

WIEDER DAHEIM

In der Heimat angekommen, müssen wir feststellen, dass wir alle drei unbeabsichtigt noch ein Andenken vom letzten Abend in Islamabad mitgenommen haben: Magenverstimmung. Wobei es Jakob und Martin, wahrscheinlich dank der Fleischspieße, schlimmer erwischt hat.

Aus dem Autofenster blicke ich in die Umgebung meiner zweiten Heimat Vorarlberg. Bisher dachte ich immer, meine Wohnung läge in den Bergen. Immerhin ist die Haustür auf 1000 Metern über dem Meer. Jetzt werde ich den Eindruck nicht los, es handele sich nur um Maulwurfshügel. Ich muss den Kopf nicht in den Nacken legen, muss mich nicht verrenken, um die Gipfel zu sehen. Die grünen Hänge mit den grasenden Kühen kommen mir so lieblich und zart vor wie noch nie. Was hat Ishaq gleich gesagt? Die sind nur 6000 Meter, die haben keine Namen. Wenn es danach ginge, dann hätte der gesamte Alpenbogen keinen einzigen Namen. Realität ist eben nicht gleich Realität.

Meine Realität lässt mir keine Verschnaufpause. Gleich am nächsten Abend muss ich wieder mit meinem Mountainbike los, um rechtzeitig am Ausgangspunkt für eine Alpenüberquerung zu sein, welche ich aus beruflichen Gründen begleiten darf. Die Nacht von Freitag auf Samstag verbringe ich zwischen Toilette und Bett. Den Samstag zwischen Bett und Waschmaschine. Am Abend packe ich meinen kleinen Rucksack für die Tour und nehme praktisch nichts mit. Was soll ich denn schon in einer Woche brauchen, noch dazu, wo wir jeden Abend in einer festen Unterkunft sind? Ich habe nicht einmal in den letzten drei Wochen in Pakistan großartig die

Bekleidung gewechselt! Beim Tourstart am Sonntagmorgen ist der Rucksack leicht, die Beine schwer und mein Magen so lala. Gegessen habe ich die letzten 24 Stunden praktisch nichts. Es ist ja nur eine mittelschwere Tour, da kann ich mich erholen – waren meine naiven Gedanken dazu im Vorfeld. Völlig anders die Realität. Die ersten drei Tage sind anstrengender als die Etappe auf den Gondogoro La. Jeden Abend überlege ich mir, ob ich abbrechen soll. Ich schleppe mich weiter und komme erst am vierten Tag in einen Rhythmus, der mich die Tour überstehen lässt. Noch dazu ist das Wetter in dieser Woche schlechter als in den drei Wochen in Pakistan. Es regnet an manchen Tagen stundenlang. Die Landschaft kommt mir urbanisiert und begradigt vor. Überall stehen Häuser, Hütten, sind Zäune, ebene Flächen, befestigte Wege und Straßen. Selbst die Bäche sind in geradlinige Mauern eingesperrt. Mir tun sie fast ein wenig leid. Wie wild, frei und ungestüm waren sie doch im Karakorum. Das Wasser hat sich spielerisch den Weg des geringsten Widerstandes gesucht und dabei faszinierende, abwechslungsreiche Wasserwege geformt. Hier ist alles nur gerade. Ich habe zwischendurch den Eindruck, ich fahre durch eine künstlich entstandene Welt. An den meisten Orten wurde die Natur ihrer Wildheit beraubt und an die Belange unserer Zivilisation angepasst. Ich vermisse die Urgewalt, das Ungezähmte, das Ursprüngliche. Mir wird hier klar, warum ich mich oft für abgelegene Orte entscheide: Ich möchte die Naturgewalten erleben, dort, wo es sie noch gibt. Ich habe das Gefühl, die ursprüngliche Natur verbindet mich mit einer Menschennatur in mir, die in unserer Zivilisation verschüttet worden ist, die vielleicht genauso wenig Platz hat wie ein vor sich hin tobender, schäumender, sich nicht an Begrenzungen haltender Gebirgsbach. Die großartigen Menschen und die gute Laune in der Gruppe sind aber ein Genuss. Das hilft mir in meinem ausgelaugten Zustand gewaltig.

Ein paar Wochen später, ich habe mich an den Anblick der Maulwurfshügel gewöhnt und bezeichne sie wieder als Berge, darf ich als Guide mit einer Gruppe Mountainbiker auf den Kilimandscharo. Meine zweite Befahrung des höchsten Berges von Afrika. In unserer kleinen Gruppe haben wir eine sehr gute Zeit und kommen gut voran. Wie schon bei meiner Tour 2016 sind wir auf der Route über die Horombo Huts zur Kibo Hut unterwegs. Vor der Gipfeletappe folgt das Briefing für den Aufstieg. Wieder werden wir unsere Bikes in der Hans-Meyer-Höhle deponieren, um am entscheidenden Tag mit leichtem Gepäck starten zu können. Ich kündige acht bis zehn Stunden an für den Weg auf den Gipfel. Großer Respekt vor der Nacht des Aufstiegs macht sich breit, wie auch bei mir, bei meinem ersten Gipfelgang. Jetzt sind meine Gedanken dazu völlig anderer Natur: Zehn Stunden? Das ist grad mal die Hälfte unseres Tagesmarschs zum Concordiaplatz! Das geht ja locker.

Das ist auch einer meiner Gründe, unterwegs zu sein: Ich möchte rauskommen aus meiner Komfortzone. Nicht nur physisch, sondern auch mental. Dinge erleben, von denen ich bisher nur gelesen habe, oder vielleicht nicht einmal das. Festgefahrene Lebensprogramme dürfen enden und Ansichten erschüttert werden. Ich erfreue mich daran, dass der mir anerzogene und durch meine Herkunft entstandene Filter, durch welchen ich die Welt betrachte, Risse bekommt. Den Blick freigibt für neue Ansichten und Einsichten. Starke Eindrücke sind Abdrücke, die bleiben. Und diese suche ich. Das ist oft unbequem: Manchmal drückt das Fahrrad ganz schön auf die Schultern, die Wege sind weit oder das Wasser schmutzig. Dafür aber erhalte ich eben diese wertvollen Eindrücke.

Wertvoll sind auch die Menschen, die mich begleiten, denen ich begegnen darf. Jakob, Martin, Ishaq, unsere Träger, die Fahrer, die Begegnungen auf dem Gletscher … Alle haben ihren Teil dazu beigetragen, dass bleibende Eindrücke entstanden sind. Ich möchte nicht behaupten, ich habe »Pakistan« gesehen, nein, mehr als eine homöopathische Dosis Pakistans war es sicher nicht. Diese war aber sehr eindrucksvoll, und ich werde sie nie mehr in meinem Leben vergessen. Dafür möchte ich allen danken, die einen Teil dazu beigetragen haben: DANKE!

Ich glaube, nein, ich hoffe, ich werde mir noch viele Teile dieser wundervollen Erde anschauen können. Es gibt noch so viel zu entdecken. Ich kenne noch so wenig. Getreu dem Ausspruch Alexander von Humboldts:

»Die gefährlichste Weltanschauung ist die Weltanschauung derer, die die Welt nie angeschaut haben.«

Und wenn dabei mein Fahrrad mal wieder mehr Zeit auf mir verbringt als ich auf ihm, wenn es mal wieder anstrengender wird als erwartet, vielleicht sogar mein »Zombie-Modus« mich wieder einholt, dann werde ich an die Weisheit Ishaqs, eines älteren Herrn aus Baltistan denken, welche ich nie wieder vergessen werde:

»This is no city. This is mountain adventure.«

(Das ist keine Stadt. Das ist ein Bergabenteuer.)

Pakistan, wir sehen uns wieder. Inshallah!

ANMERKUNG VON MARTIN BISSIG

Als Gerhard mich 2014 fragte, ob ich gerne sein Bike-Abenteuer auf den höchsten Berg in Nordafrika dokumentieren möchte, zögerte ich keine Sekunde. Dass die Chemie zwischen uns stimmt, das hatten wir beide schon bei einem früheren Shooting für einen Kunden festgestellt. Die Reise auf den Toubkal in Marokko war für uns somit nicht bloß der Startschuss für viele weitere, noch spektakulärere Expeditionen, sondern auch der Beginn einer langjährigen Freundschaft.

»Das Leben beginnt am Ende deiner Komfortzone« (Neale Donald Walsch). – Was haben wir gelebt! Egal, ob komplett durchnässt im strömenden Regen in Afrika beim Aufstieg auf den Mount Kenya, beim Verhör durch das chinesische Militär nach dem illegalen Überqueren einer Landesgrenze, höhenkrank im kleinsten Zwei-Mann-Zelt der Welt in Chile auf 5600 Metern über dem Meeresspiegel oder total erschöpft nach 22 Stunden Fußmarsch über den Baltoro-Gletscher in Pakistan: Kein einziges Mal war die Stimmung getrübt, kein einziges Mal wurde unsere Freundschaft auf die Probe gestellt. Mit einer guten Portion Humor, gegenseitigem Respekt und letzten Endes auch dank einer gewissen Härte, aber auch Gelassenheit wurden aus den extremen Situationen spannende Anekdoten, an welche ich mich immer wieder gerne zurückerinnere und welche ich mit Freude erzähle.

Eine Freundschaft besteht aus Geben und Nehmen. Dank Gerhard habe ich viele Destinationen kennengelernt, die ich ohne ihn wohl nie bereist hätte. Dank meiner Arbeit hat es Gerhard zu einem bekannten Mountainbiker und gefragten Autor gebracht.

Es ist für mich die perfekte Symbiose: Ich bin froh, mit Gerhard einen Top-Mountainbiker sowie erprobten und erfahrenen Expeditionsteilnehmer an meiner Seite zu haben. Er hingegen kann seine Geschichten in Form von Büchern, Magazinbeiträgen und Multimedia-Vorträgen, mit meinen Bildern versehen, an die Öffentlichkeit bringen.

Ich freue mich jetzt schon auf weitere Reisen und Expeditionen. Denn egal, wohin es geht: Spaß haben werden wir so oder so dabei.

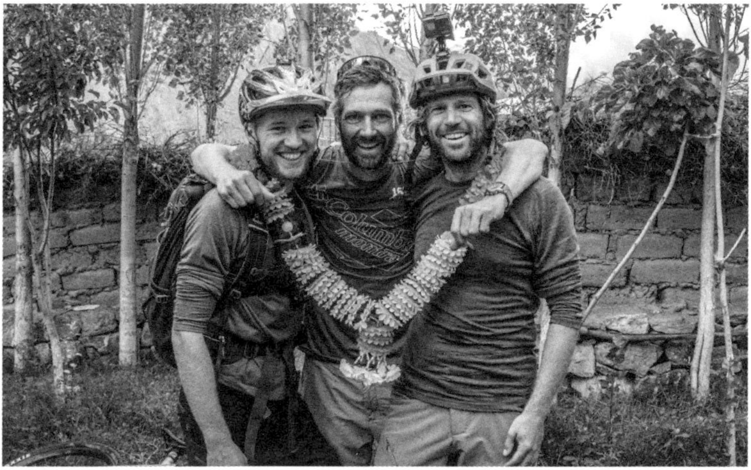

Das gesamte Abenteuer wäre unmöglich gewesen ohne die Unterstützung von Jakob Breitwieser (links) und Martin Bissig (Mitte).

Jakob Breitwieser stammt ursprünglich aus Lindau am Bodensee und war von klein auf in den Bergen unterwegs. Zu Beginn vor allem zu Fuß, bis ihn das Fahrradfieber packte, das ihn bis auf die alpinen Gipfel führte. Es folgten Jahre des Wettkampfsports, doch die größte Freude findet Jakob immer noch beim Draußensein in den Bergen mit Freunden. Mittlerweile lebt und arbeitet Jakob mit seiner Familie in Freiburg und genießt den Schwarzwald vor der Haustüre.

Martin Bissig gilt als einer der meist publizierten Outdoor- und insbesondere Mountainbikefotografen in Europa. Seine Reisereportagen erscheinen unter anderem in *National Geographic*, *GEO* oder *CNN.com*, für das Schweizer Fernsehen hat er für mehrere Outdoor-Projekte begleitet. Seit Januar 2019 ist er offizieller Canon Europe Ambassador und als Trainer sowie als Dozent an einer Fotoschule tätig.

Deutsche Originalausgabe

Ein Unternehmen der Média-Participations

Projektleitung: Hans Peter Buohler, Knesebeck Verlag
Lektorat: Andrea Hensler, Verl
Umschlag und Gestaltung: Favoritbüro, München
Fotografien: Martin Bissig, Unterägeri
Satz und Herstellung: Arnold & Domnick, Leipzig
Druck: Livonia Print, Riga
Printed in Latvia

ISBN 978-3-95728-611-6

Elektronisch ist folgende Ausgabe erhältlich:
eBook (epub): ISBN 978-3-95728-612-3

www.knesebeck-verlag.de

MIX
Papier | Fördert gute Waldnutzung
FSC® C002795